松山大学研究叢書　第66巻

フィールドワークのアポリア

エスノメソドロジーとライフストーリー

山田富秋

せりか書房

フィールドワークのアポリア　目次

はじめに

本書は『日常性批判――シュッツ・ガーフィンケル・フーコー』（せりか書房）で提起した問題をさらに追求した地点に開けた展望を伝えるものである。それは一言で言えば、脱文脈化され脱身体化された知を批判する地平と言ってよいだろう。知とは絶えず変化する運動であり、ローカルな「いま、ここ」の文脈に「私」の身体を持って入り込み、私自身が変わるという経験を経てもたらされる知である。そしてその時、この「知」は「私」だけに帰属するものというよりはむしろ、私とフィールドで出会う人々との共同作業によってもたらされた共有知である。

私は薬害ＨＩＶ感染被害問題の研究チームに所属したが、その経験が本書に大きく反映している。フィールドに入り込み、そこに「身を置く」ことなしで開始した調査が挫折した時の経験、その後、医療という現場に「身を置く」ことによって、フィールドの多様性と固有性、つまりそのフィールドが備えているローカリティが見えてくるという経験、そして、自己のポジションも含めて、フィールドワークという経験自体が時間的経過とともに変化していく歴史的な経験、これらはフィールドワークの中で築かれた関係性の変化によって生み出された経験でもある。これらの経験が本書のバックボーンである。

私は二〇〇一年にスタートした養老孟司を委員長とする薬害HIV感染被害問題の社会学的研究チームの一員として、約九年間にわたって調査研究に携わった。この調査の経験を一言で特徴づけるのは難しいが、これまで経験したことがないほど多様な経験であったということは言えるだろう。長い調査の過程の中で、私たちの当初の調査仮説も含めて、調査に臨む態度も、研究対象者である医師や患者との関係も、そして調査メンバーも大きく変化した。この調査経験を通じて痛感したことは、社会調査には現場感覚が必須であるということだ。つまり、血友病医療であれば、まず、治療の現場（フィールド）に行って、診療の場面やケースカンファランスの傍らにいて、一緒に時間を過ごし、その場の「メンバーのコンピタンス」を少しでも身体的に感じ取ることが必要だ。

調査当初の挫折と書いたが、それは本書の第六章を見ればわかるように、このフィールド経験を経ずに書いた最初の報告書は、インタビューの対象者である医師からも、この調査研究を依頼されたNPO「ネットワーク医療と人権」のメンバーからも手厳しい批判を受けた。その後の調査研究プロセスは、この時の批判に答えるために費やしたといっても、個人的な思いとしては過言ではないだろう。私は全体の調査委員会の研究活動と平行して、ある地方都市の大学病院の血液内科でフィールドワークを行うことを許してもらい、短期間の参与観察とエイズ医療チームの構成員全員にインタビューを実施した。この作業を通して得られたものは計り知れない。大きな批判を被った第一次報告書の時までは、医療という文脈から切り離された場所で、医師と患者に出会い（本書第三章で触れるように、まさに佐藤郁哉がスポイルされた経験と呼んだように「対象者をあてがってもらい」）、薬害エイズ事件に関する書籍から得られた知識だけに頼りながらインタビューを行った。ところが、フィールドワークの後では、医師たちが病院の診察室でどのようにして患者を診療しているのか、また、チーム医療はどのように実践されているのか、そして、薬害事件を経験した患者たちは今どんな問題を抱えているのか、そして若い患者層にはどんな新しい問題が浮上してきているのか等々、医師や患者の語りを適切にあてはめるべき文脈が背景知として自然に浮かんでくるようになった。第一章で批判的に検討することになる「方法の固有性要請」の実践である。

この結果、私は研究を始めた時には理解できなかった医師の語りを理解できるようになった。例えば第八章に「肝炎用に用意していた加熱製剤」という医師の語りがある。私の頭は加熱製剤はＨＩＶウイルスを不活性化するためのものであるという後付けの知識が支配していたために、「調査の構え」によってこのことば自体が受けつけられないのである。たとえ医師の語った通りにトランスクリプトを作成したとしても、この語りを意識から飛ばしてしまう。つまり、調査のこの時点では医師たちと出会っていなかったとも言えるだろう。ところが、不確かさを伴った難しい選択の局面に立たされた医師たちの「迷い」が理解できるようになってくると、これまでわからなかった語りの意味が、ひとつひとつわかるようになった。このことからもわかるように、インタビュー内容の理解はその場で瞬時に与えられるものではない。むしろ、トランスクリプトを作成する時、あるいはトランスクリプトを作成してから何年間も、ある語りの意味にこだわった結果、フィールドでの対象者との関係性や調査チームの中での相互解釈を経て、ようやくもたらされるものである。

エマーソンたちはこの事態を適切に語っている。第二章でも詳しく取り上げるが「フィールドノーツや最終的にできあがってくる民族誌は、どうしてもまたいかなる場合であっても、エスノグラファーのパーソナリティ、経験、視点、そして理論的な立場のフィルターを通して構成されていくもの」だ。「もっとも、エスノグラファーの視点や理論的立場とはいっても、確固としたものが既に存在していてそれを単純に物事に対して当てはめるというようなものではない。それらは、エスノグラファーが自分の調査対象である現場の人たちと築いていく関係性の中で形成され、またその影響を受けて変わっていくものなのである」（エマーソン他 1995=1998、邦訳441頁）。

第一章で詳しく述べるように、ガーフィンケルは解釈プロセスを一切排除した理解の表示こそ、当該現象に固有の「個性原理」を取り出す方法であるとした。しかしながら、私の調査経験からわかったことは、分析者である「私」が、そのフィールドに身体を持って入り込み、そこで出会う人々と一定の関係を形成することで初めて、その場で起こる現象について、ある解釈を伴った理解がもたらされるということだ。しかもこの解釈は、フィールドの人々の影響を受けて、そのつど変わっていくものである。その意味で解釈の終点はない。ところが、解釈が変化するからといって、それが信頼できないということではない。むしろ、私はその時、変化するフィールドのただ中にいながら、フィールドの重層的で多様な意味に開かれており、また、その現場のさまざまな人々と責任ある応答関係に置かれ、フィールドの持つ多様性と固有性を経験しているのである。その意味では、できあがったエスノグラフィーは「私」個人の視点を抜きにしては存在しなかったものだ。だが同時に、それは「私」個人だけのものではなく、私の置かれたフィールドでの関係性から生まれたものでもある。その意味で「個性原理」の記述に徹するエスノメソドロジーは、「私」を消去したフィールドワークと言える。ここにフィールドワークのアポリアがある。

本書の構成として、まず現在のエスノメソドロジーが直面している問題を描き出そう。それを救い出すものがフィールドワークである。ここで言うフィールドワークとは、分析者の「私」を調査の道具とするリフレクシヴ・エスノグラフィーの実践である。最初にその輪郭を描き出した後、ライフストーリーの社会学におけるその展開を追っていこう。次に約九年間の歳月をかけた薬害HIV感染被害問題の社会学的調査について、調査の最初にぶつかった困難を描き、それがライフストーリーのインタビューとエスノグラフィックな知識の蓄積を通して、どのように位置づけられたのかを説明しよう。その次に、エスノメソドロジーの知見をベースとした社会科学の可能性を探るために、サックスの研究テーマでもあった子ども研究と、サックスの開始した成員カテゴリー化装置の応用研究を紹介しよう。最後に、ここ一〇年のあいだに続々と出版された、ガーフィンケルの初期の未公開論文に基づいて、シュッツの現象学とエスノメソドロジーの関係を探っていこう。

第一部　フィールドワークとしてのエスノメソドロジー

ここではガーフィンケルが「エスノメソドロジーのプログラム」（Garfinkel, H., 1996）で立てた研究プログラムが、行き過ぎた要請であることを示す。これによれば、エスノメソドロジーは科学的方法を通して秩序現象を「解釈」する形式的分析（Formal Analysis）とは違って、「生きられた」秩序現象をそのまま取り出す企図であるという。その結果、誰にでも目撃でき（witnessable）、そして教示できる（instructable）秩序現象が示される。ところが、この方法に問題点がある。ガーフィンケルの「方法の固有性要請」によれば、秩序現象にアクセスするためには、そのローカルな場の参加者（コーホート）が協働で実践しているメンバーの方法を獲得することが必要である。だがその時、エスノメソドロジストはどのようにしてメンバーの方法にアクセス可能になるのだろうか。

それは、分析者としての私が当該のローカルな状況に「入り込み」、当該状況の具体的位置から、私の身体を通してメンバーの「見て、言う」コンピタンスを獲得するのである。つまり、秩序現象を産出する方法を取り出そうとすれば、まず分析者である私が、通常は、あたりまえのこととして使っているメンバーの方法を身につけ、次にそこから距離を置いて、それを研究対象として解釈するといった手続きが不可欠なはずである。ところが、ガーフィンケルはその場における相互理解を科学的方法を押しつけずに、つまり解釈なしで「生きられたまま」取りだそうとするために、分析に不可欠な解釈活動を消去してしまうのである。その結果、エスノメソドロジーの扱うべき現象は「いま、ここ」の理解が達成され表示される、静態的で無時間的な現象に限定されてしまう。

私は「個性原理」を記述する時のこの「方法の固有性要請」を行き過ぎた要求と考える。なぜならこの要求は、エスノメソドロジストが実際に行っている分析と解釈活動を隠蔽してしまうだけでなく、自己の研究プログラムの土台となる理論的前提や方法を問うこと自体を禁止するからである。この隘路からエスノメソドロジーを救い出すのが、フィールドワークの実践である。ガーフィンケルの要求を退けて、分析者が自己の身体を実際にフィールドに投錨する時、分析者である「私」が現場で一定の位置を与えられ、現場の人々と一定の関係を形成しながら、フィールドの意味を解釈していく、ダイナミックで歴史的なプロセスが生成していく。このプロセスを詳細に明らかにすることこそ、ガーフィンケルが禁止し隠蔽していた未知の領域を開くことになる。そしてそれはエスノメソドロジーがライフストーリーの社会学やエスノグラフィーとつながっていくことを可能にする。

続く第二章以降において、このことをさらに明らかにしていこう。まず第二章では啓蒙主義以降のリフレクシヴ・エスノグラフィーの実践についてプログラムを描き、第三章ではそれが従来の社会調査法とどのように異なるのか、具体的に明らかにする。続く第四章と第五章では、ライフストーリーの社会学の知見を援用しながら、インタビューのエスノグラフィックな記述の実際を探求していこう。

第一章　フィールドワークの想像力をエスノメソドロジーに

はじめに

私たちが『エスノメソドロジーの想像力』（以下『想像力』と呼ぶ。山田・好井 1998）を出してから、すでに一二年の月日が流れた。『想像力』において呈示したのは、ガーフィンケルのエスノメソドロジーの初期の構想まで遡って、一九九八年当時に至るまで、エスノメソドロジーという社会学の内部から始まった運動が、どのような影響を社会学やその隣接領域に対して与えたのか、また、これからどんな可能性があるのか、その全体像の輪郭を示すことだった。そこには、秩序問題という社会学の根本問題に対する理論的解答だけでなく、一九六〇年代の社会問題のエスノグラフィーを中心的な研究テーマとした古典的な研究とその周辺領域への影響、会話分析、ウィトゲンシュタイン派エスノメソドロジー、それにワークの相互行為分析など多種多様な研究が収められていた。そして現在の状況を見るなら、エスノメソドロジーという看板を掲げているのは、ウィトゲンシュタイン派エスノメソドロジー（西阪 2001、前田 2008）と相互行為分析（西阪 2008）だけであるように思われる。私たちが『想像力』で検討したその他の可能性は、どこにいってしまったのだろうか。現在大きな関心を集めている質的研究に目を転じるなら、ライフストーリーの社会学やエスノグラフィーの方法論などの領域に吸収され一体化したように見える。ところが会話分析（串田 2006）はこの動きとは反対に、言語学（特に語用論）や日本語学の分野にまで越境し、社会学の領域をすでに超えた活況を呈している。同じことは、工学や認知科学へと入り込み、コンピュータやテクノロジーを媒介としたＣＳＣＷ（コンピュータに支援された共同作業）研究やワークの研究についても言えるだろう。

現在のエスノメソドロジーと会話分析の方向性を全体として俯瞰し評価する仕事は、もとより私の能力の及ばないところである。しかしながら質的研究の観点から、現在のエスノメソドロジーの直面する困難とその解決策を示唆することはできる。私がその困難と考えるのは、エスノメソドロジーを標榜する諸研究が、自ら採用する分析方法について明示的に考察の対象としないだけでなく、およそ一切の「解釈」を排除しようとしているかのように見えることである。この研究姿勢はガーフィンケルの「個性原理（haecceity）」の記述方針から来ている。本書の最初に、この研究方針から必然的にもたらされる困難を指摘し、それをどのように克服して、他の質的研究との対話を開き、今よりもっと生産的な研究へ向かうことができるのかを示唆したい。

エスノメソドロジーの徹底化

まず博士論文を書き終えた後のガーフィンケルの足取りを追うことにしよう。最初に注目すべきは、エスノメソドロジー命名の着想を得ることになる、シカゴ大学での陪審員の研究である。これは後に『エスノメソドロジー研究』(Garfinkel, 1967、以下『エスノメソドロジー』と表記する)に収められる。その後、一九六〇年にＵＣＬＡに移った後は、ＵＣＬＡを中心として、サンタバーバラやサンジエゴなどカリフォルニア大学の西海岸キャンパスにおいて、多くのエスノメソドロジストを輩出した。ガーフィンケルがＵＣＬＡに着任した後に、エスノメソドロジーの大きな展開に貢献したのは、ハーヴェイ・サックス(Harvey Sacks)とエマニュエル・シェグロフ(Emanuel A. Schegloff)である。会話分析(Conversation Analysis)を打ち立てることになるサックスは、ガーフィンケルの自殺予防に関する研究チームに加わり、頻繁にロサンゼルスを訪問するようになる。その結果、サックスがガーフィンケルに大きな影響を与えるようになり、それは共著論文「実践的行為の形式的構造」“On formal structures of practical actions”(Garfinkel & Sacks 1970)に結実する。

『エスノメソドロジー』出版前後の状況を見ると、パーデュ大学でエスノメソドロジー旗揚げを記念するシンポジウムが開かれている。ところが当時のアメリカ社会学がエスノメソドロジーに対して必ずしも歓迎ムードでなかったことは、アメリカ社会学会会長であるルイス・コーザーが、歴史や大状況を無視した微細な現象に拘泥するカルトとして辛辣な批判をしていることからもわかる。いずれにせよ『エスノメソドロジー』の出版は、文字通りエスノメソドロジー学派の旗揚げであった。ガーフィンケルは初期の頃から、共同研究を中心とした研究スタイルを取り、そこから多くのエスノメソドロジストが生まれた。初期のエスノメソドロジーが参与観察を中心としたフィールドワークを研究方法としていたために、教育、日常的警察活動、医療場面、ソーシャルワーク等々といった、シカゴ学派とも相通じる逸脱場面の微細なエスノグラフィーが生み出されていった。一九七〇年代になると、ガーフィンケルの関心は「ワーク（work）」の研究に移っており、リンチやリヴィングストンなど当時の大学院生たちと協同で、脈動星の発見という科学的発見のエスノメソドロジー的研究が遂行される（Garfinkel, Lynch and Livingston 1981）。

後ほど「個性原理」の探求が陥った困難を明らかにするために、ここまでのエスノメソドロジーの歴史的展開を現象学の科学批判との関係で考えることにしよう。ガーフィンケルのパーソンズに対する批判は基本的にはシュッツのそれに呼応している。シュッツとパーソンズの往復書簡（Sprondel, 1977）によれば、パーソンズはウェーバー（Weber, M.）の合理性概念を念頭に置きながら、手段―目的図式に合致した人間を合理的な行為者のモデルとした。そして、所与の状況内で合理的に行為できる科学者こそ人間のモデルたりうるとしたのである。しかしながら、シュッツはこうした科学的合理性は日常生活で働いている合理性（常識的合理性）と相容れないために、日常生活における人間行為を解釈する上での方法論的原理たりえないと警告した。なぜならシュッツによれば、科学的世界、より正確に言えば、科学的理論構成の世界（world of scientific theorizing）は、至高現実である日常的活動の世界とまったく異なっている。それは日常世界とは違うレリヴァンス・システムに支配された別の「限定された意味領域（finite province of meaning）」である。そして個々の「限定された意味領域」を相互に変換したり共約する公式は存在せず、私たちは一つの意味領域から他の意味領域へと存在論的に「跳躍」しなければならない。このことを科学的世界と日常世界に限って言いかえれば、私たちは科学的理論構成の世界で行われている活動をダイレクトに日常世界に持ち込むことはできないということである。したがって、パーソンズの採用する合理的人間モデルは、現実の人間の行為を評価する基準にはなりえないのである。

ところがガーフィンケルは、シュッツのように適合性の公準を立てて、科学的発見を常識と両立するように科学者に求めたりすることはしない。後に「改読（misreading）」（Garfinkel, Ethnomethodology's Program, 112, fn.36）とガーフィンケル自身が言うように、それを実際の行為に移してしまうのである。つまり、科学的合理性は日常生活の研究方法たりえないだけでなく、もし科学的合理性を日常生活にもちこんだとしたら、日常生活を混乱させ、停止させてしまうというものである。これは悪名高い違背実験のひとつになっただけでなく『エスノメソドロジー研究』の第5章の結論でもある。日常世界で科学的態度を実践すると「人の行為の環境の無意味さを増幅させ、相互行為システムをますますばらばらにする」（Garfinkel, op.cit. 1967. p.283、山田 2000b）。この結果、エスノメソドロジーは、常識的合理性がいま、ここの場においてどのように働いているのか、それを微細に研究する方法として確立する。こうして従来社会学で残余カテゴリーとされてきた日常生活こそ研究の中心の位置を占める。その際に、常識的合理性を構成する実践的推論（practical reasoning）の最大の特徴として、インデックス性（indexicality）が挙げられる。ある文脈においてなされる表現や行為がそれだけでは意味をなさず、不完全であることがインデックス性である。つまり、日常生活で出会うすべての表現や行為はインデックス性の刻印を帯びている。ここで重要なことはインデックス性が人々にとって何らかの問題として認識されることはなく、それどころかごく当然のこととして、インデックス性が何らかの方法を通してつねに修復されることである。そしてメンバーによる当該場面の記述が当該場面の意味を修復すると同時に、その場面を理解できるものにしていく。これが相互反映性（reflexivity）である。人々はある言語コミュニティのメンバーとして、世界の相互反映性をあたりまえのものとして前提しているだけでなく、表現や行為の意味（合理的諸特徴）を、お互いに認識し、提示し、観察できるものに、つまり「説明可能（accountable）」にしている。これがしろうとであれプロであれ、日常生活者であれば誰でも従事している「実践的社会学的推論」、つまり「人々の方法（エスノメソッド）」なのである。

この研究ポリシーは「エスノメソドロジー的無関心」という研究方針を導く。社会科学は科学的方法を通して社会現象を観察しようとするが、まさにその方法自体が、現象それ自体を隠蔽してしまっているのである。そのため、エスノメソドロジー的無関心を発動して、常識的解釈はもちろん、科学的解釈に対しても、それらをいったんカッコでくくるという「無関心」の態度をとることによって、現象それ自体を観察する道を確保しようとする。したがって、ガーフィンケルの研究の勧めにしたがえば、エスノメソドロジー的記述は、他の解釈方法を批判したり、競い合ったりすることとは無関係であり、むしろそういった理論的関わりから超越しようとする。それが「個性原理（haecceity）」の記述方針である。後に詳しく触れるが、アーミネンが指摘しているように、フィールドワークをベースとした古典的なエスノメソドロジー研究との決定的な乖離がここで生まれると考えられる。

ガーフィンケルがこの方針を明確に表現したのは、パーソンズの『社会的行為の構造』（Parsons, T. 1937）出版五〇周年記念のアレグザンダーのエスノメソドロジーに対するコメントに対してである（Garfinkel, H. 1991）。それは翌年のウィーダーとの共著論文（Garfinkel, H. and D.L.Wieder, 1992）においてさらに展開されている。ガーフィンケルは『社会的行為の構造』を社会科学のひとつの模範とする。どの点が模範的かと言えば、社会秩序現象を科学的手続きを経て分析することによって、現象それ自体に秩序は存在せず、むしろ形式的分析的社会学（formal analytic sociology）の分析結果に存在すると処理してしまう点である。他方、これとは対照的に、エスノメソドロジーは実際の社会秩序現象を、まさにその現象に独特の「個性原理」を記述するという方法によって、いわば直接に秩序現象そのものを捉えることができると主張するのである。ガーフィンケルによれば個性原理とは、後に詳しく問題にする「メンバーのコンピタンス」を通して、その場でものごとが組織される、まさに独特の様式のことを意味する。エスノメソドロジストは、どうやって「生きられた現象」が秩序だった現象として組織され観察されるのか、その独特な様式を厳密に再現するようなやり方で記述しなければならない。それはパーソンズのように、ある一定の科学的手続きを経た「解釈」によって作り出される現象ではなく、経験的に発見され、そして相互に教示できる現象なのである。これが「方法の固有性要請（unique adequacy requirement）」[1]と呼ばれる研究方針である。これは、古典的なエスノメソドロジーの常套句を使えば、常識を研究の前提（リソース）ではなく探究すべき課題（トピック）にすることをラディカルに徹底化したと言うこともできよう。

しかしながら、従来の社会科学と共約不可能なエスノメソドロジーの記述はどのようにして可能になるのだろうか。私はかつてこの主張を超越論的現象学の超越論的還元の問いにも似た解決不能の問題として、あるいは、エスノメソドロジストの認識を特権化する危険性を持った問題として批判した。例えばここでシュッツの議論を援用するなら、日常生活者には所与として現れる第一次的な解釈である常識を別にすれば、それについての解釈は科学的解釈であれ、エスノメソドロジー的解釈であれ、すべて第二次的な概念構成物（secondary construct）になる。そうだとすれば、エスノメソドロジストの「解釈」をそこから除外することはできないはずである。にもかかわらず、ガーフィンケルが「発見」した秩序現象がこれまでの社会科学の「解釈」と違うものだとすれば、それはどのようなものなのだろうか。この点をさらに明らかにするために、もう少し詳しくこの議論を追うことにしよう。

「方法の固有性要請」が引き起こす隘路

　ガーフィンケルによれば、前節のパーソンズの『社会的行為の構造』の中心的な理論的ポリシーは、「具体的な諸活動（concreteness of activities）」と「分析を通して提供された行為（action provided for analytically）」とを区別することにあるという。この二つのペアのあいだに区別を設けることが、社会学や社会科学において非常に一般的なことだという。両者を区別する目的は、第一のペアである「具体的な諸活動」について何も記述しないことである。つまり、現実の世界で起こっていること（worldly things, real worldly matters）を無視するために、このペアの区別を設けるのである。ガーフィンケルはパーソンズに代表される、ある科学的手続きを通した理論的活動を「構築的分析（constructive analysis）」と呼ぶが、すべての構築的分析にとって第一のペアは、第二のペアのために必要な構成要素の役割を果たしているだけで、その中身は決して問われることのない「プリーナム（plenum）」なのである。プリーナムとは、「満ちた」という辞書的意味とは別にガーフィンケル自身が独自に意味づけしたことばである。それは最近のリーバーマンとの共著論文（Garfinkel & Liberman, 2007）も参考にすれば、フッサールが『ヨーロッパ諸学の危機と超越論的現象学』（Husserl, E., 1936）で示したように、諸科学の成立に先立つ生活世界を指すかもしれない。(2) その観点からガーフィンケルの主張を言い直せば、あらゆる理論は具体的な生活世界をブラックボックスとして想定することによって、実際には生活世界を無視した理論を構築しているということである。例えばパーソンズは、彼の「分析を通して提供された行為」には秩序は存在するが、「具体的な諸活動」には秩序は存在しないことを示したという。パーソンズにとって、秩序はパーソンズの社会理論にのみ存在するのである。つまり「現実の不変の社会は、形式的な構築的分析のポリシーと方法を実行した結果、得られた成果としてのみ特定化できる」（Garfinkel, 1991, p.13）のである。これに対して、エスノメソドロジーが解明しようとするのは、まさにパーソンズがプリーナムとした「具体的な諸活動」の方である。つまりエスノメソドロジーは、ローカルな場面において現実に（アクチュアルに）「自然に組織された日常的諸活動」を例外的に研究できるのである。このことは「解釈定理（rendering theorem）」（Garfinkel & Wieder, 1992）という図式を使って説明した方がわかりやすいだろう。今挙げた二つのペアは、解釈定理においては以下のような「チックかっこから、まるかっこへ」という図式で示される。

⦃ ⦄ → （ ）

ここでチックかっこが示すものは「ローカルな場面において産出された、自然に説明可能な、生きられた秩序性としての秩序現象（the locally produced, naturally accountable lived phenomenon of order*, 1992, p.187）」を指す。ガーフィンケルが例として挙げているものは、⦃高速道路の車の波⦄や⦃電話が私にかかってきている⦄である。つまり、チックかっこの中にある出来事は常にある特定の出来事であると同時に「いま語られているワークの生きられた、その場の道具と結びついた進行過程(the lived equipmentally affiliated in vivo in-courseness of the work that is being spoken of, ibid. 1992)」を指している。つまりここには道路や車、あるいは電話という道具を媒介とした進行過程が指示されている。[3] そして矢印は、社会分析者の熟練した「方法手続(methodic procedure)」を指す。最後の( )は「方法手続」によって特定化された説明である。( )は分析者の注意深く、熟練した、テクニカルな方法手続を通して、発見され、集められ、特定化され、トピックとして論理的に議論され、観察可能にされた「記号化された対象(signed object)」である。

この図式に従えば、構築的分析を通して発見された社会は( )であり、その社会の秩序である( )は形式的で構築的な「方法手続」↓を使うことによってのみ特定できる。つまり、構築的分析は↓( )だけによって成り立っている。これに対して、エスノメソドロジーにとっての社会は( )の中には存在しない。むしろ、生きられた社会秩序として〜〜の中に存在する。そして〜〜の秩序性は「エスノメソドロジー的無関心」のもとで「方法の固有性要請(unique adequacy requirement)」を満たした「個性原理」の経験的記述として発見されるのである。したがって、構築的分析とエスノメソドロジーとは互いに共約不可能で、非対称的な社会分析のテクノロジーであることになる。

ここまで、ガーフィンケルの主張をそのまま受け入れて解説してきたが、ここでなぜエスノメソドロジストが「個性原理」を経験的に「発見できる」のかを、もう一度検討してみる必要がある。ガーフィンケルは「方法の固有性」要請には、弱い使い方と強い使い方があるという。弱い使い方とは、分析者が秩序現象を記述するために、研究対象となる秩序現象のローカルな産出と、その相互反映的で自然な説明可能性に対して世俗的にコンピタント（vulgarly competent）でなければならないという要請である（Garfinkel & Wieder, 1992, p.182）。非常に難しく聞こえる用語法だが、分析者自体も当該秩序をその場で作り出し、自然に説明できる世俗的能力を持つ必要があるということだ。そしてその時の世俗的コンピタンス（能力）において、分析者も他の人と一緒に、秩序現象を「認め、同定し、従い、教示し、記述することができ」（ibid. 1992）なければならない。そして強い使い方とは、当該現象に特有なエスノメソドロジーの研究成果そのものであるという。つまりそれは当該現象の秩序を産出する方法そのものである。というのも、秩序現象はそれ自体ですでにあらゆる方法を有しているからである。したがって、エスノメソドロジストの発見したことを、そのまま当該の秩序現象を産出するための教示（インストラクション）として使うことができるのである。この秩序現象の産出と、それを目の当たりに見るように（witnessably）観察可能にするために必要なコンピタンスは、今度は分析者の「方法の固有性の産出能力（uniquely adequate competence）」（Garfinkel, 2002, p.146）であるということになる。

私は、山田（2000b）において、ガーフィンケルの「方法の固有性要請」を、超越論的自我を措定しない身体論的実践的現象学と特徴づけ、以下のように批判した。当該現象に固有の個性原理を「発見」するためには、分析者自身も自己の身体を通してローカルな状況に「入り込み」、それによって、当該状況の協働的な組み立て方法（つまり、メンバーのコンピタンス）を何らかの仕方で獲得する必要がある。それは身体を通して状況に入り込み、人々と協働の実践に加わることによって可能になる認識方法、つまり身体論的実践的現象学であると言おうと。しかし、いったん身につけたコンピタンスを記述しようとしたら、身体化した知を何らかの方法で相対化し、それを一定方向に沿って「解釈」する必要もでてくるはずである。こうした状況への「入り込み」と自己の相対化の運動に伴う解釈の時間的変化（歴史）こそ、フィールドワークのプロセスそのものとも言える。その意味では、エスノメソドロジー的無関心とは科学的関心や世俗的関心をかっこでくくる操作と理解してはならない。むしろその対極にあるはずだ。なぜなら、いまここで進行中の実践的現実に入り込んで、その内部から現実を見て言う能力を獲得しようとするとき、分析者は否応なしに「身体を持つ私」として、ローカルな状況において進行中の相互行為に巻き込まれてしまうからだ。そしてそれはガーフィンケルがいみじくも違背実験で示したように、相互行為のそのつどの道徳的要請に応える責任を帯びるのである。

したがって、ガーフィンケルが唱える「方法の固有性要請」の難点とは「身体を持ったこの私」が出会う「この現象」のユニークさを「個性原理」の記述という脱身体的な記述にすり替えてしまうという問題である。むしろ身体を通して状況に入り込む時に得られる認識とは、何らかの方法や教示ではなく、シュッツの「よそもの」論が示すような、一回性の対話的コミュニケーションそのものではないだろうか。そしてそこで初めて、自らの行為に対して応答する他者が存在するようになり、そしてその次に、他者の応答に対して政治的・道徳的責任をとる私が存在するようになる。

それはエスノメソドロジストもまた、ローカルな文化の構成にメンバーとして参加することを、さらには、協働活動を通して立ち上がる正常な環境（normal environment）への部族的忠誠を問題にするなら、分析者もまたそこに「共犯者」として加担しているということを意味する。そしてメンバーの「共犯者」性を分析の俎上にあげようとすれば、自明視されたコンピタンスを距離化し、相対化しなければならなくなるのは当然である。それがポルナーの提唱した、自らの営みも含めてラディカルな批判の対象とする「ラディカル・リフレクシヴィティ」である。ここまでが山田（2000b）で展開した批判であった。

ところがガーフィンケル（Garfinkel, 2002）と、この本に対するロールズの解釈に出会い、ガーフィンケルの「方法の固有性要請」が私の批判と大きくすれちがうことがわかった。それはまた、ガーフィンケルの研究に対してある意味で正確で忠実な日本の多くの若手研究者の研究蓄積によっても示唆されるところでもあった。(4) ガーフィンケルが「方法の固有性」要請の弱い使い方と述べることは、具体例を取れば簡単なことだ。例えば私たちは横断歩道を他人とぶつかるのを最小限にしながら渡ることができる。つまり、私たちは横断歩道を渡るという秩序現象のローカルな産出と、その自然な説明可能性について世俗的にコンピタントであり、その意味でメンバーとしてのコンピタンスを獲得しているのである。ロールズによれば、日常生活者であれば自然に獲得している世俗的コンピタンスには、日常会話や歩行などさまざまある。ところが、強い使い方の例では、法律、自然科学の実験、プロの音楽演奏等々のコンピタンスの習得があり、エスノメソドロジストも当該状況のメンバーが提示する方法を学ぶ必要があるという（pp.6-7）。そして、そこで獲得されたコンピタンスは状況の内部から、それを目の当たりに見るように（witnessably）観察可能であり、他のメンバーに対してもそれを教示することができるものである。つまりそれは行為者の時間的な反省を伴った「解釈」とは違うものなのだと言う。それは概念操作以前に、人々が協働で互いに互いの行動や表示を目の当たりに見るように（witnessably）提示しあい、教示しあう「理解」なのである。(5)

ここでこれまで立てた問いにもう一度答えることにしよう。エスノメソドロジーの秩序現象の解明はもうひとつの「解釈」にならないのだろうか。そして、分析者が自ら獲得したコンピタンスを相対化して記述する時、そこに反省や解釈といった活動は存在しないのだろうか。確かにエスノメソドロジー的無関心を発動して、研究したり調査したりする時の身体を持った「私」を表面的に消し去り、メンバーとして秩序現象を目の当たりに見るように（witnessably）公共的に観察可能にする作業は、従来の社会科学の行ってきた「分析」とも「解釈」とも少し違うように思われる。そこでエスノメソドロジストは秩序現象を純粋に分析的に記述でき、分析の精度を高めるために、同じメンバーとしてのコンピタンスを獲得した他の分析者たちと相互検討しあうことができる。ところが、この決断は、従来の社会科学の行ってきた構築的（後には形式的、Formal）分析を排除した結果として、エスノメソドロジーに残された唯一の隘路というように私には映る。つまり、相互行為の場面における「理解」の表出の記述に研究を限定すると、自己の研究方法や研究の前提についての批判的検討をしたり、あるいは、分析者が調査を通じて蓄積したデータを時系列的に振り返って相互に「解釈」することを禁止してしまうのではないだろうか。この隘路の行き先はアーミネン（Arminen, I., 2008）がリンチ（Lynch, M., 1999）を引用しながら批判した結末に近い。つまり、あらゆる方法論的規則や分析手続き、そしてあらゆる評価基準を拒否した学問は空虚となり、最終的には学問自体の命取りになりかねない。それはポルナー（Pollner, M., 1991）が警告した、研究者が自らの営み自体を分析から排除した自己完結的な「内生的」分析の陥る困難である（山田 2000b）。これから、この困難を乗り越える道を探っていこう。

解釈プロセスの不可避性

ここでアーミネンの批判を紹介するのが適切だろう。彼はエスノメソドロジーの内部で経験的な研究への志向性（これを「科学的エスノメソドロジー」と呼ぶ）と「現象そのもの」を記述しようとする「ラディカル」な志向性との対立が従来から存在したと言う。そして一九九二年に導入された「方法の固有性要請」によって、ラディカルなエスノメソドロジーはその輪郭を明確にする。前節ですでに見たように、ガーフィンケルによれば、社会科学は現象をダイレクトに捉えることはできず、むしろ、一定の方法手続を通した「記号化された対象」としてしか捉えられないのである。それに対して「方法の固有性要請」に従って「個性原理」を記述するエスノメソドロジーは、現象を作り出している方法それ自体にアクセスすることができるという。つまり、ラディカルなエスノメソドロジーは、研究対象である現象を解釈し、その解釈にもとづいて一定の記号に変換するといった、従来の社会科学の手続きなしに、無媒介に、直接的に現象を理解することができると主張するのである（Arminen, 2008, pp.169-170）。ところが、これは奇妙なパラドックスを生み出すことになる。つまり、ラディカルなエスノメソドロジーが現象の直接記述に成功すればするほど、あらゆる形式の分析を排除していくために、それによって、現象それ自体も失ってしまうというパラドックスである。同時に、エスノメソドロジーは理論のない実践になる危険性とも隣り合わせになる。これに対してアーミネン自身が与する科学的志向性を持ったエスノメソドロジーは自分たちの研究を「解釈」から免除されるとは考えないという。

そしてガーフィンケルの「方法の固有性要請」を、ジンマーマンとポルナーの有名な「現象としての日常世界」論文にあてはめて理解すると、この要請の問題点がさらに明らかになる（Zimmerman and Pollner, 1970）。彼らによれば、社会現象は「場面的構成体（occasioned corpus）」として、当該場面に特有の達成物として、場面の参与者によって作り出されるが、社会学はこの常識的達成を自らの研究のトピックに設定する時に、それを無批判に暗黙のリソースとしていると主張する。彼らの要請は、これまで研究遂行の暗黙の土台であった常識的リソース自体も、研究のトピックの俎上に載せるべきであるということだ。この点からすれば、アーミネンは、初期のエスノグラフィーに基づいたエスノメソドロジーは、この区別をスローガンとして唱えるものの、それほど厳密に区別を強制してはいなかったという。つまり初期のエスノメソドロジーはそれほど「純粋」ではなく、暗黙裡に働いている日常的推論はトピックであると同時にリソースでもあったのだ（Arminen, 2008, p.174）。例えば、彼が挙げる研究としてガーフィンケルの「違背実験」「性転換者アグネスの研究」「コーディングの研究」がある。「違背実験」の一部を取り上げるなら、違背実験が成功するためには、実験者自身が、どうやったら日常的相互行為の背後に働いている期待に背くことができるのかを文化的に熟知していなければならない。つまり違背実験の遂行可能性自体が実験者の文化的なコンピタンスに依存していたのである。また、アーミネンは人々が実験者の奇妙な行動を理解するために、人々自身が実験者の「行動」を「記号化された対象」として扱い、それをなんとか意味のあるものとして「解釈」する作業に従事していたことも指摘する。そしてガーフィンケル自身も彼らの理解をリソースとして利用することで、それを違背実験研究のトピックとすることができたのである。要約して言えば、日常生活者も社会科学者もトピックとリソースを厳密に区別することは不可能であり、またリソースを土台としながら「解釈」活動に携わっていたのである。そして、エスノメソドロジーもまた、この解釈プロセスから免除されることはないということだ（Arminen, p.175）。

ところが、ラディカルなエスノメソドロジーは方法論に厳密性をますます課すことになる。それは、自己の使う方法について「解釈を排除すること（non-interpretativeness）」と「方法の固有性要請」である。解釈の排除と理論化の回避の目的は「場面的構成体」の研究機会を確保することと、生きられた現象を「記号化された対象」に変換するのを避けるためである。また、方法の固有性要請とは、人間活動は方法に従っており、その方法を修得することが人間活動の理解に不可欠だからである。つまり、分析者はある現象が産出された、まさにその特定の方法に対してコンピタントである必要があり、その特定の方法を身につけた分析者は当該現象を細部に至るまで再現することができるとされる。しかしながら、アーミネンはラディカルな志向性を持つ代表的な研究を取り上げながら、こうした制約から自由になった研究はほとんどなく、研究方法についても、多くは従来のエスノグラフィックな方法にとどまったままであると結論づける。

ここでは詳細は避けるが、彼はガーフィンケルとリンチとリビングストンの三人による天文学領域での脈動星の発見研究を取り上げる。彼らは、実験室の研究者たちにとって、しだいに輪郭を明らかにしていく新しい脈動星という発見物を「サックスのそれ（Sackisian IT）」と名づけ、その発見のプロセスを自然史として描こうとする。しかしアーミネンは「サックスのそれ」という命名がすでに天文学者たちの活動を説明するための「記号化された対象」ではないのかと疑問を呈する。もしそうだとしたら、天文学者たちの活動の時間経過に沿ったエスノグラフィックな記述は、個性原理の記述ではなく、むしろエスノメソドロジストたちの解釈プロセスを伴った理論化の一部であることになる。同様に彼はバッカス（Baccus, M. 1986）によるピーター・ブラウの社会指標研究を挙げている。ここでの指摘は、一方でバッカスの研究が模範的なエスノメソドロジー研究としてガーフィンケルに激賞されているにもかかわらず、バッカスはブラウの理論を変数と指標の操作に還元しているだけで、ブラウたち研究者自身が考えていたことから、つまり、彼らの生きられた意味から遊離していると指摘する。つまり、ブラウたちは自分たちが扱っている社会指標は外の社会の具体的な社会階層に対応していると考えていたのに対して、バッカスは外の社会とブラウたちの操作には何の関係もないと言っているからである。ここからアーミネンは以下のように結論づける。

メリンダ・バッカスのピーター・ブラウ研究は後期エスノメソドロジーが到達した無能力の良い例である。研究対象を構成する解釈活動を扱うことを拒絶することによって、エスノメソドロジーは社会科学のまさにその現象を失ってしまったのである。社会科学からの完全な独立を主張することによって、エスノメソドロジーは世俗的世界を把握しそこない、自己完結的で空虚な領域になってしまった。(Arminen, p.182)

さて、私たちはこの「自己完結的で空虚な領域」からどのようにして脱出すればいいのだろうか。答えは簡単である。エスノメソドロジーを「解釈」プロセスから除外させないことである。それは日常生活者や社会科学者と同じように、エスノメソドロジーもまた解釈プロセスと理論化作業から自由になることはできないという「あきらめ」にもどることだろう。それは消極的な解決法だろうか。いや、私はそうは思わない。むしろ、解釈を拒絶することで、誰にでも目撃できる(witnessable)理解の表示だけを扱うという隘路に陥っていたエスノメソドロジーは、他の社会科学と再びつながっていく回路を獲得するだろう。それはポルナーが指摘したように、研究者の解釈作業も含めた、自己の研究の方法論も問題にしながら、同時に、個々の状況のエスノグラフィックな詳細にも目を配る、バランスのとれた研究への道である。

ガーフィンケルを超えて

いったんガーフィンケルの要請する「個性原理」の記述を放棄すれば、アーミネンの言うように、エスノメソドロジーは他の社会科学と緊密に連携したエスノメソドロジー的社会科学となっていくだろう。ところが、この道を歩み始めれば、エスノグラフィーやライフストーリーの社会学など、他の隣接領域が切り開いた知見が、エスノメソドロジーよりもはるかに進んでいることに気づくだろう。(6) 例えば「方法の固有性要請」とは、分析者が当該現象に身体をもって入り込み、メンバーのコンピタンスを獲得し、今度は獲得されたコンピタンスを解釈することになるが、それはこれまでのように「解釈」を排除した記述にとどまることはできない。なぜなら、分析者である「私」が具体的な状況においてコンピタンスを獲得し、さらにそれを当該状況のエスノグラフィックな知識を背景として、相互行為の中で変化する「私」自身を調査の道具としながら、そのコンピタンスを自己言及的に明らかにしなければならないからだ。この点についてはクロン（1987=1996）のメンバーの定義が示唆的である。「メンバーとは、ある特定の集団のエスノメソッドを身につけることによって、社会的コンピタンスを「自然に」提示する人間のことである。この社会的コンピタンスは、自己をその集団に帰属させ、それによって当該集団に自分を認めさせ、受け入れさせるのである」。

したがって、

メンバーになるとは、ある集団や組織に所属するということだが、それは当該組織に共有された言語を少しずつ習得することを要請する。しかも集団に帰属し、メンバーになるなり方は、日常生活を社会的に実践するという点において、個々人の独自性にまかされているのである。つまり、それは彼や彼女が世界と対処するユニークなやり方しだいであり、個々人の「世界内存在」の独自性によるのである。人々がいったん集団に帰属したら、メンバーは自分が何をしているのかもはや考える必要はない。彼らは自分の行為の暗黙の条件を知っているし、日常的な社会的実践の網の目に編み込まれたルーティンを受け入れているのである。これこそ人が自分の文化の中では、よそものでない理由である。そして逆の観点から見れば、外国人の行動や問いかけが奇妙に見える理由でもある。(クロン、邦訳63頁)

ここからわかることは、ガーフィンケルの言い方に反して、メンバーの方法の獲得は当該秩序現象の再生産の方法を教えること(チュートリアル)に還元されないということだ。むしろ、解釈を排除した「自己完結的で空虚な領域」から脱出すれば、そこに見えてくるのはメンバーの方法が状況に埋め込まれていながら、常に変化しており、しかも、他のさまざまな方法と多様な仕方で協奏しあっている様子である。クロンの言い方に習えば、私たちは個々の「世界内存在」の独自性にしたがって、メンバーのコンピタンスを、それぞれ個別のやり方で獲得していく。「方法の固有性要請」に固執するエスノメソドロジーは、メンバーのコンピタンスが変化せず、固定しているかのようなイメージを与えていた。しかしそれは私たちが、社会のどんな場面に入り込むのか、そして、そこでどんな位置を与えられるのかによって、また、他者との関係の変化や時間の経過（歴史）によって変化するものとして考えなければならない。[7] そして、この変化もまた規範性や政治性を帯びてくるものである。次の章では、インタビューも含めて、分析者である「私」を調査の道具とするリフレクシヴ・エスノグラフィーこそ、メンバーのコンピタンスが状況にどのように投げ込まれ、絶えず変化するものであるかを、明らかにするだろう。

注

（1）私は山田（2000b）で、この用語を「独特な様式への適合性要請」と訳していたが、Garfinkel（2002）と前田他編（2007）「小論」の訳に習って変更した。

（2）この論文の中でガーフィンケルはフッサールの業績を高く評価しながら、彼が諸学に先立つ生活世界の存在を明らかにしたにとどまり、生活世界それ自体の中身をけっして明らかにしなかったと主張する。そしてその残された課題はエスノメソドロジーの任務であると言う。

（3）私はこの文章に山田（2000b）では次の訳をあてていた。つまり「いま語られているワークの生きられた身体を通した、ある技術（能力）と結びついた進行過程」である。しかしこの訳の段階では、道具を技術（能力）としてしか理解できていなかった。その後、ロールズの編集したGarfinkel,

2002の出版によって、equipmentally affiliatedとは、ガーフィンケルが地図の使用を例にして説明しているように、人間の作り出した道具と訳した方が正確であることがわかった。つまりここで言う道具とは、紙やペン、さらには、車などの機械やコンピュータなど、さまざまなものが入ってくる。ガーフィンケルは、ハイデガー的な意味で、人間の周囲の道具的存在（Zuhandensein）を取り上げている。

（4）特に前田他編『エスノメソドロジー』は平易であるだけに、ガーフィンケルの到達した最近の知見を理解するために大いに役立った。若い世代の日本のエスノメソドロジストたちの貢献に感謝したい。

（5）興味深いのは、ロールズは内省的意味を排除した「理解」ということを伝えようとして、それを目の当たりに見るようにという意味で「witnessabe」を使っても、出版社の編集が理解してくれないと不平を言っている（Garfinkel, 2002, p.51）。だが、ロールズがシュッツの類型化とガーフィンケルの理解とは違うと何度も強調しているにもかかわらず、現象学的な意味では類型化は概念操作ではない。また、ガーフィンケルも（Garfinkel, 1996, p.8）「エスノメソドロジーは記号を解釈したりしない。エスノメソドロジーは解釈的活動ではない」と明言している。これに類似した主張として、ライフストーリーにおいて提示されるのは「理解」であり解釈ではないと主張する鶴田幸恵・小宮友根論文（2007）を見よ。また前田編『エスノメソドロジー』60－61頁と巻末の小論も参照せよ。

（6）「インタビューという実践」について集中的に特集を組んだ『フォーラム質的心理学』創刊号、2009（日本質的心理学会）を参照せよ。

（7）倉島哲は、この章で説明したガーフィンケルの主張を簡潔に要約した後で、個性原理を「実践の無時間的な自明性」と特徴づけ「（前略）実践の具体的レベルの秩序が、無時間的・静態的な自明性を持っていることを前提としている」（倉島 2007, 73頁）と批判する。私もこの批判に同意する。

第二章　フィールドワークにおいて変容する自己

「啓蒙主義」以降の質的調査は何をめざすのか？

一九八六年にクリフォードとマーカス編集の『文化を書く』（Clifford, J. & G. Marcus eds., 1986=1996）が出版されて以降、エスノグラフィーは単にインタビューを行ったり、収集した資料の分析をしたり、あるいは参与観察をすればよいという単純な試みではなくなった。人類学者であるクリフォードたちがそこで批判的に検討しているのは、これまでの人類学の調査方法であり、彼らの結論をやや乱暴に要約してしまえば、社会科学の調査がこれまで暗黙の拠り所としてきた科学的方法は、もはや有効性を持たないということである。その理由とは何だろうか。彼らは、エスノグラフィーの作成にとって核心をなす、フィールドノーツを「書くこと」自体が問題とされてこなかったことを、調査地のテントの中でマリノフスキーが書きものをしている写真を取り上げることから始めている。そしてこの「書く」という奇妙な儀礼を観察しているのは、他でもない彼の研究対象者である、テントを囲んだ数人のトロブリアンド人なのである。観察する者と観察される者の奇妙な逆転を目撃したこの一葉の写真は、現代の私たちに興味深いことを告げる。それは、

書くことはもはや周縁的な隠れた次元の行為ではなく、いまや、人類学者がフィールドにいるときと、フィールドから帰ってきたときの両方で行う中心的次元の行為として浮かびあがってきている。このことが最近まで描かれず、また真面目に論じられてこなかったという事実は、表現の透明性と経験の直截性を主張するイデオロギーへの固執の反映そのものである。(1996、邦訳3頁)

ここで問題にされている「表現の透明性」と「経験の直截性」とは何だろうか。それはフィールドワーカーの表現は、調査対象を忠実に反映する透明性を有しているということであり、さらにまた、フィールドワーカーの経験とは調査フィールドの直接的な例証であるということになるだろう。この二つの仮説は、長い間人類学者はもちろん、社会学者にとっても、調査の暗黙の前提となっていた。この二つの前提についてエマーソンたち(Emerson, R. M., Fretz, R.I.and Shaw, L. L., 1995=1998)の議論に基づいて批判していく前に、これらの前提の生みの親と思われる「啓蒙主義」という社会科学のイデオロギーについて検討することにしよう。

私は山田（2000a）において、シルバーマンとグブリアム（Silverman, D. and Gubrium, J. 1989）の啓蒙主義批判を詳しく紹介した。ここではそれを少し単純化して説明すると、このイデオロギーの起源は科学者＝研究者の体現する理性の光が、無知蒙昧を正しく照らし出すという啓蒙の主張にある。すなわち、研究者が理性に奉仕することによって、客観的な真理が蓄積され、それによって科学が進歩すれば、結果として研究者は「慈愛に満ちた国家」に貢献することになるというものだ。だがこの立場の問題点は、理性や科学の正しさを当然のこととしているだけでなく、啓蒙主義的な研究者が国家の装置とは独立した自律性を享受できることを前提としている点にある。この主張をもう少しフーコー的な権力論の文脈の中で言い換えれば、科学はあらゆるものから自由な超越的真理の場ではありえないということだ。むしろ、制度化された真理はその時々の言説編成の中で、ある関係性を産出する権力として働き、さらに真理獲得のためのテストや資格証明書は、時には個人を資格試験を経て獲得されたアイデンティティに従属させる権力作用の一部となる。シルバーマンたちによれば啓蒙主義は、進歩への確信、個人対国家という二元論的構図、個人を抑圧する大きな権力の想定、人間を対象とする人間科学の誕生、自由な個人という想定、という以上五つの前提から成り立っているという。『文化を書く』のクリフォードたちも同様に、科学的認識をもはや超越的なものとは考えていない。

「地殻変動」ともいうべき概念の転換が起きたのである。私たちは今や、事象を動く大地の上に置く。もはや我々には大地を上から眺めて、人間の生活様式を地図に描くような見晴らしのよい場所（山頂）もなく、そこから世界を表象するようなアルキメデスの点もない。山々は常に動いている。島でも同じだ。なぜなら、もはや人はそこから外界へ旅立ち、他の文化を分析できるような、はっきりした境界で仕切られた孤島のような文化世界をもちえないからだ。人間の生活は、互いにますます影響しあい、支配しあい、真似しあい、翻訳しあい、破壊しあっている。文化の分析は差異と権力の全世界的な動きのなかに、いつも放り込まれているのである。（1996、邦訳38－39頁）

全体を上から超越的に俯瞰する啓蒙の場所は存在しない以上、私たちは身体をもってフィールドの中に「入り込」んでいかなければならない。そしてフィールドで「発見」したことを書く時の「表現の透明性」と「経験の直截性」がイデオロギーにすぎないとしたら、フィールドノーツを書くことは一体どんな社会的営みになるのだろうか。この問題に正面から答えているのが、エマーソンたちの議論である。彼らによれば、これまで文化を書くことの意味は社会学的な文脈やポストコロニアルの文脈の中で批判的に論じられてきたが、それらはみなすでにできあがった民族誌（エスノグラフィー）しか問題にしてこなかったのである。彼らは民族誌そのものではなく、むしろ民族誌を書き上げるプロセスに焦点を移動させる（1996, 邦訳、序）。するとこれらの問題に解決が与えられるようになる。つまり「表現の透明性」についての解答はこうである。「現実についての報告は、単にその現実を鏡のように映し出すのではなく、記述の対象となったものをそもそも現実として創造したり、構成したりする行為である」(1998、邦訳437頁)。

このことばを構築主義の典型的な主張として理解してはならない。むしろ、このことばはフィールドノーツを書くというプロセスに置き直して考える必要がある。フィールドワーカーが何かを発見するとき、その発見した内容(データや事実)は、その時、他者の日常生活の中でフィールドワーカーがどんな立場(スタンス)にあり、そして、どの程度まで他者の生活に精通している(コンピタント)のかによって、大きく規定されている。つまり、フィールドワークの内容は、それを見いだす際の方法と不可分に結びついている。一言で言えば「内容は方法と切り離しては考えられない」(1998、邦訳44頁)のである。したがって、現実についての事実報告は、現実の透明な反映であるどころか、むしろフィールドワーカーのフィールドでのその時々のスタンスとコンピタンスとに結びつけて理解しなければわからないのである。それでは「経験の直截性」はどうなるだろうか。内容が方法と一体であるということは、フィールドワーカーが身体を持つ存在である以上、フィールドのある特定の位置にしか身を置くことはできないことを意味する。そしてあるスタンスからは一定の見方が得られ、他のスタンスからは別な見方が得られるだろう。また、フィールドワーカーは現地の人々との協働作業を通してしか、ある見方を得ることはできないかもしれない。するとそこで得られた知見はフィールドワーカー自身に帰属するというよりは、現地の人々との相互行為に帰属する共同的な知見になるだろう。ここでは経験もまた固定した、科学者個人に帰属できるものではもはやない。こうして「表現の透明性」も「経験の直截性」もともに啓蒙主義的なイデオロギーが必要とした前提であり、フィードワークの実際のプロセスにはあてはまらないことがわかる。こうして、フィールドワーカーの視点や立場が常に変化することを認めた上で「フィールドノーツや最終的にできあがってくる民族誌は、どうしてもまたいかなる場合であっても、エスノグラファーのパーソナリティ、経験、視点、そして理論的な立場のフィルターを通して構成されていくものだ」(1998、邦訳441頁)という結論になる。

分析者の「私」を調査の道具とする

啓蒙主義的前提と科学的方法論は、ガーフィンケルが形式的分析を批判したように、いわば自動的に科学的発見を保証してきたのに対して、分析者である「私」の取る方法とフィールドでの位置づけ(ポジショナリティ)こそ民族誌の内容を形成していくとしたら、私たちの採用すべき方針とは、フィールドワークのプロセスの中で、分析者である「私」の足取りと変化をそのつど、自己言及的に、つまり、リフレクシヴに点検し解釈することである。これは分析者の「私」を調査の道具とするリフレクシヴ・エスノグラフィーの実践である。このことをインタビューに当てはめれば、第四章で明らかにするように、インタビュアーと回答者とのアクティヴな相互行為プロセス自体をエスノグラフィックに記述することになる。

ところが、一言でリフレクシヴ・エスノグラフィーの実践と言っても、そのプロセスは単純ではない。エマーソンたちが的確に表現しているように、分析者である私たちも現地の人々と形成する関係性の中で変化していかざるを得ない。少し長くなるが引用すれば、

（前略）エスノグラファーの視点や理論的立場とはいっても、確固としたものが既に存在していてそれを単純に物事に対して当てはめるというようなものではない。それらは、エスノグラファーが自分の調査対象である現場の人たちと築いていく関係性の中で形成され、またその影響を受けて変わっていくものなのである。じっさい、フィールドワーカーは、その社会の中である一定の役割をとり、また、現場の人たちと何らかの形で関わっていく中で否応なく研究対象となっている社会的世界の一部を構成することになるのであって、決して中立的で距離をおいた観察者ではあり得ないのである。特定の人々との人間関係を形成するプロセスの中で、エスノグラファーは、その人たちに固有の意味体系が及ぼす影響にさらされることになるが、単にその人たちとの関係を維持していくためだけでも、エスノグラファーはその意味体系を学び、また理解していくことを余儀なくされる。エスノグラファーは、他者の社会的世界に対してより深く関わっていけばいくほど、より一層、自分自身がもっているさまざまな仮定や自分の行動の仕方、あるいは出来事や行為に対する意味づけ方を現場の人たちの日常生活という場における吟味にさらしていくことになる。したがって、フィールドノーツを構成しているのは、

調査対象者との関わりの中でエスノグラファーが獲得していった意味あるいはまた対象者とともに一緒に構成していった意味についての記述と考察なのである。（エマーソン他1998、邦訳441－442頁）

まず前の章で検討した「方法の固有性要請」を放棄したエスノメソドロジーはどのような研究をたどれば良いのだろうか。それはまず、分析者が当該現象に身体をもって入り込み、メンバーのコンピタンスを獲得し、今度は獲得されたコンピタンスをリフレクシヴに解釈することになる。ところが、身体をもって現象に入り込むといっても、具体的にはどの場所にどんな立場で入っていくのかによって、メンバーのコンピタンスはまったく異なってくる。メンバーのコンピタンスとは、当該場面で生起する社会現象を内部からあたりまえのように理解し、解釈できる能力とすれば、すぐ次の節で見るように、例えば精神科病院のフィールドワークをするのに、患者として入っていくのか、調査者として入っていくのかでは、そこでメンバーとして自然に目撃でき理解できることがまったく違ってくる。そして調査者として入った病院で私は、診断を下す役割を現地で与えられ、病院スタッフと患者の対立する意味づけに引き裂かれることになった。また第二部の薬害ＨＩＶ感染被害問題の調査においても、調査の当初は、血友病の患者の自然なコンピタンスを理解することができず、文書資料から自然に見えてきた仮説を呈示するだけにとどまっていたが、それが医師と患者から批判されることで、私たち分析者自身が持っている仮説や調査の「構え」、あるいはインタビューの時に取る行動の仕方を、調査対象者の「吟味にさらし」自己点検せざるをえない局面に至った。そして私たち自身が別な見方を獲得するために、医療現場に赴いたり、当時流通していた医学的知識を獲得するなど、調査の背景となるエスノグラフィックな知識を獲得して初めて、新しいメンバーのコンピタンスが働きだしたのである。その意味では、メンバーのコンピタンスという概念もあまりに理念的すぎる。なぜならこの概念は分析者とフィールドにいる人々との個別的で身体的な関係性から生まれる現実（生きられた経験）と、それが刻々と変化していく様子（歴史的変化）を捉えることができないからである。ただその効用として、私たちがフィールドワークのプロセスのある時点で獲得した「自然な見方」を不問にせず、常にそれがどのようにして形成されたのかを問うための備忘として役立つだろう。

そして同じ質的研究でも、このリフレクシヴ・エスノグラフィーの実践と対極の立場にあるのがグラウンデッド・セオリー（Glaser, B.G., and Strauss, A.L, 1967）である。この理論は看護研究を始めとして、客観的で信頼性をもつ結果を導き出すことができる科学的理論として受け入れられてきた。ところが、啓蒙主義以降のエスノグラフィーから見れば、この客観性の標榜こそ重大な欠陥である。なぜなら、彼らはフィールドワークを通して集められたデータが、フィールドワークを行う研究者とは分離された客観的なものとして存在すると仮定するからである。そしてもしそうだとしたら、網羅的なフィールドワークを行えば、外的世界を反映した偏りのない研究成果が導きだせると考えるのである。エマーソンたちによれば「データ対話型理論のアプローチは、分析のプロセスを明快でほとんど自動的な活動として描き出す。フィールドノーツやほかの質的データのなかから理論を「発見すること」を強調することで、このアプローチを実践する人々は、すでに収集された一連のフィールドノーツのデータを、自明の出発点としてあつかう。つまり彼らは、そのようなフィールドノーツは、それを書いたエスノグラファーの分析プロセスや理論的な立場から独立して分析できると暗に仮定しているのだ」(1998、邦訳304頁)。その結果、最終的に抽出されたカテゴリーは、それがもともと生まれてきたフィールドワークから切り離され、あたかも客観的な実体であるかのように扱われるのである。だがこれは本末転倒である。フィールドワークから得られた分析と解釈は、フィールドワーカーがフィールドに入り込み、他者と関係を形成し、ある見方を獲得し、フィールドノーツを作成し、そこから特定の現象をカテゴリー化するといったすべての局面において行われている。データと理論とは常に結びつきながら変化していくものである。

近年、オーラル・ヒストリーも含めたインタビュー調査においても、分析者としての「私」をリフレクシヴに言及しながら、調査過程全体を批判的に検討するフィールドワークが増えてきた(1)。それは社会学におけるリフレクシヴ・エスノグラフィーの受容の広がりを示すものであろう。すでに山田(2000a)において紹介した例であるが、分析者の「私」が調査のプロセスに沿って、どのように変化していったかを呈示することができるので、それを次の節でもう一度見ていくことにしよう。

調査者の位置づけと「対話」

ここでは、宮崎県にある私立精神科病院の一ツ瀬病院（旧名のため以下「宮崎の病院」と呼ぶ）とA県立病院の二つのフィールドワークを比較することによって、調査者としての私の位置づけがどれだけ調査結果を左右するのか明らかにしたい。つまり、調査対象へのアクセスの仕方はもちろん、私の現場での位置によって、見えてくる現象がまったくといってよいほど異なってくるのである。[2]私は「調査者としての私」を完成した報告書から最終段階で取り外したが、啓蒙主義以降のフィールドワークの立場からみれば、それは報告書の「信憑性」や「真理」を作り出すための政治的な操作として考えることができる。こんどは逆に、調査の具体的文脈を補ってやることによって、この「真理」を脱構築しよう。

まず一九八六年に行った宮崎の病院のフィールドワーク（山田 1986）から始めよう。この病院は当時平均在院日数が一六六日で、病床数八〇の半分は開放病棟からなる小規模の病院である。この病院はゴッフマンやクラークなどの精神科病院批判を取り入れながら、閉鎖的な精神科病院を改革し、病院の「開放化」を実践している。そして私の短いフィールドワークから出された結論は、この病院が表面的には開放的な「治療共同体」を標榜しながら、実際には患者を社会復帰へ向かって道徳的に「教育」していく「疑似学校文化」の体現者であるということだった。しかしこうした「診断」はどのようにしてもたらされたのだろうか？

まず私の調査地での位置づけを明らかにしよう。私は後で述べる「精神医療を考える会」を主催する院長と副院長からフィールドワークの依頼を受けた。そして、病院でもっとも権限を持つ者たちから調査を依頼された「大学の先生」という位置によって、私はこの病院のほとんどすべての局面に入り込むことができた。私は調査の前半は入院患者とほぼ同じ日課をこなし、後半はスタッフと一緒に過ごした。この「大学の先生」という位置づけに対して、病院内のさまざまな集団がそれぞれの対応をした。まず、この病院の思想的なリーダーシップをとっている「精神医療を考える会」のメンバーはゴッフマンの『アサイラム』（Goffman ,E., 1961=1984）の社会学的分析に精通し、傾倒している。彼らが私に期待したのは、ゴッフマン流の分析をこの病院にほどこし「診断」をくだす「相談役」としての役割だったろう。私はこの会の主催する深夜までにおよぶ勉強会や症例検討会に出席し、一緒に酒を飲みながら精神医療の現状について話し合ったり、テニスに誘われたりといった、かなり親しいつきあいを許された。これに対してほかのスタッフは、私をたんなる「よそもの」として扱うか、病院の「診断」をまかされ、自分たちをチェックし監視するものとして、うさん臭く遠回しに見ていたようだ。

入院患者は、大部分が自分たちとは無関係な存在として私をとらえたが、なかには「外来王」的な救い主として私を迎え、一番「病」がひどかったときのことを話してくれたり、宇宙論を説明してくれたり、また彼らの趣味である文学やジャズについて話し合ったりした。あるいは反対に、自分たちの生活を「のぞきにきた」冒涜者として「おまえはばかがどうくらしているのか、からかいにきたのか」と攻撃されることもあった。その人は「自分が病気になってからうまく考えることができない。ばかになったからだ」と言う。なぜ私が調査者としてここに来たのかを彼に納得させるために、三日にわたってずっと彼の話しを聞いていくうちに、かれが芸術家になりたいこと、「学者」ほど軽蔑しているものはないということを聞いた。

こうしてさまざまな人々から、異なった期待や挑戦を受け、私はアイデンティティの揺れを経験した。いろいろな場面で、私が精神病に対していまだに偏見をもっていることを再認識させられたり、自分の態度に一貫性を持たせることができず、かなり不安な状態になった。その中で、私がもっとも明らかにすべきであると感じたのは、この病院の「診断」である。つまり「精神医療を考える会」からの期待が私の調査に大きな影響を与えていた。私が一ツ瀬病院のあらゆる局面へとアクセスすることができたおかげで、ひとつの大きな断絶がこの病院に存在することに気づいた。それはすでにゴッフマンも指摘しているのだが、スタッフと患者の生活の断絶である。一方でスタッフの朝の申し送りから始まって深夜の勉強会に終わるスタッフの超過密スケジュールにつきあい、他方で時間が止まってしまったような患者の生活の中に入っていると、この断絶が耐えがたい謎として迫ってくる。私はそれが単なる空間的・時間的な断絶ではなく、病院の管理・運営を担っているスタッフと、基本的にはそれに従わざるをえない入院患者との権力の差から生まれた現象であると考えた。

そして入院患者が、たてまえでは「治療共同体」としてスタッフも患者も対等と言うけれど、実際には両者のあいだに大きな壁があることを落書き帳に見つけたり、集団療法での「指導」が患者の生活態度を叱ることに費やされていたり、あるいは患者クラブの運営にかかわる後に述べるエピソードによって、それを確認していった。そして私にとって決定的だったのは、患者がナースやソーシャルワーカーなど女性のスタッフをすべて「女教師」と陰口で呼んでいることを知ったときだった。それは、この精神科病院が一種の学校であるということが患者にも実感されているということだ。

学校ではたてまえとして議論の自由や生徒の自主性が尊重されているが、実際は学校の管理からはずれた発言や行為は許されない。そのため、たてまえの言説は欺瞞的なものとなる。学校の教職員という管理側のスタッフと、それに従う生徒という権力の差は歴然としている。それと同じように、精神科病院から監禁的性格を払拭し、入院患者に「自由、責任、活動性」を取り戻させる環境をつくりだすというスローガンも、入院患者を叱ったり、激励したりといった「教育的」効果しか果たせないとしたら、欺瞞的なものとなっていくだろう。たとえば社会復帰のためのクラブがある。ディスコクラブで、患者がディスコ大会を自主的に計画、実行したとき、翌日「反省会」があり、「もっと楽しくできたのではないか」「無責任なところがあった」といったスタッフの非難にさらされた。そして患者から「そんなに言われるなら、もうやめたい」という反発がでたとき、スタッフはすかさず「いったい、誰のためにやっているのか」「患者の社会復帰のためじゃないか」と釘をさした。反省会のあるディスコも外の社会で考えられないだけでなく、反省会自体が、クラブを主催する最終的な意味づけと権限がスタッフにあることを見せつける機会になっているのではないか。

こうして私の診断の結果は、当時のこの病院が治療共同体というよりはむしろ、疑似学校的であるということにおさまった。では私の結論は、どのようなものとしてスタッフに受け取られたのだろうか？　確かに私は「よそもの」として、この病院で自明視された「疑似学校的」な文化を相対化することができた。そしてそれがスタッフと患者の権力の差を隠蔽する欺瞞的なものでしかないことを指摘できた。しかし、この「診断」もまた、私が院長と副院長の相談役として、彼らの期待に沿って調査した結果である。ところが、これを草稿段階で副院長にみせると、副院長は立腹し、私は病院を追い出された。つまり彼にとっては、私に暗黙の裡に期待されていた役割は、この病院を賛美することであったらしい。いずれにせよ、現在の運営に対する批判はスタッフの、とりわけ、まじめで献身的なスタッフにとっては怒りの源泉となった。(3)これと反対に、私を長時間の話に巻き込んだ患者は、調査終了後もしばらく病院批判の手紙を私に送り続けた。これは私の調査報告が引き起こした一種の未完の対話とも考えられる。というのも、私の報告書は「精神医療を考える会」で議論されたらしく、その後「反省会」は中止され、ミーティングでの叱ったり激励したりする「教育的」発言も控えられるようになったからだ。私は翌年もこの病院を訪れ、病院の体制自体が治療共同体という雰囲気作りではなく、信頼できる診断をすることに重点が移行したことを知った。

これと対照的なフィールドワークは、A県立病院でのそれである。(4)この病院は病床数二〇〇の平均的精神科病院で、一九八五年の調査当時、同意入院という実質的な強制入院が患者のかなり多くを占めていた。私はそのときたまたま不安神経症による不眠に苦しんでおり、ゴッフマン勉強会で知り合いになったA県立病院の医師から、いっそ入院して、患者の立場からエスノグラフィーを書かないかと誘われた。このときは、半分が治療目的で、半分が調査というどっちつかずの立場であり、不眠ならば在宅でも治せないことはないので、私は患者として調査に入ることに少し罪悪感を感じた。そして、私が調査者でもあるということは、医師と病棟師長しか知らなかったために、当然ながら、スタッフも患者も私を純然たる患者として扱った。その結果できあがった最終的な報告書は、患者の立場から管理的なスタッフを一面的に描いたものだった。

というのも、入院する前は予想もできなかったが、まわりから「精神病者」として見られ、そう扱われることで私は非常に安定したからだ。宮崎の病院では、病院のあらゆる局面にアクセスできたために、自分のアイデンティティを一貫して保つことができず、さまざまな挑戦を受けて不安になった。しかしここでは、患者というアイデンティティしかなく、それはある意味では抑圧されたものであったが、安定したものであった。それに加えて、抑圧状況のもとで、他の入院患者とともにスタッフを敵対視し、彼らと連帯感を分かち合うことができたのである。これは大きな安心感の源泉になった。

私が入院し、開放病棟とされていた3病棟の自分の部屋に通されると、すでに入院している患者たちが様子を見にやってきた。そして最初に聞いたことは、ここにくる前はどの病院に入院していたかということだ。私は初めてだったので、初めてだというと、患者の中で健康なときに開業医をしていたという人がやってきて、私の症状を聞いて、それならすぐによくなる、だいじょうぶだと言ってくれる。他の患者も私に処方された薬の種類と名前を聞いて、とても軽いほうだからだいじょうぶだと言う。おもしろかったのは、そのとき医者と看護師は信用するなと言われたことだ。そしてその代わりに、患者の中では元開業医という、この人物がたいへん信用されていた。まさにゴッフマンの言う身内形成がここでなされていた。

私は同僚となった患者たちが非常に親身に私のことを心配してくれるので驚いた。そして外の社会での仕事のことを聞かれて話し出すと、この話題がつぎつぎと他の患者にもめぐっていき、各自がそれぞれの職業を語りだした。特に夕食後、就寝までの何もすることがない時間は、スタッフの悪口と外の社会での仕事の話が一番の話題だった。これは入院患者がたがいに自分の人生経験を語りあうので、大学という狭い社会しか知らない私にとっては非常に大きな社会勉強になった。ところが最後のオチはいつも同じであり、そしてみんなに共通だった。それは退院までの日数を数え、「自分がもし入院していなかったら、うまいものがたくさん食べられ、金も稼げる」自由な生活が外に待っていたはずだという「嘆きの物語」（ゴッフマン）である。そしてそのとき、自己をこのような悲劇的状況におとしいれ、しかも退院したくても入院を強制するスタッフは敵になる。たとえば嘆きの物語をしている最中に、ナースの巡回があったとしたら、みんな蜘蛛の子を散らすようにその場を離れ、これまで話などしていなかったかのようなふりをする。こうして、スタッフを共通の敵とすることで、入院患者どうしの連帯感はますます促されることになる。

ここで少しA県立病院の概要を説明しよう。この病院は入院患者の性別と病状にあわせて、全部で5病棟からなる。男子入院者に限っていえば、1病棟は閉鎖病棟で、1階にあり、電気ショック室と保護室（「独房」）もそこにある。比較的症状が重い急性期の患者と精神遅滞者（老人を含む）が収容され、看護師が患者に一対一以上の割合でついている。2病棟は1病棟にくらべ症状の改善した半開放病棟である。3病棟は私が入院した患者自治会のある開放病棟で、朝から夕方まで（午前6時半から12時間）病院をはさんで二駅の区間は自由に散策できる。3病棟は別名「社会復帰」病棟とも呼ばれ、一番外部社会に対して近い病棟とされている。あとの二つの病棟は女子のみの5病棟と男女混合の6病棟である。5病棟は、1病棟とパラレルに急性期患者と精神遅滞者を収容し、6病棟は何十年も精神科病院に在院し、いわゆる「陳旧化（病状が安定し、無活動化）」した男子老齢患者と症状の改善した女性患者が1対2くらいの割合で収容されている。

入院患者は自分達の通る経路として、1→2→3という病棟の順番に回復そして退院という道筋があると認識している。この道筋はゴッフマンが指摘するように、患者のモラル・キャリアがしだいにプラスの価値づけをされ、上向きになっていく過程である。そして何か問題行動を起こして、閉鎖病棟（1病棟）に「落とされる」（カギカッコは患者の表現）と、それは自己尊厳に対する重大な挑戦になるだけでなく、まわりの者もそれを懲罰的なものととらえ、「落とした」張本人（たとえば医者や看護師）を非難する。たとえば、私がナースステーションで病歴についてカルテをとられているときに、最近退院した人が入院患者に面会にきた。すると、その人は1病棟に「落とされている」ということがわかり、そのとたんに面会にきた人は「おまえらは悪いやつだ。どうしてあいつを落としたんだ」と怒りだし、そこにいた医者や看護師たちを大声で非難しだした。

この例に端的にあらわれているように、スタッフの行なうあらゆる活動が可能性として入院患者を抑圧し、罰するものとして解釈されていく。たとえば、電気ショックを意味する「電パチ」が1階の閉鎖病棟で処置されるが、その時に使う伝導性をよくする薬品の臭いに対して入院患者のほとんどが過敏に反応する。だいたい夕食後就寝までの時間は今日病棟で起こったことの情報交換の時間になる。すると決まって「今日は何回やってたで」といった話題が出てくる。そして、電気ショック「療法」は「誰か院長に反抗したな」といった入院患者の懲罰手段として解釈される。これにはほとんどの入院患者も同意する。「あれはひどい。恐怖心だけあおりたてる非人道的手段だ。こんど退院したら人権侵害として訴えてやる」と。

精神安定剤の服用についても同様の不信感がある。「薬でどうも頭をごまかされている」、「入院させられた当時は、訴えたいことがたくさんあった。でも、強い薬をあてがわれ結局何も言えないまま、ひどい病気にされてしまう」といった被害意識がかなり広汎に共有されている。また治療的な雰囲気づくりをするためにスタッフがとりいれた集団療法やミーティングなども、「さっぱりおもしろくない。葬式みたいな雰囲気だ。病院は何もおもしろいことがないんだから、もっとおもしろいことをすべきだ」とマイナスに解釈される。実際に私が出席した朝のミーティングはほとんど実質的な内容がなく、ただ今日一日のスケジュールを伝達するだけで終わる。意見をうながされても積極的に発言する者はほとんどいない。これは農作業などの作業療法についてもそうで、草取りなどもできるだけゆっくりと話しながら非効率的に行う。私もそのペースにすっかり慣れて、作業療法士に何度も「その列は遅れてるぞ」と注意された。スタッフの企画したプログラムにはできるだけ消極的に参加し、そのなかで自分の限られた利益を最大限にするということが暗黙の合意のようになっている。

これに関連して興味深いのは、テレビのチャンネル権争いである。それは病院側の計画したプログラムとは反対に、患者の積極的な関心事であることがわかるからだ。その日は野球中継があってかなり多くの人がそれを見たがっていた。しかし時代劇がその裏番組としてあり、病棟の陰のボス的な存在であるYさんが時代劇のほうを見たためにほかの人は野球中継をみられなかった。Yさんはこのチャンネル権を獲得するために前日の夕方から、一人言のようにあらゆる場面で「俺はあした~をみるぞ」と誰にも聞こえるように言いまわっていた。これには面と向かって反対するものはなかったのだが、テレビが終わってから、野球を見れなかった人達の不満がつのっていったらしく、看護師に相談したらしい。代表のAはつぎの日の朝のミーティングで具体的な事件を語ることは避けたが、見たい番組が重なった場合にチャンネル権をどう配分するか話し合いにかけた。これはふつうでは考えられないくらい活発な意見交換を引き起こした。その理由はテレビ視聴が「精神科病院という娯楽の少ない場所」での数少ない娯楽になっているからだろう。結局決着はつかなかったが、この話題はその日の雑談の中心的テーマになっていた。

また、病院の日課として午前中は作業があるものの、診察がなければ午後はひまで、ほとんどの患者が緩慢な動作をしている。これは薬によるものなのかと思ったが、むしろ外部社会と遮断され、退院まで時間を無為についやすだけの「精神科病院」においては、ごく自然な行動だと納得させる事件に出会った。ちょうど私の入院期間に近くの看護学校の実習があったが、それは、実習生の若い女の子をほんの一瞬間だけ、巧妙に部屋に連れ込むという、セクシャル・ハラスメントすれすれの行為である。そのときの患者どうしの機敏な連係プレーや、スタッフに見られていないかまわりを配慮するすばやい動作に私は驚いた。また風呂場では、まわりにスタッフがだれもいないせいか、活発に歌合戦したり冗談を言いあったりしたことにも驚いた。どちらの場面も普段の緩慢で消極的な態度からは想像もできない行動だった。

私がフィールドワーカーとして経験したのは、外部の者には想像もできない、ある意味で「生きした」入院患者のすがただった。しかしこの活動的な生活は、病院のスタッフや外来者にはアクセスできない。むしろ彼らに映る入院患者はいつでも敵対的で、非協力的で、しかも無気力といった、ここで記述したのとはまったく違ったものだろう。それでは調査者としての私は、どのようにして彼らの経験にアクセス可能になったのだろうか？　それは私が「入院患者」という地位を半分は自発的に、半分はこの病院の医師の紹介によって獲得したからだ。そして私が調査というもう一つの目的を持っていたことは、入院患者の誰にも知らさなかった。その意味では、私は彼らの連帯を搾取した裏切り者である。

そしてこの入院後の報告書は、ゴッフマンの勉強会において、スタッフたちに発表した。そのとき、事情を知らされていなかった師長以外のスタッフがふんがいしたことは事実である。自分たちの仕事が知らぬまに監視されていたという感想を持った者もいた。したがって、スタッフも含めると、私は二重に裏切り者である。本当に人が悪い。そして私が行った報告は、スタッフの知らない入院患者の世界を知らせるという、逆向きの啓蒙主義（シルバーマン他 1989）にあてはまるかもしれない。実際、スタッフたちは日常的に空間を患者と共有しながら、私の報告することを初めて聞いたかのように驚いていた。しかし重要なことは、このA県立精神科病院においては、スタッフと患者とのあいだの断絶は宮崎の病院とは比較にならないほど深いということである。なぜなら、シュッツの内集団と外集団との偏見の悪循環（山田 2000a）のように、スタッフと患者の集団が互いに想像上のレッテルを貼りあうという相互行為があるだけだからだ。ここには、ゴッフマンが報告したような古典的な管理＝支配装置がスタッフと患者とのあいだに厳重に敷かれている。確かに私は患者と一体化することで、アイデンティティの安定を得た。しかしながら、それはこの精神科病院の権力構造の上に乗っかったものだったのである。したがって、当然ながら私にはスタッフの世界は見えなかった。その意味では、この調査は二重の裏切りの中におかれ、私自身の位置づけが患者と一体化したものになってしまった。もし私が調査者であることをスタッフにも入院患者にも明かしていたら、私に見えてくる世界はまったくちがったものになっていただろう。

むすびにかえて

この章で私は「啓蒙主義以降」のフィールドワークとは何かを追求してきた。それは一言でいえば、フィールドワークを通して発見される事実は、フィールドにおけるその時々の「私」の置かれた文脈から切り離すことはできないということだ。しかも「私」の置かれた文脈はフィールドで出会う人々との関係によって常に変化する。フィールドワークの実践には、分析者＝調査者がどのような位置から自己の経験を語っているのか、そして、それがどのような文脈において、誰に対して語っているのかを明らかにすることを伴う。反対に言えば、調査者がフィールドで得た知見を脱文脈化して固定したり、あるいはそれを「真理」として普遍化したりすれば、啓蒙主義に逆戻りするだろう。啓蒙主義以降のフィールドワークには、文脈の変化に応じて自己の位置を敏感に変化させていくような繊細なフットワークが必要だ。しかもそれは、刻々と変わる権力作用の編成において、調査者の位置づけを読み解いていくリフレクシヴな分析も必要とする。(5)

この点から、私が行った二つの精神科病院のフィールドワークを比較すると、宮崎の病院においては、確かに私は院長と副院長に代表される管理層の要望に応えて、病院の「診断」をした。というのも彼らとの恒常的な関係を維持するためには、彼らの意図を理解することがもっとも優先されたからだ。その意味では、私の最終的なエスノグラフィーは病院管理層に対して語られていた。しかしながら、私がこの病院を構成するさまざまなスタッフや患者に出会うことによって、アイデンティティの揺れと不安を感じたように、この「診断」は管理層だけに向けられたものではなく、フィールドワークの中で出会ったさまざまな人々に対しての応答でもあった。それは私が管理層とだけ関係を形成するのではなく、フィールドワークの半分の期間は患者と共に過ごすことから得られたものだろう。たとえば、スタッフの習慣的行為を特徴づけるカテゴリー（「女教師」など）は、患者が使用していたものである。そして私の「診断」に対して、さまざまな反応が返ってきたことは、この「診断」が脱文脈化された「真理」ではなく、つねに当該の状況における対話の一部であることを物語っている。

これに対して、A県立病院のフィールドワークは、私が患者のアイデンティティと一体化し、安心感を感じれば感じるほど、自分自身をスタッフを含めた病院組織の中に位置づけ、患者世界の中で安住することになった。つまり、私は患者に一体化することで、スタッフ（職員）との通路を閉ざしてしまった。確かに、私がかいま見た患者の世界は、外見の沈滞した雰囲気からは想像もできないほど生き生きしていた。ところが、これは管理する側のスタッフとそれに従属する患者の間に高く築かれた壁を内側から再生産することに寄与したのではないだろうか。そこにA県立病院のフィールドワークの限界がある。これからさらに、啓蒙主義以降のフィールドワークとインタビューの関係について追求していこう。

注

（1）この点を最初に指摘した桜井（2002）の仕事がある。その後、山田（2004）、蘭（2004）、桜井（2005）、小倉（2006）、倉石（2007）、石川（2007）、西倉（2009）、足立（2010）、保苅（2004）が挙げられるだろう。またガーフィンケルに忠実に、表面的には「解釈」を排除しようとしているものの、さらには、分析者の「私」がフィールドとインタビューで得た見方をリフレクシヴに分析の俎上にあげ、さらには、フィールドで蓄積された知識についても解釈をほどこしているものとして、鶴田（2009）がある。この仕事の内容だけに限定して言えば、私は他のライフストーリーの社会学の成果との断絶ではなく、連続性を感じた。

（2）また看護助手としてフィールドワークを行った沖縄の精神科病院では、私に見えてきたのは同僚看護者の看護の実践であった。山田・好井（1991）参照。

（3）このような怒りや憤りといった反応は、その後のフィールドワークでもたびたび直面することになった。その場合に、自己の所属する組織に忠実なメンバー（bona-fide member）ほど、私の分析において組織批判と感じられる部分に怒りが向けられた。このように調査者は対象者が自然で当然と考えることに不協和音を持ちこむ。しかしそれは調査者がフィールドに道徳的にまきこまれることが不可避であること、そして、それに応答する責任があることを示しているにすぎない。

（4）この病院の部分的な紹介は、山田富秋「生活世界とコミュニケーション」鈴木広編『現代社会を解読する』ミネルヴァ書房、一九八七年、を参照。

（5）この分析方法に非常に近いものとして、ハッキング（Hacking, I. 2004）の「ループ効果」とフーコーの知識論を参照しながら、言説における語り手の特定化と語り手のアドレス先を微細に分析していく「概念分析」が注目に値する。ハッキングに目を向けさせてくれたことについて、酒井他編（2009）に感謝する。

第三章　社会調査の困難――対話的構築主義の立場から

調査者と対象者との関係性

私がここで問題にする社会調査の困難とは、インタビューやフィールドワークを中心とした調査を遂行する上で、調査者と調査対象者（以下、対象者とする）との関係をめぐる困難である。この困難は調査者がコントロールできない、予期せざるやっかいなできごととして調査者に認識される。しかしこうしたトラブルは、インタビューやフィールドワークが調査者と対象者とのその場での相互行為から成り立っている以上、そこから必然的に生まれてくるものと考えられる。したがって、これまで調査の技法として推奨されてきたことは、このようなトラブルを最小限にするような技術であると解釈できる。つまり、対象者（インフォーマント、回答者）とのあいだによいラポールを築き、インタビューを実施する際には答えやすいように質問の内容や順番に工夫をこらし、さらにまた調査者の側に一定のマナーが必要だとするものである。しかしながら、調査という行為が進行中の相互行為に依存している以上、このトラブルをなくすことは根本的には不可能である。ここに私が問題とする調査の困難が同定できる。そして私はこうしたトラブルを排除しようとするのではなく、この困難について角度を変えてアプローチしていけば、この困難自体が調査者と対象者をめぐる関係性について豊かな示唆を与える資源そのものであることを明らかにしたい。

この困難は、佐藤郁也のつぎのような体験を紹介することでさらにいっそう理解されやすくなる。彼は少年院や刑務所といった矯正施設において聞き取り調査を行っているが、そのとき彼が感じたのは、調査者と対象者とのあいだの「アンフェア」な関係である。彼はある刑務所において「わたしの父親と同じくらいの年齢の人たち」の一人から「先生」と呼ばれることにかなりの心理的負担を感じたという。「特にやむにやまれぬ事情から殺人事件をおこしてしまった五〇代の被収容者の方に「先生」と呼ばれた日はかなり落ち込んでしまい、その気分は、その半年以上にわたって続いた」（佐藤 2000、49頁）。

彼の感じた心理的な負担は調査者と対象者との関係に関わるひとつの困難として解釈できる。彼があとでこの心理的負担からやっと解放されたと感じたときの語りをこれと比較してみよう。暴走族の青年たちとアポイントメントをとってはすっぽかされるということを繰り返していた時、彼はこう感じたという。

（前略）この時痛感させられたのは、施設調査の際に自分がいかにスポイルされていたかということであった。施設調査の場合には、施設を管理する機関から許可を得られれば、聞き取りの対象者は施設側から「あてがって」いただけるわけであるが、街角における調査の場合は徒手空拳で臨むしかない。（中略）

しかし、反面では、インフォーマントとの関係性という点では、施設調査とはくらべものにならないほど精神面での負担は軽かった。何しろ、この時のわたしを「先生」と呼ぶ者など誰一人としているはずもないのである。わたしは、下手なバイク乗りの「おっちゃん」であり、何とかして「卒論のようなもの」をまとめようとしている「学生」であった。その意味では、少年院や刑務所で調査をしていた時のような居心地の悪さやうしろめたさを感じることはまったくなかった。（佐藤 2000、50頁）

なぜ彼は施設調査に限界を感じ、暴走族へとフィールドを移したのだろうか。「施設調査における「面接」調査につきものの権力差に疑問を感じたから」（佐藤 2002、225頁）だという。(1) しかしこの権力差の問題について、佐藤はこれ以上追求していないようだ。むしろ、この問題は背景に退いて、フィールドワークを実践するための具体的な技法について多くが語られるのである。たとえば、権力差を孕んでいる施設調査と、そこからある程度解放された暴走族調査は、互いに対立するものとしては描かれず、むしろ両者ともフィールドにおける調査者と対象者との人間関係のスペクトラムの一部を構成するものとして整理されたり（佐藤2002、56頁以降）、この両者においてなされる「聞き取り」が、フォーマル・インタビューとインフォーマル・インタビューとの対比という形で再解釈されたりする（佐藤2002、221－281頁）。しかし、矯正施設において「先生」と呼ばれる調査を権力的なものと捉えるならば、矯正施設という制度的環境や、そこでの調査者と対象者の関係自体を批判的に分析することが、次にくる当然のステップになるだろう。しかし彼は施設調査で感じた「うしろめたさ」を自分の個人的感情と未熟さのせいにする。

もちろん、これはあくまでもわたしの個人的感情の問題であり、このような形での犯罪や非行に関する調査研究それ自体がもつ研究上の価値や社会的価値とは全く別問題です。じじつ、わたしが当時のやり方を「アンフェア」だと感じた主な理由の一つには、満足な研究成果をあげられなかった自分の未熟さがあります。（佐藤2002、9頁）

こうして彼は施設調査における従来の研究成果を肯定するのである。しかしながら彼の「うしろめたさ」の感情や、「アンフェア」という調査者と対象者の関係性への気づきは、明らかに彼個人の感情や、単なる聞き取りの技法に還元できない問題を含んでいる。そして実際、彼の議論を詳細に検討してみれば、フォーマル・インタビューとインフォーマル・インタビューの対比の議論のなかに、施設調査に対する批判が含まれていることがわかってくる。

つまり彼によれば、矯正施設における面接調査とは、質問の内容がフォーマット化され、話の内容や順番について調査者の側に主導権がある、効率的なフォーマル・インタビューである。しかし一見効率的に見えても、調査者主導であるため、問題発見のない非生産的で退屈なものであるという。言い換えれば、フォーマル・インタビューにおいては、調査者と対象者とのダイナミックな関係は意図的に排除され、調査者の仮説に基づく質問だけが実施されるのである。ここでは対象者はすべてのイニシアチブを剥奪され、調査者と対象者との関係は上下関係に還元される。これとは反対に、インフォーマル・インタビューの場合には、調査者が主導するどころか、むしろ調査対象者を「師匠」として、調査者が対象者に「教えてもらう」関係をつくることが重要になるという。したがって調査者は「何らかの正当な「聞き手」としての役割を現地社会において確立していく」（佐藤2002、238頁）ことが不可欠なのである。そして対象者である話し手自身も「面接」調査のような受動的な役割を与えられるだけではない。むしろ対象者も積極的に「聞き手のインタビュアーとしての資格や価値を値踏みしていく」（佐藤2002、251頁）のである。したがって正式なインタビューをする前には、じゅうぶん時間をかけてフィールドの「問わず語りに耳を傾ける」ことも重要になる、なぜならそこから「発言の出てくる社会生活の文脈」が自ずとみえてくるからである。

ここで、調査者と対象者とのあいだの権力差の問題をまとめよう。これまでの調査論においては、調査者の側にラポールをとる努力しか要請されてこなかった。つまり対象者の信頼ある語りや「証言」が問題であり、調査者の側の主観や「証言」は最初から問題外とされてきた。しかし以上のような佐藤の議論を踏まえると問題が一変する。つまり、調査という行為から調査者をらち外に置くことは不可能であり、調査者と対象者との関係性こそ重要なものとなる。すると、対象者だけでなく、調査者自身もどのような立場から、どのような先入観や仮説を持って、どういった態度で調査対象者と接するかが問題となる。つまり調査者自身も対象者によって「値踏み」される存在になる。そうだとしたら、施設調査における「面接」は、調査者の主観を不問に付し、対象者からイニシアチブを奪い、一方的に答えるだけの存在に還元してしまう「権力性」をもったものとなる。

こうして佐藤の言説に矛盾が生じる。なぜ彼は一方で調査者と対象者との関係性それ自体を問題にしながら、他方で調査者と対象者との権力差の問題を個人的感情に還元してしまうのだろうか。推測するに、彼はフィールドワークのディテールにおいては、職人芸的な卓越性をもってそれを熟知しているにもかかわらず、認識論的な立場として「データ対話型理論」(grounded theory)のように、調査者と対象者(調査対象)との分離を暗黙裡に前提してしまうからではないだろうか。この立場は後に紹介する桜井厚によれば解釈的客観主義として分類できるが、この立場には実証主義的前提がまぎれ込んでいる。ここでは科学哲学の議論に深入りすることはしないが、図式的に言えば、実証主義とは調査者(科学者)の調査という行為とは無関係に、発見すべき事実が外部に独立して存在するという認識論的立場になる。この立場によれば、調査者が網羅的なフィールドワークを行えば行うほど、客観的な世界を描くことに成功する度合いも高くなることになる。(2)

しかしながら、こうした実証主義的立場は、佐藤自身によっても反駁されたように、調査者自身がフィールドに持ち込む立場や態度を隠蔽し、調査者を特権的な立場に置く点で、もっとも大きな問題を抱えている。つまり、実証主義は調査者を状況から超越し、状況を鳥瞰する、あたかも透明な存在であるかのように偽装してしまうのである。ところが、佐藤が感じた「うしろめたさ」が象徴するように、こうした偽装は偽装でしかない。調査者と対象者との関係性が露呈してくれば、それは表面的には調査の困難として現象するが、これまで見てきたように、むしろそれはその時々の調査の過程において、調査者と対象者とがどのような関係にあるかを明らかにするための必要不可欠な資源なのである。エスノメソドロジー的に言い直せば、調査者と対象者の関係性から自由な調査というものは存在しない。むしろ「いま、ここ」の場という文脈（コンテクスト）において、調査者と対象者の相互行為が、調査という社会的現実を構築していくのである。したがって、実証主義からみた困難は、エスノメソドロジーから見れば、豊かな資源なのである（Cf. Gubrium & Holstein 1995）。

このことをいまや古典とも言えるウィーダーのフィールドワークから明らかにしよう（Wieder 1974=1987）。彼は麻薬常習者の矯正施設の調査をしながら、調査の前半ではまさに佐藤郁哉の言うプリズン・コミュニティ論にしたがって、受刑者のなかばアンダーグラウンドな文化となっている「受刑者コード」を明らかにする。しかしそれは調査者である彼自身を調査過程から捨象した結果できあがった、いわば物象化され、脱文脈化された調査結果である。ウィーダーはさらにこの前半の調査結果を、彼自身を巻き込んだ対象者との調査プロセスに埋め込み直して脱構築するのである。

ウィーダーのエスノメソドロジー的調査

ここではウィーダーの「受刑者コード」について詳しく紹介することは避け、調査者が不可避的に調査という文脈に埋め込まれていることだけを明らかにするにとどめよう。たとえば、彼はインフォーマントの一人であるパブロという受刑者について述べている。パブロは、この矯正施設に拘置されていたが、まもなくここに移される仮出獄者が恐くてたまらないと語った。なぜなら、彼とその男は昔一緒に売人もしていた仲間だったが、二人が逮捕されたとき、相棒だけが有罪になったという。ここからパブロの恐怖とパニックが始まる。なぜなら、かつての相棒は自分が彼を密告したために、一方は有罪になり、一方は仮出獄という不公平な待遇になったと思いこんでいるに違いないと考えたからだ。つまり、パブロは相棒を警察に売ったと誤解されていると信じ込んでいたのだ。そうなると相棒から報復を受けることは必至である。それを避けるために、パブロはこの施設を出たがっていた。さらにまた、もし他の受刑者がパブロが警察に「チクリ」をしたと知ったら、彼らもまたこの報復に加わり、袋叩きにあったり、殺されかねない。そのためいっそうパブロは恐怖した。そのような状況の下で、ウィーダーはパブロに「受刑者コード」について教えてくれるように質問した。しかしパブロは「俺がチクッたりなんかしないことぐらいわかってるだろ」と答えるだけだった。

さて、ウィーダーの質問を実際の相互行為の文脈に置き直してみると、どのようなことがわかるだろうか。ウィーダーは「俺がチクッたりなんかしないことぐらいわかってるだろ」というパブロの語りを、彼の言う「相互反映的な定式化（reflexive formulation）」として説明する（Wieder 1974 152=1987, 175－176頁）。それが以下の5項目である。ウィーダーは受刑者をこの矯正施設の「住人」と呼んで説明している。

1　それは、たった今起こったばかりのことを告げた。たとえば「今、あんたは俺に告げ口するように言っただろ」と。

2　それは、そうした語句を言うことで住人が実際何をしているのか定式化した。たとえば「俺は、こう言うことがあんたの質問に対する俺の答えだと言っているんだ。俺の答えは、あんたの質問に答えないということさ」と。

3　それは、住人が発言したり、行為したりする彼自身がもつ動機を定式化した。たとえば「俺は、告げ口を避けるために答えないでいるのさ」と。

4　それは、聞き手（指導員や看守といった職員や社会学者である私）と話し手（住人）という人々の間にある永続的な役割関係の文脈に会話を再び位置づけることで、両者間の直接的な関係を（指示するような形で）定式化した。たとえば、「あんたが俺にそういうことを頼むのは、俺に告げ口しろと言ってることなんだぜ」というように。これは沈黙規則を知っているために答えないという動機である。

5　それは、聞き手と話し手間の永続的な役割関係がもつ諸特徴を、さらにもう一つ別に定式化した。たとえば「あんたは仮出獄を許可する役人あるいは州の調査官であり、俺は、仮出獄中の住人だよ。あんたが俺に頼むことには、仲間を密告することが含まれているんだ。住人はね、仲間を密告したりしない。俺たちは、それを告げ口と呼ぶのさ」と。つまりそれは質問をする人たちが壁の向こう側の人間であることを潜在的に思い起こさせる簡単な言い方なのだ。

ここではパブロの語りが単なるインフォーマントによる情報提供でもなく、ましてや「受刑者コード」について何か記述しているのでもないということが重要だ。ウィトゲンシュタインが言語の意味は記述にではなく使用にあると喝破したように、「俺がチクッたりなんかしないことぐらいわかってるだろ」という発話は、1から3の項目が示すように、それが語られた文脈において、俺は仲間の密告をしたりしないから、調査者である「あんた」の質問には何も答えないという行為を遂行している。また、上の4の項目にあるように、調査者の質問とそれに答えるパブロの語りは、職員の一人として調査を行っているウィーダーと仮出獄中のパブロとの役割関係に位置づけ直されることで、（5の項目）「あんたが俺に頼むことには、仲間を密告することが含まれているんだ。住人はね、仲間を密告したりしない。俺たちは、それを告げ口と呼ぶのさ」という黙秘行為（沈黙規則の実行）

に結びついていくのである。こうして、調査者と対象者の関係性から自由な調査というものは存在しないことがわかる。いやむしろガーフィンケルがよくいうように、私たちは当該のローカルな場面のメンバーであるかぎり、その場面に徹頭徹尾巻き込まれているのであって、そこから超越したり、そこでタイムをとって一時的に関わりを降りたりすることはできないのである。

こうして、実証主義的な調査観が想定していたような、調査者が対象者から情報だけを抽出するといったニュートラルな調査行為はそもそも不可能であることがわかる。それでは、調査者が質問し、対象者がそれに答えるといった相互行為はどのようなものとして位置づけ直されるだろうか。クロン自身の的を得た表現を使おう。

研究者と住人との相互行為は、研究者にコードそれ自体については何も教えないが、まさに当該相互行為がコードを「語る」のである。コードはインデックス的発話を伴った、何か実践的なものだ。ここではコードとコード化されるものを切り離すことはできない。つまり、禁止はそれが破られる危険性がある時、ある行為としてつねに出現するのである。パブロは禁止を破りそうになった。コードが出現したのは、パブロがそれが自分に適用されるかもしれないと恐れたからである。このコードは住人たちの会話において語られるものではないし、まして世界についての注釈でもない、むしろ住人たちはそのコードを生きているのである。(Coulon, 1996, 51－52頁)

ここにはガーフィンケルが「相互反映性 reflexivity」と呼んだ特徴が顕在化する。つまり、私たちは何かを説明するために語るのではなく、語るという活動がまさに、語ることの関わっている現実を、その場で構築するのである。この立場は桜井厚によれば「対話的構築主義的」な立場ということになろう。桜井によれば、基本的な調査観の違いによって、ライフストーリー研究は以下の三つのアプローチに整理できるという（桜井 2002、15－31頁）。最初のアプローチは従来の量的調査法が基本的に依拠してきた「実証主義アプローチ」である。そして残りの二つのアプローチは、質的調査に特有のアプローチとして新たに出てきたものである。そのひとつは、「データ対話型理論（grounded theory）」に代表される「解釈的客観主義アプローチ」である。この立場は前の節で詳細に解読した佐藤郁哉の方法として考えてほぼ間違いないだろう。(3) つまり、この立場の基本的考え方はズナニエツキの提唱した「分析的帰納法」であり、対象者の語りから、語りのなされた社会的基盤と意味内容をさぐり、そこからその背後にあると前提された制度的、規範的現実を明らかにする方法である。しかしすでに指摘したように、このアプローチは発見されるべきデータが客観的に外部世界にあると想定するために、一方で調査者と対象者との相互行為を重視するものの、制度的現実は調査者のデータ収集プロセスとは基本的に独立しているといった仮定を密輸入し、調査者と対象者の関係性について矛盾した立場に陥りがちである。この矛盾を克服し、むしろ調査という現実が調査者と対象者の相互行為からその場その場で構築されていくと主張するのが「対話的構築主義アプローチ」である。

たとえば実証主義アプローチでは、対象者の本音を聞くために、最低限必要なラポールを確立し、さらに実際の語りが真実なのかどうか外的で客観的なデータに照らし合わせて詮索しようとするだろう。そして解釈的客観主義アプローチでは、客観的データと照合したりしないかわりに、調査者がへたな質問をして対象者の語りを阻害しないように、最初は「問わず語り」に耳を傾け、それから対象者を「師匠」として、さまざまな文脈における語りを教わる立場で受け取り、最後に必要とあれば、対象者の問題に焦点化したフォーマル・インタビューを行う場合もあるだろう。しかし対話的構築主義アプローチにおいては、ラポールを確立したり、上手なインタビューをすることによっては、この問題は基本的に解決できないと考えるのである。(4) なぜなら、対象者(インフォーマント)の語りは、実際に起こった出来事や対象者の体験を素朴に表象しているのではなく、むしろ、インタビューという調査者と対象者を巻き込んだ相互行為において、調査という現実がプロセスとして構築されると考えるからだ。桜井はガーフィンケルのアグネスという性転換者の有名なインタビューを例として取り上げて、このことを説明する。

語り手はインタビューの場で語りを生産する演技者であって、十分に聴衆(インタビュアー、世間など)を意識している。たんなる情報提供者(インフォーマント)ではないのである。その意味で、語りは過去の出来事や語り手の経験したことというより、インタビューの場で語り手とインタビュアーの両方の関心から構築された対話的混合体にほかならない。とりわけ、語ることは、過去の出来事や経験が何であるかを述べること以上に〈いま‐ここ〉を語り手とインタビュアーの双方の「主体」が生きることである、という視点は、対話的構築主義アプローチにおいては基本的なことである。インタビューの場こそが、ライフストーリーを構築する文化的営為の場なのである。（桜井 2002、30‐31頁）

調査という行為の権力性

ここまで私は佐藤郁哉の遭遇した調査者の権力性の問題をとりあげ、それを調査者と対象者との関係性の問題として考えることで、調査という行為が調査者と対象者との不断の相互行為によって構築されることを論証してきた。そこでの権力性の問題とは、調査者を調査行為のらち外に置いたり、調査者を特権的な地位にまつりあげることによって発生する権力である。つまり、実証主義的アプローチの権力性の問題である。しかし対話的構築主義の立場の立場にたてば、権力性の問題は調査者と対象者との相互行為のその都度の関係性をそれ自体批判的に検討することで、はじめて明らかになる。この課題にこれまで答えてきたのは、インタビューという会話の相互行為を子細に分析する概念道具を発展させてきた会話分析（Conversation Analysis）であり、社会構築主義的調査と家族療法から発展してきたナラティヴ・アプローチである。(5)

まず、会話分析が明らかにしたように、およそどんな調査インタビューにも、調査者が質問し、対象者が応答するといった定形化された相互行為形式があり、さらに、質問やトピックの統制権が圧倒的に調査者側にあるといった、非対称性が観察できる（好井他 1999）。さらに対象者の回答の内容に対しても、調査者は自分の社会的地位、ジェンダー、人種、そして科学等々の権威を背景に、一定の社会的圧力を加えていることにも明らかだろう。しかし注意すべきなのは、この結果実際のインタビューはつねに調査者が権力的に優位にたつというわけではないことだ。桜井はこうした制度的な相互行為形式があるにもかかわらず、具体的な相互行為場面では、調査者と対象者とのあいだに、たとえば質問する側と応答する側が逆転したり、トピックの統制権をめぐって争いが生じ、両者の権力関係を平準化するような「ちから」が働くという（桜井 2000、125頁）。したがって、対話的構築主義にたてば、あらかじめ調査者側に一方的に権力性を認めることは誤りになる。むしろ調査者がインタビュー場面にもちこむ「構え」や先入観も含め、具体的な相互行為を子細に検討することが必要なのである。

つぎにナラティヴ・アプローチの視点からすれば、桜井が指摘するように、調査者はどんなナラティヴ（物語・「語り」）を聞きたいのか一定の「構え」を作っている。たとえば被差別部落の聞き取り調査であれば、差別と闘ってきた「しんどい」語りを対象者に期待するといった「構え」である。これは研究者のコミュニティにおいて、特権的な語りを構成するし、あるいは被差別のコミュニティにおいても、差別と闘う語りは一時影響力の大きな語り方であった。桜井はそれをモデル・

ストーリーと呼ぶ。そして「私は全体社会の支配的言説（支配的文化）を、マスター・ナラティヴあるいはドミナント・ストーリーとよんで、社会的規範やイデオロギーを具現する語りに位置づけている。コミュニティのイディオムやモデル・ストーリーは、マスター・ナラティヴ（ドミナント・ストーリー）と共振することもあり、逆に、対立や葛藤を引き起こすこともある」（桜井 2002、36頁）という。

桜井はモデル・ストーリーに権力性を認め、そこからはずれる語りを聞くに値しないものとする抑圧の側面を強調する（桜井 2002、169－171頁）。ところが、抑圧の面だけを強調すると、ふたたび調査者の一方的な権力性にもどってしまうように思われる。むしろ、モデル・ストーリーは調査者と対象者の双方に共有される可能性をもったものであるから、モデル・ストーリーとは相互行為のさまざまな局面において、それを語る欲望を喚起するという産出の面も強調すべきである(6)。そうだとしたら、調査というプロセスにおいて働く権力作用とは抑圧したり禁止したりするものというよりはむしろ、特定のモデル・ストーリーを通して、ある一定方向の語りを産出するものであることがわかる。そしてそれと同時にこのモデル・ストーリーに挑戦し、そこから逸脱していく語りも調査者と対象者の双方から産出される。いやむしろそうした回収不可能なストーリーは調査者や対象者に帰属するというよりは、相互行為の対話的プロセスそのものに帰属し、その関係性それ自体から生成するものである。したがって、フーコーの陰鬱な読み方にならって、モデル・ストーリーから逸脱した語りも、当該の相互行為を超越した、禁止する語りに再び回収されると考える必要はない。[7] ここでナラティヴ・セラピーのホワイトの「ユニークな結果（unique outcome）」という概念がヒントになる。それはどのようなモデル・ストーリーであっても、実際の対話を覆い尽くすことはできず、かならず現実の語りのプロセスに裏切られていくということである。調査者と対象者との権力性を対話的構築主義に立って分析するとは、こうしたモデル・ストーリーの裏切りや「余白」、あるいは不意の「笑い」などの現象に注目することになるのではないだろうか。[8]

まとめ――実際のインタビューから

最後に長野県のS会という、グループホームの運営を通して精神障害者の地域福祉を実践する市民団体のリーダーの方とのインタビュー場面を提示した。[9] そこでの私のモデル・ストーリーとは、危機の管理を中心とした精神科病院での生活とは対照的に、グループホームでは管理的な生活規則がほとんどなく、障害者の自己決定が尊重されている、そういった語りである。これを地域福祉のモデル・ストーリーと呼ぼう。しかし実際のインタビューにおいては、S会のリーダーであるU氏もこのモデル・ストーリーを共有していることを示しながら、それを裏切っていくことがわかる。

U：S会のリーダーで女性、A、X、W、Y：調査者
トランスクリプト記号　＊は同時スタートを示す。

1U：うん、中で生活ね、しててね、色々きっと決まりがあってね、これしなさい、時間になったら起きるんだよ、言われて、食事の後は歯を磨きなさい、きっとそう言われてるんだろうってわかりますよね。

S会でのテレビ視聴という話題に移ったとき、U氏は「［精神科病院の（山田補足）］中で」規則に縛られた生活をしてきたから、以下に続くように、せめて「［ショートステイでここに］来た時くらいはね、ゆっくりしてもらいたい」という。この語りは精神科病院での管理された生活に批判的で、調査者側の地域福祉のモデル・ストーリーにうまく適合するようにみえる。しかしここでいったん適合的に見えた語りも、上のようにすぐに調査者を裏切っていく。

2U：来た時にくらいはね、ゆっくりしてもらいたい、ショートで来た時にはね、だから今みんなね、入居者が早く寝るんですよ。前はね、朝方までテレビ、ずーっと見ててね、ひと寝入りして起きてまだ見てるんですよ。よく私も喧嘩しましたけどね。

3Y：でも、今まで、そうそう、許されなかったから現在やりたい。

（中略）

4U：してて、それで、今はね、もう時間にね、部屋に入って寝てますけど、来た時はほんと。

今も時々の人はそうですね、うん。
5Y：うん
6W：それは、分かるような気がしますよね、でも　ふふ、自由になったって
7X：　わかるわかる
8A：　ふふふ
9U：ほいでね、そう、ほいで、症状崩して病院帰るんですよ。
10W：＊ああ、ああ、そうすると。
11Y：＊ああ、かえってね、徹夜してしまったりとか、色々してね。

U氏は、禁止されていたテレビ視聴が自由になった時に、メンバーの中には朝までテレビを見る人もおり、U氏もその人を叱ったと語る。ここではメンバーの自主性を尊重しながら、それを「叱る」という行為がうまく調和しない。ところがこの後にくるオチは「ほいでね、そう、ほいで、症状崩して病院帰るんですよ」となる。つまり退院したてのメンバーはテレビを朝まで見ることが多く、その結果かえって疲労して、せっかく退院したのに、また精神症状が出て入院しまうというのである。こうなると、もはや調査者側の設定した、単純な地域福祉のモデル・ストーリーでは、S会での生活を語り尽くせないのは明らかである。逆に私はモデル・ストーリーから逸脱した、新しいユニークなストーリーを学んでいる。

※本稿は、山田富秋（2003）「相互行為過程としての社会調査」『社会学評論』（53（4）pp.579-593）を日本社会学会から転載許可を得て、収録したものである。

注

（1）この権力差への疑問についてのコメントは彼の本のなかでは後半の方にでてくる。むしろここで引用した文章の直後にくる彼の明示的な理由は「施設でおこなう調査に対する疑問が自分で処理しきれないくらいにふくれあがった」（佐藤 2002、44頁）からというものである。その理由として三つ挙げられているのは、聞き取りによる非行・犯罪研究の限界（受刑者の証言の信憑性についての疑問）、対象者との関係性、そしてプリズン・コミュニティ論のような組織論への関心の移行があったからだという。もし彼の言うとおりだとしたら、この三つは等価値のものであるだろう。しかし最大の理由は本文での引用から明らかなように、父親と同じくらいの年配の対象者を前にして「先生」と呼ばれることの心理的負担の大きさであったことは間違いないだろう。

（2）クロン（Coulon 1996=1996）は、この立場を実証主義ではなく客観主義と呼ぶ。彼の定義はここでも示唆的であるので引用する。

客観主義の立場は研究対象を分離する。すなわちこの立場は、研究者を局外の場に移すことによって、観察する者と観察される者とを分離する。このような認識論的分離は観察の「客観性」を保障するために必要なものだと判断される。この際、研究者の主観は否定されるか、研究している間はいったん停止状態にあると言われる。ここでは主観性は客観性という権威のもとで、研究プロセスの寄生物と考えられるようになる。客観主義的伝統が研究対象を選択するのは、その観察方法によって要請される制限を満たす限りにおいてである。そしてそれは一般的に数量化されたデータを得るためになされる。こうしたデータは正確な測定に対する執着を反映している。客観主義の分析枠組みの世界観は、ある既存の秩序が再生産されるという考えの上に成立している。そしてその秩序において、行為者は自己の行為の意味に気づくことはない。まさにこの秩序の「固定性」や普遍性、そして相対的安定性こそ、分析に供されるものなのである。(Coulon 1996=1996, 73－74頁)

(3)しかし佐藤郁哉の立場を解釈的客観主義だけに還元してしまうことは彼にフェアではないだろう。彼が明示的に語っていること以上に、彼の認識論的立場を追求していけば、彼が「黒い報告書」事件と呼ぶ、エスノグラフィーの「語り口」の問題をこれに付け加える必要がある。それは修士論文において、施設調査のある一場面をドキュメンタリータッチで記述したことを、学術論文にあるまじき文体として批判されたエピソードである。つまり、施設調査という枠組みにおいては、ルポルタージュ風の「語り口」は許されないのである。同様なエピソードとして、彼がフィールド現場を生き生きと伝えようとして投稿した論文が、科学論文の体裁をなしていないとして却下され、その結果佐藤が学会を退会した事件も示唆的である。なぜなら、科学論文の「語り口」では、彼がフィールドで体験した現実を伝えることができなかったからだ。彼の結論は、エスノグラフィーとはフィールドでの対話や科学的文体を含む混合的な語りであるべきだとなる。

しかしながら、文体や語りが現実を構築するという立場から、この二つのエピソードを再考すれば、彼が主張しているのは、まさに科学的(実証主義的)文体が、フィールドでの調査者と対象者との具体的な相互行為を隠蔽してしまうということだ。調査者と対象者との関係性から言い直せば、対象者が常時監視されている刑務所の中で、フォーマルなインタビューを通して出てくる結果は、研究者自身が大きな比重を占める伝統的な科学論文にならざるを得ないし、調査対象者自身が主体になって、問わず語りを含めて、自由に語ってくれる「外の社会の」暴走族の場合には、むしろ生き生きとした記述でなければ、彼らとの出会いの場面を語ることは難しくなるのである。つまり、ある具体的な状況における調査者と対象者との出会いが、歴史的な一回性という特徴を伴った、その当該の調査という現実を作り出すのである。したがって佐藤はつぎのように主張する。対象者との無数の対話からなるフィールドワークのプロセスを「フィールドワーカー自身の声で――しばしばかなり強引な形で――まとめあげ」(佐藤 2000、58頁)ることは望ましくない。むしろ、エスノグラフィーの刊行もまた、フィールドにおける対象者との新たな対話の出発点となるべきなのである。この最後の主張は、調査というプロセスが調査者と対象者との不断の対話からなるという対話的構築主義の立場そのものである。

(4) 二〇〇一年度の日本社会学会主催のシンポジウム「社会調査の困難」では、質疑応答の時間に最初に私の提示したインタビュー抜粋において、私の質問の仕方が単にへたであるという問題ではないのかという疑問がフロアからあがった。しかし、これまでの議論から従来の質問のじょうずへたという捉え方自体を捨てなければならないことは明らかだ。むしろ本論文の二節で展開したように、対話的構築主義の立場に立てば、調査者と対象者のあいだのどのような相互行為が、対象者のある特定の語りを導いていったのか、その相互行為の流れ全体を検討することが問題になる。むろんうがったみかたをすれば、実際にはそうならなかったが、フロアからの質問はこうした結論をその場で導くことを意図していたのかもしれない。

(5) 以上のような権力性についての議論は、家族療法の分野における家族システム論からナラティヴ・

セラピーへのパラダイム・シフトにパラレルである。野口裕二が指摘するように、この大きな変化は、治療という場の権力性を問題にし、「ユニークな結果」「無知の姿勢」「リフレクティング・チーム」という方針によって、言説に内在する権力に敏感になり、専門家とクライエントの権力関係を解体しようと試みてきた。この三つの概念の関係をひとことで言うと、ナラティヴは一般に、時代の支配的な物語（ドミナント・ストーリー）に影響される。しかしそれは真空の世界に浮遊しているわけではない。それはかならず、語り手と聞き手のいる具体的場面で発生する。したがって、それは聞き手の姿勢や聞き手と語り手のメンバーシップカテゴリーによって、さまざまなかたちをとる（野口裕二 2002、第7章）。またここから、対象者の語りを調査者の説明モデルに還元する権力性に敏感になることによって、調査者は対象者の語りを聞きとどける道徳的責任（moral witness）を持つべきだと主張するクラインマン（Kleinman 1988=1996）は説得的である。

（6）性欲の抑圧仮説に反論してフーコーは、性欲に関する語りを抑圧するのではなく、その反対に性欲について饒舌に語る欲望をかき立てていく権力作用を提案する。フーコーは、禁止する権力とはまったく違った権力形式として〈権力である快楽〉について語る。一方で質問し、監視する権力を行使する快楽があれば、他方でこのような権力をくぐりぬけ、その手を逃れることで興奮する快楽がある。権力と快楽の「循環的煽動」と呼ぶ関係は、性欲について饒舌な語りを絶えず生み出していく（Foucault 1976=1986 58）。倉石一郎も在日朝鮮人の「本名宣言」のモデル・ストーリーを、フーコーの言う司牧者的（pastral）な立場で聞こうとする欲望について指摘している（倉石 2002）。

（7）フーコーの規則あるいは法についての議論の矛盾を指摘したのは、Butler（1990）である。カフカの提示した掟が、掟の門の中に入り込んでしまえば無効になるように、フーコーの法もまた、法の前ではなく、法の中に入ることによって、さまざまな撹乱（トラブル）を発生させる。この点については、Butler（1999, p.2, p.150, note2）、山田富秋（2000、16－21頁）を参照されたい。

（8）私の2002cのフィールドワークの分析はモデル・ストーリーが「裏切」られる場面に注目したものである。ホワイトの「ユニークな結果」とは、ドミナント・ストーリーに回収することができない語りである。それに注目することで、支配的文化の権力作用に対抗するオルタナティヴ・ストーリーを開始することができる（White., M.& D.Epston 1990=1992）。ホワイトとエスノメソドロジーのアカウンタビリティの概念をつなぐ論点については、山田富秋（1999）を参照。また、「笑い」や「余白」の重要性については、倉石（2001）を参照。

（9）二〇〇一年度の学会シンポジウムでの私の報告は、S会でのインタビュー場面の分析を中心にした。ほぼその発表内容に近いものとして、山田（2002a,b）を参照。また、この調査の概要については山田（2004）を参照。

第四章　対話プロセスとしてのインタビュー

はじめに

インタビューという調査方法は、インタビューの回答者から直接情報を得ることができる非常に効果的な手段として考えられてきた。それは社会学や民俗学といった学問分野に限らない。たとえば、ジャーナリストによるインタビュー場面を思い浮かべてみよう。ニュース番組では、報道された事件について、ニュースレポーターが現場に赴き、現地の人々にインタビューする場面がしばしば生中継で流される。つまりそれは、単にニュース原稿を読み上げるよりも、もっと直接的に現場の生の声を伝えられるものと考えられてきたのである。まさに「インタビュー社会」（Holstein,J. & Gubrium,J. 1995、邦訳二〇〇四年）の到来である。

しかしながらインタビューにおいては、相手が生きた人間であるだけに、どんな回答が返ってくるのかわからない。時には意表を突く予想外の答えが返ってくることもあるだろう。これまでの調査方法論においては、これは調査者側の努力によって最小限に抑えておくべきトラブルとして認識されてきた。つまり対象者（インフォーマント、回答者：respondent）とのあいだに一定の信頼関係＝ラポールを築き、インタビューを実施する際には、回答者が答えやすいように質問の内容や順番に工夫をこらすというものである。もちろん、相手から信憑性のある回答を引き出すには、調査者の側に一定のマナーが必要であることは言うまでもない。

だが見方を変えれば、インタビューという行為がインタビュアーと回答者との進行中の相互行為に依存している以上、こうしたトラブルをなくすこと自体根本的に不可能だろう。すなわち、いくらラポールを確立しても、あるいは、どんなに質問の内容や順番を工夫しても、インタビュアーがコントロールできない場面が、進行中の相互行為のプロセスから偶発的に生まれてきてしまうのである。ここで私は相互行為から発生するトラブルを排除しようとするのではなく、この困難についてもっと角度を変えてアプローチしたい。それは、インタビューという行為が、インタビュアーと回答者の対話からなる相互行為であると積極的に肯定する視点である。それは、一言で言えば社会構築主義（social constructionism）的な見方である。つまり、インタビューはインタビュアーと回答者との相互行為によって対話的に「いま、ここ」で構築されていくのである。ここで導入された社会構築主義の立場にたてば、従来インタビューのトラブルと見なされてきた現象自体が、インタビュアーと回答者をめぐる相互行為の詳細を明らかにするために不可欠な資源そのものであることになる。

対話的相互行為としてのインタビュー

最初にインタビューという調査方法がどのように捉えられてきたのか概観しよう。ライフストーリー研究におけるインタビュー法について桜井厚（2002）は、基本的な調査観の違いによって、以下の三つのアプローチに整理する。最初のアプローチは従来の量的調査法が基本的に依拠してきた「実証主義アプローチ」である。これはラポールを確立した上で、インタビューの質問を統制し、信頼性のある回答を引きだそうとするものである。そして残りの二つのアプローチは、質的調査に特有のアプローチとして新たに出てきたものである。そのひとつは「データ対話型理論（grounded theory）」に代表される「解釈的客観主義アプローチ」である。つまり、この立場の基本的考え方はズナニエツキの提唱した「分析的帰納法」であり、インタビューに答えた対象者の語りから、その語りのなされた社会的基盤と意味内容をさぐり、その背後にあるとされる制度的、規範的現実を明らかにする方法である。しかしこのアプローチは、発見されるべきデータが客観的に外部世界にあると想定するために、調査者のデータ収集プロセスであるインタビューと制度的現実とが根本的に無関係であるという前提を密輸入してしまう。つまり、調査者と対象者のインタビューを通した相互行為に着目するものの、最終的にそれは無視されてしまうのである。この難点を克服し、インタビューという現実が調査者と対象者の相互行為からその場その場で構築されていくと主張するのが「対話的構築主義アプローチ」である。

たとえば実証主義アプローチでは、対象者の本音を聞くために、最低限必要なラポールを確立し、さらに実際の語りが真実なのかどうか、歴史的事実など、外的で客観的なデータに照らし合わせて詮索しようとするだろう。そして解釈的客観主義アプローチでは、客観的データと照合したりしないかわりに、調査者が場違いな質問をして対象者を困惑させたりしないように、最初は「問わず語り」に耳を傾け、それから対象者を「師匠」として、さまざまな文脈における語りを教わる立場で受け取り、最後に必要とあれば、対象者の問題に焦点化したフォーマル・インタビューを行う（佐藤郁哉 2002）。しかし対話的構築主義アプローチは、ラポールを確立したり、上手なインタビューをすることによっては、この問題は基本的に解決できないと考えるのである。なぜなら、対象者（インフォーマント）の語りは、実際に起こった出来事や対象者の体験を素朴に表象しているのではなく、むしろ、インタビューという調査者と対象者を巻き込んだ相互行為において、調査という現実がプロセスとして構築されると考えるからだ。

つまりインタビューとは調査者が対象者から情報を得るといった受動的な過程ではない。むしろグブリアムとホルスタインにならえば、それは調査者と対象者がインタビューそのものを作り上げていく、積極的＝アクティヴなインタビュー（active interview）なのである。たとえば対象者にしてもこれまでのように受動的な役割にとどまっているわけではない。

すなわち、対象者は意見や理由の貯蔵庫でもないし、感情の泉がその本質であるということもない。対象者である彼や彼女は、前もって定義されているわけではなく、むしろインタビューの過程のなかで、進行中のさまざまな偶然のコミュニケーションと結びつきながら、構築されていくものである。(Holstein & Gubrium, 1995, p.14、邦訳44頁)

さらにまた、

インタビューを物語が産出される機会として考えると、回答者はある種のストーリーテラーとしてイメージされるようになる。(中略) ところがどんな物語をとっても、物語の語り手は、ある特定の聴衆に向かって、ある特定の目的を心に描きながら、ある特定の時と場所において、自分の経験を物語るのである。このようなインタビューのイメージをメタファーとしてさらに追求していくと、ストーリーテラーはある決まったテキストを読み上げているわけではないことがわかる。すなわち、ストーリーテラーとしての彼や彼女は、いまここで直面する状況からもたらされる相互行為の、あるいは情報の挑戦に向かって話しながら、即興を行っているのである。(ibid. p.28、邦訳76頁)

同時に調査者の位置づけも大きく変化する。

アクティヴなインタビュアーには、回答者を誘発して答えさせるようにする責務がある。しかもアクティヴなインタビュアーは私情を交えずに質問するどころか、それ以上のことを行っている。つまり「語りの産出を活性化している」のである。標準的アプローチが、中立的で情を交えない刺激以外のものをすべて、インタビューから取り去ろうとするのに対し、自覚的にアクティヴであろうとするインタビュアーは、意図的に、しかも協同して回答を誘い出そうとする。すなわち、インタビュアーは回答者が調査の対象となる問題に本腰で取り組めるように、物語を話す時の立場や語りのリソース、そして、回答者が取るべき方向づけや、この問題の前例などを示したり、ときには提案さえすることもある。(ibid. p.39、邦訳103－104頁)

こうして、実証主義的アプローチからは、調査のトラブル、あるいは調査の偏向やバイアスとしか考えられないことが、対話的構築主義的アプローチからはインタビュアーと回答者との相互行為から必然的に生まれてくるものと捉え直される。つまり、インタビューという社会現象は調査者と対象者が相互行為に積極的に関与することを通して進行的に構築されるのである。

調査行為の批判的考察

インタビューをインタビュアーと回答者とのアクティヴな相互行為として捉えたとき、最初に問題になるのは実は回答者の積極的な語り手としての存在ではなく、インタビュアーの調査行為の方である。なぜなら、これまで暗黙の裡に、インタビューの支配的パラダイムとなってきた実証主義的アプローチは、発見すべき事実が調査行為とは独立して外部に存在すると考えてきたために、調査者の質問という行為どころか、調査者自身がフィールドに持ち込む立場や態度を隠蔽し、その結果、調査者を調査のらち外に、つまり特権的な立場に置いてしまうのである。実証主義的アプローチにおける調査者は、具体的な身体を持たない。つまり、インタビューのなされる当該状況から超越し、状況を鳥瞰する、あたかも透明な存在になる。

ところがホルスタインたちが喝破したように（Holstein & Gubrium, 1995, Ch.3、邦訳第3章）、調査当初にインタビューの回答者をだれにするかという対象者の選択についても、調査者は透明であるどころか、明らかに政治的とも言える選択を行っていることがわかる。つまり本書の第九章でみるように、たとえば一般的な質問について、子どもにインタビューすることがすぐには浮かばないように、特別に子どもをインタビューの対象として選択する以外は、調査者はインタビューに回答できる能力があるとみなされた者にしかインタビューしない。しかしインタビューの歴史を振り返ると、労働者が対象に選ばれたのはごく最近だという。それまでインタビューの対象者は一定の知識をもった階層に限られていた。また春日キスヨ（春日 2001）が指摘するように、フェミニスト・エスノグラフィーが明らかにしたのは、実証主義的調査の普遍性が男性中心主義の偽装にほかならず、女性や他のマイノリティの体験を客観的観察の対象に変換することによって、マイノリティ自身の声を長い間抑圧してきたことである。彼らはフーコーの指摘する普遍的な「規格（normal）」から逸脱したカテゴリーとして、監視し詮索するインタビューの対象者となり、いわゆる「下降方向の個人化」のターゲットとされてきたのである（Foucault, M.、倉石一郎 2002）。調査者が対象者を選択するというインタビューの最初のステップを考えてみただけでも、そこには何らかの政治的な行為が関わっていることが明らかになる。

インタビューを行う調査者が中立的な立場にあるわけではなく、むしろある意味で政治的な行為に関わっているという視点は、調査者の権力性の問題を導く。インタビュアーと回答者との相互行為に着目すれば、会話分析が明らかにしたように、およそどんなインタビューにも、調査者が質問し、対象者が応答するといった定形化された非対称的な相互行為形式がある。そこでは、質問やトピックを統制する権限が圧倒的に調査者側にあり、ここに調査者の権力性を認めることができる。さらに対象者の回答の内容に対しても、調査者は自分の社会的地位、ジェンダー、人種、そして科学等々の権威を背景に、暗黙の裡に一定の社会的圧力を加えている。

対象者の回答内容に対する調査者の影響について、さらにナラティヴ・アプローチの視点から追求することにしよう。ホルスタインたち（Holstein & Gubrium, 1995、邦訳二〇〇四年）は調査者の最初の自己紹介や話題の提供自体が回答者の物語の産出に積極的に利用できる資源であると肯定的な見方をしている。しかし、桜井厚（2002）が指摘するように、調査者の側の仮説や先入観が回答者の語りを抑圧するという権力的な側面も看過できない。彼によれば、インタビューに際して調査者は、回答者からどんなナラティヴ（物語・「語り」）を聞きたいのか一定の「構え」を作っているという。たとえば被差別部落の聞き取り調査であれば、差別と闘ってきた「しんどい」語りを対象者に期待するといった「構え」である。これは差別問題研究者のコミュニティにおいて、特権的な語りを構成する。桜井はそれをモデル・ストーリーと呼ぶ。こうして彼はモデル・ストーリーに権力性を認め、調査者側がそこからはずれる語りを聞くに値しないものとする抑圧の側面を強調する（桜井 2002、169－171頁）。ところが、モデル・ストーリーは調査者だけの専有物ではなく、調査者と対象者の双方に共有される可能性をもっている。たとえば、被差別のコミュニティにおいても、差別と闘うべしという語りは一時大きな影響力をもった。すると、モデル・ストーリーとは相互行為のさまざまな局面において、それを語る欲望を調査者と対象者の両方から喚起することになる。こうしてナラティヴ・アプローチからは、インタビューの相互行為において、どのようなモデル・ストーリーが共有のものとして喚起されたり、あるいはそれを逸脱していくモメントが偶発的に発生するのか具体的に明らかにする必要が生じる。

インタビューの批判的検討

調査者であるインタビュアーが回答者の回答にどのような影響を行使しているのか、具体的なインタビューから一部抜粋して考察してみよう。これから紹介する調査インタビューは、山田富秋（2002a, b, c）の報告にあるように、長野市にあるS会というグループホームを中心とした精神障害者を支援する市民団体のリーダーに対してなされた。私たちが精神障害者のグループホームや共同作業所に着目した理由のひとつに、精神医療の大きな方向転換がある。それは施設から地域生活へという障害者のノーマライゼーションの社会的流れを背景として、精神科病院という施設ではなく、グループホームや作業所といった地域での生活が望ましいとするものである。またもうひとつの理由は、S会は多くの行政主導の施設とはちがって、県の指導下にある大規模の福祉団体から離脱し「自分たちのやりたいようにやる」ことを目指して少人数で出発した点である。S会はいわば市民の自発的な活動として位置づけられるのではないかと考えた。ここに私たちの調査の「構え」がある。

以下の会話抜粋は、私を含めた調査グループが、S会のリーダーの一人U氏に対してインタビューを行っている場面である。

S会インタビュー（1）
グループホームの指導者　U

調査者　K、S、Y、W

トランスクリプト記号　（ ）よく聞き取れないところ、〃割り込みの生じた点、＝前後の発話の間合いがない、－音が突然切れたところ、（数字）沈黙の秒数、＊同時スタートを示す。

1U：そうです　そうですねー、だから来たときにはねー、やっぱりお金がないとけっこうみんな不安がでるんですよ、すごっく。お金が一番、不安ね、あのまあ病気の薬でね、あのおさまらないときもあるけれども。うーん、お金がない（っていうか）地域の生活がね。病院ではお金がなくっても、そんなに苦にならないと思うけれども、ねえ。
2W：うん。お金の管理って書いてますけど＝
3U：＝あ、やってます＝
4W：＝基本的にはどういう〃ことですか
5U：　　　　　　　　　　　基本的にはメンバーです。うちの方は。
6W：ああ＝
7Y：ああ＝
8U：＝だけど、どうしてもねー親の方がー、えーと信用しないで、いままでいろんなことでね、そうやって使い切っちゃって、あのー家族が信用できなくって、とにかくお金はださないと。ほいでー、AさんやBさんたちがやってくれるんだったら、あのーお金出しますよーっていうのがあるので、何人かいます。ほいで、使い込んじゃうんですよ、お金を。

9Y：うーん、よくーそうですね。うん、うん。

10U：だからいまも本当にお金ー、ほかのグループホーム、すぐ近くにHさんのところあるんですけどね、そこのメンバーも二人わたしの方で管理してますけどねー、あのーそれは//

11W：　そっ-どういうかたちで、一ヶ月いくら、いや

12U：あのね親がね、わたしの通帳に入れて//　本人の通帳ではー使い込んじゃうから、だせないって//いうんで、

13W：　あーはーはー

14Y：　あー

15U：うんそれでー、じゃあっていうことで、あの、わたしの方でね、だから、いち、に、何人もいます。うん。あの、管理できなくはないんですけれどもね、あの、調子が崩れると、お金全部使っちゃって、それでまだあのーサラ金の方にね、手を出したりとか。

16Y：はあ

17S：うん

18W：（　）

19U：そうなんです。だからうちの方も最近ね、サラ金に-まあそれは半分おどしですけどね、

サラ金に手を出したら、ここもう出すでっていうのと。それとーあの、サラ金に手出すと、病院に（行って）逃げ込むしかなくなっちゃうのでね、地域生活無理だからっていうことで、その前に相談してほしいっていうのとね、あと、トラブル起こして、まあ出す気はないんですけれどもね、けがをさしてしまって、それでー、まあそれも状況に応じるっていうこと-状況をみながらっていうことでね、今回初めて、あのーメンバーに対しての決まりを、えーとこのあいだ警察問題がね。みんなで集まってね、四つくらいだしましたね。

20W：ふーん。

21Y：うーん。ルールですか。

22U：ルールですね。だけど出すってこと前提じゃないので。もともと地域での生活をね∥維持させるための決まりっていうことで。

23W：　　　うん、うん　ための。

24S：うんうん。

25Y：あのー、せ-ここー生活保護として、じゅう-じゅうみ、あのー住民票とって、それで生活されている人はいないんですか？

26U：います。

27Y：あー。

上で紹介した調査の「構え」から、ある特定のモデル・ストーリーが生まれる。それはグループホームは、障害を持った当事者の自己決定と自律を尊重しながら、地域での生活をさまざまな角度から支援すべしという「地域自律」のモデル・ストーリーである。それは、精神科病院のように、閉鎖的で管理された生活とは対照的な語りになる。このインタビュー抜粋で最初に「地域自律」のモデル・ストーリーが出現するのはどこだろう。まず1Uの語りは、お金のいらない精神科病院での生活とは対照的に、お金が必要な地域での生活について説明している。つまり「病院ではお金がなくっても、そんなに苦にならない」が、地域で生活しているから、お金がないと不安になるのである。これはこの直前のインタビュアーのコメントが地域生活を送るときの独自性についての語りだったことを受けて、その具体例を挙げた応答になっている。つまり、調査者のモデル・ストーリーが回答者にも共有されたことを示すだろう。ところが2W以降の質問はこのモデル・ストーリーに基づいて、S会の実態を潜在的に批判するシークェンスをスタートさせることになる。つまり、金銭管理の現実から始まり、グループホームの入居者であるメンバーが親からの仕送りで生活していることなどがつぎつぎと語られる。それではさらに詳しく見ていこう。

1Uでは精神科病院と対照的な地域生活固有の問題として「お金がないとけっこうみんな不安がでる」ことが紹介される。これはモデル・ストーリーにそった「語り」である。しかしそこに2WがS会の紹介パンフレットを参照して「お金の管理」をしている事実を指摘する。これは一般的に精神科病院では患者のお金を預かって一律に金銭管理している実態があり、もしS会が入居者であるメンバーのお金の管理をしているとすれば、病院生活とさほど変わらなくなる。それはこのモデル・ストーリーからすれば望ましくない語りになるだろう。こう考えると調査者のこの問いはある種の挑戦とも解釈できる。

2Wのこの問いに対して、U氏は金銭管理の事実を認めると同時に、5U「基本的にはメンバー」が自分で金銭管理をすると一見矛盾した発言をする。そしてこの矛盾を8Uにおいて説明する。それは「家族がメンバーの金銭管理を信用しないので」仕方なく管理しているという実態の紹介である。しかしこれでは精神科病院の実状とほとんど変わらないことになる。その結果金銭管理の事実を正当化するために、15Uにおいて「サラ金に手を出す」という、もっとひどい現実の問題を紹介せざるをえなくなっている。そしてそこから19Uにおいて提示されるように「サラ金に手をだしたら病院に逃げ込むしかなく」、このような状態では地域生活は無理だという論理が導かれる。また同じように19U「警察問題」のような「トラブルを起こした」場合は、状況をみて共同住居から出ていってもらわざるをえないという論理もでてくる。

しかしこうした危機管理に関するさまざまなルールは、大勢の患者を一律に管理する精神科病院の得意とするものである。このままだとS会がその掲げる理念とは反対に、精神科病院と変わらなくなってしまうはずだ。そのため、サラ金とトラブルについては退出を要求する規則を紹介するときに、19Uで「半分おどしですけどね」が挿入されたり、22Uの「[グループホームから入居者を]出すってこと前提じゃない」「もともと地域での生活をね維持させるための決まり」であることが、急いで付加される。そして相互行為上はこの説得は一見うまくいっているように見える。なぜならここで、23Wが22Uの結論部の「ための」をほぼ同時に発話し、さらに24Sが大きくうなずいて同意している。これによって、U氏の言説は現実の矛盾を多々抱えながらも、この調査のモデル・ストーリーにかなり近いということを確証する。

回答者の相互行為活動

前節では、調査者側の「構え」から生まれたモデル・ストーリーが、回答者の回答にかなり大きな影響力を行使していることを明らかにした。これは調査者が持っている仮説や先入観などによって暗黙の裡に行使される権力の一部を構成するものでもある。しかし注意すべきなのは、常に調査者が権力的に優位に立つとここから結論することである。ホルスタインたちの主張するように、調査というプロセスは調査者であるインタビュアーだけでなく、回答者も積極的に相互行為に関わりながら物語を産出しているのである。桜井厚（2000, 2002）もまた、インタビュアーと回答者のあいだに非対称的な相互行為形式があるにもかかわらず、具体的な場面では、たとえば質問する側と応答する側が逆転したり、両者のあいだにトピックの統制権をめぐって争いが生じ、両者の権力関係を平準化するような「ちから」がしばしば働くことを指摘する。

回答者の語りにナラティヴ・アプローチを適用して考えていけば、前節で検討した調査者のモデル・ストーリーが挫折する瞬間を捉えることができる。それは回答者が調査者と同じモデル・ストーリーに準拠するのではなく、それとは異なる物語を語る場合である。以下にその具体例を示す。これは前節のインタビューに続いておこる場面である。

S会インタビュー（2）

1Y：あのなんだっけ、ええと、日常生活訓練とか意図的にやるような作業じゃあ（ありますか。）
2U：いや、ないです。それはそれは。私らにしても忙しさと、それと後ね、あの、色々＝
3W：ええ
4U：＝中に、こう、私しょっちゅう出入りしてるんですよね。中に入って、直に病室入ったりとか、あの人達の生活、こうよく見てるからね、とてもそんな気にならないです。
5Y：うん、そうですか。
6U：うん、中で生活ね、しててね、色々きっと決まりがあってね、これしなさい、時間になったら起きるんだよ、言われて、食事の後は歯を磨きなさい、きっとそう言われ＝
7W：　　　　　　　　　　　　　　　　　　　　　　　　うん
8U：＝てるんだろうってわかりますよね。
9Y：そうですね、／／病院では。
10U：　　　　　　　　　　　あれ見たときにね、／／私すごく、

11Y：　全く（想像通りですね）、消灯だし。
12Y：そうですね、消灯通りにね、とてもそんな気持ちにはならないですね。
13W：　ふーん
14U：来た時にくらいはね、ゆっくりしてもらいたい、ショートで来た時にはね、だから＝
15Y：　うん
16U：＝今みんなね、入居者が早く寝るんですよ。前はね、朝方までテレビ、ずーっと見＝
17S：　ああ
18U：＝ててね、一寝入りして起きてまだ見てるんですよ。よく私も喧嘩しましたけどね。
19Y：　えー　ああ　ああ
20K：　ふふふ
21W：　うーん
22Y：でも、今まで、//　そうそう、許されなかったから現在やりたい。
23W：　（出され過ぎると落ち着いて）　うーん　やりたい
24U：そうそう、うん、だからね、Aさんもね、ショートで来てるときにはずっとそれし
てました。
25Y：　うーん
26W：　うん

27S：　　うん、うん
28K：　　うん、　あーん
29U：してて、それで、今はね、もう時間にね、部屋に入って寝てますけど、来た時はほんと。
　今も時々の人はそうですね、うん。
30Y：うん
31W：それは、分かるような気がしますよね、でも　ふふ、自由になったって
32S：　　　　わかるわかる
33K：　　　　　　ふふふ
34U：ほいでね、そう、ほいで、症状崩して病院帰るんですよ。
35W：＊ああ、ああ、そうすると。
36Y：＊ああ、かえってね、徹夜してしまったりとか、色々してね。

このインタビュー抜粋において、調査者は1Yにおいて精神科病院などでよく見られる「生活訓練」がこのグループホームで実施されているかどうかを質問する。これに対する4Uの回答は、精神科病院の管理的なやり方に対する反発だと解釈できる。そして6U「［精神科病院の（山田補足）］中で生活ね、しててね、色々きっと決まりがあってね、これしなさい、時間になったら起きるんだよ、言われて、食事の後は歯を磨きなさい、きっとそう言われてるんだろうってわかりますよね」、

だから14U「[ショートステイでここに]来た時くらいはね、ゆっくりしてもらいたい」という。この語りはこれまでの調査者側の「地域自律」のモデル・ストーリーにうまく適合する。上からの管理なんかとんでもないという語りである。

しかしここでいったん適合的に見えた語りも、すぐに調査者のモデル・ストーリーを裏切っていく。これに続く14〜18Uは「だから今みんなね、入居者が早く寝るんですよ。前はね、朝までテレビ、ずーっと見ててね、一寝入りして起きてまだ見てるんですよ。よく私も喧嘩しましたけどね」というように、禁止されていたテレビ視聴が自由になった時に、メンバーの中には朝までテレビを見る人もおり、U氏もその人を叱ったエピソードが紹介される。ここではメンバーの自主性や自律性を尊重しながら、それを「叱る」という行為がうまく調和しない。しかしこの後にくるオチは34U「ほいでね、そう、ほいで、症状崩して病院帰るんですよ」となる。つまり退院したてのメンバーはテレビを朝まで見ることが多く、その結果かえって疲労して、せっかく退院したのに、また精神症状が出て入院してしまうというのである。こうなると、調査者側の設定したモデル・ストーリーが単純すぎて、S会での生活を語り尽くせないのは明らかである。ここではU氏がモデル・ストーリーに回収できないユニークな物語を語ることによって、そこから外れた別な声を聞かせることに成功している。逆に調査者は精神障害者がグループホームで暮らすときの新しい物語を学んでいる。

まとめ

ここでは公平無私な調査者が受動的な回答者から、インタビューを通して意味のある情報を受け取るといった古典的なインタビュー観を批判した。そしてインタビューというプロセスがインタビュアーと回答者による積極的な相互行為から成り立っていることを示した。すると、これまで不問にされていた、調査者（インタビュアー）と回答者の具体的な相互行為活動を明らかにする必要が生まれてくる。ここでは会話分析を参照しながらも、両者の語りを分析の焦点とするために、ライフストーリーの社会学を採用して、分析の視角とした。すると調査者だけでなく、回答者にも大きな影響を与えるモデル・ストーリーの分析が重要になってくる。もちろんそこではインタビューのプロセスに大きな統制力を行使する調査者の権力が問題になるが、アクティヴなインタビューの立場にたてば、あらかじめ調査者側に一方的に権力性を認めることは誤りになる。なぜなら回答者は、相互行為場面で非対称的な関係を平準化しようとするし、さらには調査者のモデル・ストーリーに回収されない、ユニークな物語が語られる可能性がつねに存在しているからだ。こうして私たちが行うべきことは、調査者がインタビュー場面にもちこむ「構え」や先入観も含め、インタビュアーと回答者との具体的な相互行為を子細に検討することである。

ここで紹介したインタビューの抜粋から、精神障害者の地域自律というモデル・ストーリーを共有しながら、調査者と回答者が実際には異なった語りを行っていることが明らかになった。たとえば、金銭管理の否定という調査者側のモデル・ストーリーに対しては、たとえそれが最終的には管理的な物語に適合したとしても、回答者は、現実の生活の中で偶発的に生起する事件などによって、どのような結末になるかわからないということが語られたのではないだろうか。そして、最後のインタビュー抜粋では、メンバー自身によって決定されたテレビ視聴の形式、つまり見たいだけ見るという生活が、一方ではモデル・ストーリーに合致しても、結果として再入院を招くために、それを裏切ってしまうことが示された。つまり、調査者の側のモデル・ストーリーはどちらかというと、具体的な内容をもたず、白か黒かの二者択一を強制するイデオロギー的な語りであったのに対して、回答者であるU氏の語りは、そこには回収できない多様で新しいストーリーを指示していたのである。こうしてインタビューという方法は、単一の声ではなく多様な声を、単一の物語ではなく、両義的な物語を聞くことを目指す方法なのである。(1)

注

（1）このS会についての具体的な調査は、山田（2004）を参照してほしい。ここではグループホームの管理の語りだけを取り上げたが、他に、家族や地域社会との関わりの語りについても検討している。

第五章　沈黙と語りのあいだ

「語り」はどのように聞き取れるのか

わたしたちがライフストーリーを聞き取ろうとするのはなぜだろうか。それは、対象者の口からじかに、彼らの「生きられた経験」(lived experience)を聞きたいと考えるからだろう。ホルスタインとグブリアム(Holstein, J. & J. Gubrium)は、古くはクリフォード・ショウ(Clifford R. Shaw)の『ジャック・ローラー』(1930=1998)から現在に至るまでのシカゴ学派の伝統を振り返りながら、調査の対象者から、できるだけ自然の状態で生の情報を獲得しようとする目標は、何十年も昔と同じように現在でもまだ強く持続していると指摘する(1995=2004)。

ところが、アンケートサーベイに代表される量的調査法がもっともポピュラーになった現在では、適切な質問をしさえすれば、対象者の頭の中に保存されている回答が引き出されると、ごくあたりまえのように考えられるようになったと、彼らは指摘する。これが「回答の容器」アプローチである。しかし、このような考え方に立つかぎり、実際のインタビュー場面の相互行為の現実から遠くへだたってしまうばかりか、調査者だけでなく、対象者からも、物語を語るときの能動性や主体性を奪ってしまうという。それでは、「回答の容器」イメージのかわりに、どんなイメージが現実のインタビュー場面にうまくあてはまるのだろうか。それは、対象者の頭の中の「回答の容器」から「語り」が出てくるのではなく、インタビュアーと回答者の相互行為を通して、その場のローカルな状況の偶有性(コンティンジェンシー)と結びつきながら、語りが協同で生み出されるというイメージである。つまりインタビューの回答は、インタビュアーと回答者との協同作業を通して構築されたものである。グブリアムたちはつぎのように言う。

たとえ、社会的事実が「人々自身」から由来したとか、あるいは「人々自身の口から発せられた」、さらには彼ら「自身の物語」として記述される場合であっても、いまやそれは協同的に達成されたものと考えられるようになったのである。すなわち、それらがどれほど生き生きしていようと、それは回答者と調査を行うインタビュアーの両方がコミュニケーションを通して、そのように生き生きしたものとして産出したのである。(1995=2004、9頁)

こうして、私たちが明らかにすべきことは、インタビュアーと回答者の相互行為そのものであることになるだろう。つまりインタビューのエスノグラフィーこそが、私たちの新しい探求課題になる。

この章ではまず第一に、ホルスタインとグブリアムの提唱する「アクティヴ・インタビュー」について、その重要なポイントを要約して伝えようと思う。そして、そこで見逃されがちな問題についても、読者に確認をせまろうと考える。というのも、「回答の容器」イメージを捨て去ったとしても、今度はインタビューのプロセスをできるだけ忠実に再現しようという欲望が生まれるからだ。ところが、アクティヴ・インタビューは、ただ単にインタビューの相互行為過程を精確に記録すればよいというものではない。なぜなら、調査者であるインタビュアーが回答者の語りを理解できたとすれば、インタビュアーはその語りの埋め込まれたローカルな文化について、すでにかなりの程度知っていることになるからだ。もしそうだとしたら、インタビュアーが調査過程を通じて回答者について知り得たこと自体を、エスノグラフィーを読む読者に伝えなければならない。これはライフストーリー研究だけでなく、一般的にエスノグラフィーを可能にする条件のひとつでもあるだろう。この仕事は、エスノグラファーである私が、調査を遂行するなかで変容していく私自身を、自己言及的に、つまりリフレクシヴに振り返りながら分析することを要請する。

さらにまた、調査過程についてリフレクシヴな分析を行おうとすると、インタビュアーと回答者が出会った状況だけでなく、当該の語りが産出された社会的文脈が自ずと問題になってくる。なぜなら、どんな語りをとっても、中立的な語りというものは存在しないからだ。プラマー（Plummer,

K.）が指摘するように「ストーリー・テリングは権力の川を流れる」（Plummer, K., 1995=1998）。プラマーはたとえば、女性解放運動によって家父長制のヒエラルキーが挑戦を受け始めることで、レイプ・ストーリーが語られる空間が生まれたり、ゲイのカミングアウト・ストーリーが、ゲイ差別との闘いのなかから可能になった事例を挙げる。これが本章で論じたい第二の点である。そこでは物語が語られる可能性が権力と結びついていて、物語を語り、それを聞き取るという社会的文脈が、いわば政治的な「親密圏」の構築の試みでもあることを指摘しよう。この第二点はグブリアムたちが暗黙にしか触れなかった問題でもある。

アクティヴ・インタビューとは何か

ホルスタインとグブリアムによれば、オーソドックスな調査方法が実際の調査の場面では実行されていないと主張する。つまり、調査者は調査過程において中立性を維持し、調査対象者にバイアスを与えてはならないといった調査方法は、単なるたてまえにすぎないのである。むしろどんなにフォーマルなインタビューを行おうとも、そこにはインタビュアーと回答者とのアクティヴな相互行為が展開している。そして実際のインタビューの相互行為の展開に目を凝らすなら、調査対象者は単なる「回答の容器」ではなく、アクティヴなエージェント（主体）であることがわかってくる。すなわち、アクティヴな回答者は、調査者のインタビュアーと協同で、調査のトピックを手がかりとしながら、インタビューのなされる状況や自分の経験をリソース（題材、資源）として、物語を語っていくのである。

もちろん、そこで物語を語る立場が一定に維持されるというわけではない。むしろ、自分の物語を語る立場やアイデンティティは、トピックの変化とともにつぎつぎと変化していく。こうして回答者は、ある物語と別な物語を結びつけて、多様な意味の地平を組み立てていく。したがって、ある時点で回答者が語ったことと、別な時点で語ったことが矛盾することもある。オーソドックスな調査法では、このように矛盾した回答は、そもそも受け入れられず、どちらが正しい回答なのか決着をつけなければならないだろう。しかしアクティヴ・インタビューの立場に立てば、ストーリー・テリングのなかで矛盾した回答が生まれるのは、しごく当然のこととして理解される。つまり、表面的な矛盾や、回答が同時にいくつも存在するという回答の多様性は、インタビューの相互行為の流れに結びつけて解釈することによってじゅうぶん理解できるものとなる。

ここから調査者は中立的な立場を維持しなければいけないという、オーソドックスな考え方も退くことになる。すなわち、調査者であるインタビュアーは、回答者に影響を与えないようにするどころか、その反対に、回答者が物語を産出しやすい環境を整えることで、いまやストーリーテラーとしての彼らを援助しなければならない立場に変わる。結論として、アクティヴ・インタビューから生まれる新しい調査の内容とは、調査が対象者から回答を単に回収することではない以上、インタビュアーと回答者の協同作業であるインタビューのプロセスについて、克明なエスノグラフィーを作り出す仕事になる。

それでは、相互行為過程全体のエスノグラフィーを作り出すにはどうしたらいいだろうか。佐藤郁哉が指摘するように、調査者がまともなインタビューをすることができるようになるには、まずフィールドの現場の「問わず語り」に耳を傾け、当該の調査の行われるローカルでエスノグラフィックな文脈に、ある程度精通することが前提となる（佐藤 2002）。この作業がなければ、インタビューの質問は場違いで、とんちんかんなものになってしまうだろう。ホルスタインたちも同様にインタビュアーは、当該のインタビューが埋め込まれている「民族誌的背景」について最低限でも意識化する必要があると指摘する。つまりインタビュアーが適切な質問を行ったり、回答の意味を解釈するためには、ローカルな状況を知っていなければならないのである。しかしローカルな文脈は、そこで暮らす人々にとっては、しばしば空気のようにあたりまえであるため、意識化されないことが多いだけでなく、最初は「よそもの」であっても、調査の過程を経て、それに精通した調査者にも空気のようにあたりまえになってしまうこともある。調査者も準メンバーとして社会化されたのだ。したがって、そのような場合には、調査者のほうも意図的に自己を振り返るリフレクシヴな分析をしなければ、調査プロセスについて表面的な記述しかできなくなってしまうだろう。彼らはつぎのように勧める。

もし可能であれば、アクティヴ・インタビュアーは、回答者が志向する物理的状況や文化的状況、それに解釈的状況に慣れ親しんでおくべきだし、経験を伝える媒介としての語彙にも精通するべきである。これは回答者の観点や解釈をよりよく理解する手段としてのみならず、インタビューという会話の土台として参照される共有された知覚や経験をはぐくむ方法として重要である。背景知があるおかげで、インタビュアーは回答者の生活や経験の適切な側面について質問することによって、インタビュアーは仮説的で抽象的な水準から、きわめて具体的な水準へと移行することができる。これは、状況に即した豊かな記述や解釈や説明を促進するためにとりわけ成果の多い戦略である。重要なポイントを一般化して言えば、重要なことは、回答者が自分の日常生活について、生きられた経験の状況に由来する言葉で、物語を話すように促すことである。(1995=2004、邦訳195頁)

そして付け加えて言えば、回答者が生きられた経験を生きられた言葉で表現することに成功したら、調査者は今度は自分が獲得したエスノグラフィックな知識をそれに補充してやることで、ローカルな文脈を何もしらない読者に、具体的で生き生きとした説明を提供しなければならないのである。つまり、インタビュープロセスのエスノグラフィーとは、語られたことをそのまま記録することではなく、調査者である自分が獲得した当該フィールドの常識的な背景知を、自己の調査過程をリフレクシヴにたどることによって、読者に提供しながら解釈を示すことである。

ところが、自己の調査過程についてリフレクシヴな自己言及的点検を行っていけば、おのずとそここには調査者としての自己の立場と、調査が置かれていた社会的・政治的文脈も明らかにされることになる。特に岸衛（岸 2005）が指摘しているように、差別問題においては、調査プロセスのどの時点においても、調査という行為が差別に加担する可能性をもったものであるかどうか対象者に問いつめられるのである。たとえば、靴職人のほれぼれする「職人技」に見とれて、思わずその写真をとってしまった時に、岸は対象者からつぎのように叱られた語りを引用している。

「あんたらがどんな調査の目的をもっていようと、わしはいやなんや。この仕事、これしかないでやっているけど、ちがう仕事があるんやったら他の仕事やってる。この仕事で差別されてきた、あんたらにわかるか、この気持ち。顔とって、写真や文章で残したら、いつまでも差別が残る。わしにも、子も孫もおるのや」（『ライフストーリーの社会学』76頁）

このような語りに直面して、調査者には何ができるのだろうか。「写真や文章で残す」調査者としての仕事がまったくできないとしたら、ライフストーリーの調査も不可能になってしまうだろう。しかしながら、このことばを字義通りに受け取ってしまい、そこで調査を中断してしまえば、この語りに表現されているインタビュアーと回答者の関係性が明示化されないまま終わってしまうことになる。むしろ、ここには回答者がつねに差別にさらされている日常に対して、調査者が潜在的に差別に加担するものとして、つまり加害者として現れていることが重要である。そして調査者側が、差別される危険性に常にさらされている対象者に対して、何らかのかたちでつぎのことを伝える必要がある。つまり、たとえ調査という行為によって、結果として差別が生まれる危険性があったとしても、調査者が差別者の側に立とうとしているのではないこと、そして、可能であれば被差別の立場にある対象者に援助を提供する準備があることである。このことを伝えるために、時間がかかることもあるだろう。岸はこの事態を「生活史調査の「聞き取り」は、聞き手と語り手の人間関係が前提になる」と表現している。さらにまた「被差別部落における生活史調査は、その「内側」を正しく表に出さない限り本当のことはなかなか見えてこない」と指摘する。

ここで言われている「内側」とは何だろうか。私は実体的な「内側」が存在するとは考えない。むしろ岸の言う「内側」とは以下のような事態を意味するのではないだろうか。すなわち、被差別体験に関わる語りは差別的な社会にあっては、いつも沈黙を強制されている。そしてちょうどプラマーの指摘したレイプ・ストーリーのように、女性解放運動という政治的文脈がその語りを可能にした。同様にここでも、広くは部落解放運動という政治的文脈のなかで、そして狭くはインタビュアーが回答者に対して支援的な関係を構築しようと努力するなかで、初めて語りが可能となってくるというのである。これは蘭由岐子（蘭 2004）の指摘するように、ハンセン病者の語りを可能とした政治的文脈は、一九九〇年代の裁判闘争を通して構築されたことと同じである。つぎにこの問題を語りと権力の関係の問題として位置づけてみよう。

語りと権力

なぜ「生きられた体験」が「語り」にならないのだろうか。ここでハンナ・アレント（Hannah Arendt）の沈黙についての考察を参照するのが興味深い。彼女によれば、沈黙は暴力の結果であるという。すなわち、語りが自己の存在の独自性を公的に明らかにする行為であるとすれば、沈黙とは、あるひとつの声が当該社会の唯一の声であるかのように君臨し、他のさまざまな声を専制的に支配することによって成立した事態であるという。つまり沈黙はただ単に語らないということではなく、語りが抑圧されている事態なのである。そして沈黙は専制政治においても、家父長が家族成員の声を代表するとされる家父長制においても見られるという（Arendt, H. 1958=1973）。

このようなアレントの考え方は、社会に支配的な物語（ドミナント・ストーリーあるいはマスター・ナラティヴ）が、マイノリティの語りを抑圧して不可視化し、あたかも存在しないかのように沈黙を強いるという現象をうまく説明するように思われる。つまりプラマーの言うように、支配的な物語は権力を構成しており、それを揺り動かし、それに挑戦する政治的行為によって、初めてマイノリティの語りが可能になる政治的文脈が用意されるのである。もしこのような文脈が用意されていないとすれば、差別に対する対抗的（オルタナティヴ）な語りは存在せず、その結果、差別された痛みは沈黙となり、それが言語化される可能性はほとんどないだろう。それは私が「出口なし」と表現した非対称的権力が君臨する状況である（2000b）。

言語化されない沈黙としての痛みは、どのようにして聴き取ることができるのだろうか。ここでトラウマ（心的外傷）がそれを語ることによって回復へと導かれると説いたジュディス・L・ハーマン（Judith L. Herman）の考察が役に立つように思われる。彼女が指摘するように、トラウマの最大の特徴はそれを語ることができないということだ。そして興味深いことは、人為的な原因によって引き起こされたトラウマは、そこに被害者と加害者が関与するために、トラウマの記憶をめぐる闘いが開始されるという。つまり、加害者はトラウマの記憶それ自体を社会的に消そうとやっきになって、被害者の言い分はうそだとか、そんなことは最初からなかったなどと主張するというのである（Herman, J. 1992=1996）。これは差別問題一般にもあてはまるように思われる。

つまり、よく指摘されるように、潜在的に差別者の側に立つ人々は、たとえば「寝た子を起こすな」という表現に代表されるように、あたかも差別問題がこの世にまったく存在しないかのように扱い、日常的にはそれを忘却しようとするのである。おそらくそれによって自己の説明責任から免除されるからだろう。隠蔽と忘却の政治である。ところがハーマンによれば、トラウマの治療と回復には、当のトラウマを語ることが不可欠であるという。そしてトラウマの被害者が語り始めるには、彼らの語りをサポートする政治的文脈がやはり不可欠なのである。個人が語る場合には、家族や恋人といった親密圏が、そして社会的なトラウマにおいては、フェミニズムや人権運動といった、彼らを支援しエンパワーメントを行う政治的文脈が必要なのである。プラマーと呼応するようにハーマンもまた、家族内のドメスティック・バイオレンスや子どもの性的虐待が語られるようになったのは、家父長制の専制政治が強制する沈黙に対抗して、それと闘うフェミニズムなどの政治的文脈が用意されたからだと指摘する。

すなわち「外傷を受けたという現実を意識の中に保持しつづけるためには、被害者を肯定し受容し保護し、被害者と証人（目撃者）とを連帯させるような社会の流れ（原文 social context 社会的文脈：山田補足）が必要である」（1992=1996、邦訳6頁）。「心的外傷の体系的・組織的な研究は、したがって、政治的運動からの支持の如何に大きく依存する。実に、そのような研究がやりとおせるか、公衆の中で論じることができるかどうかはすでに政治的問題である」（邦訳6頁）。そして加害者が忘却を強制するのに対して、被害者のほうは「第三者に苦痛の重荷をいっしょに背負ってほしいという。被害者は行動を要求する。かかわることを、思い出すことを要求する」（邦訳4頁）のである。したがって「心的外傷の研究には、この、被害者の発言の信頼性をくつがえし被害者を人目につかないものにしようとする傾向性とのたえざる戦いとなる必然性がある」（邦訳5頁）。

トラウマの被害者について述べているハーマンの主張は、被差別の立場に置かれている人々についても大きな示唆を与えるように思われる。その要点を整理すれば以下のようになるだろう。

（1）なぜトラウマを語ることが困難なのかといえば、それが沈黙と忘却を強制する政治的な闘いに巻き込まれているからだ。特に差別問題に敷衍して考えれば、差別の潜在的な加害者が社会のマジョリティである場合には、差別現象などあたかもないかのように偽装するだろう。この闘いのなかで、調査者は中立的立場を維持することは倫理的に不可能であり、自分がどちらの側にいるのか明確にする必要にせまられる。

（2）したがって、トラウマや差別を忘れないこと、繰り返し思い出し、差別や被害として語ることは政治的闘いである。そしてこのような政治的文脈において、差別と闘う語りも可能になる。桜井厚は支配的な語りに対抗する語りをモデル・ストーリーと呼んだが、そのモデル・ストーリー自体が政治的な運動の一部として解釈できるだろう（桜井 2002）。これとの関連で、薬害エイズ事件の被害者たちが、社会に対して、この事件を忘れない、忘れさせないというメッセージを送り続けていることも興味深い（石田・小西 1993）。

（3）最後に岸衛の指摘した、調査者と対象者の関係性が問題になる。調査者が被差別の立場にある人々の語りを聞き取ろうとすれば、積極的に彼らの側に立とうとし、エンパワーメントが可能であれば、すぐにそれを準備しなければならないだろう。それは生の困難にさらされた他者に対して、その困難に応答することを通して作り出される、差異とジレンマに満ちた政治的空間を構築することでもある。齋藤純一はアレントの私的領域概念に依拠しながらも、家族関係に限定されず、むしろ私的でプライベートな閉鎖性を突き破って、政治的な公的領域へも開かれていく領域を「親密圏」と名づける（齋藤 2003）。その意味では、トラウマや差別体験を聞き取るプロセスはインタビューの場において親密圏を構築することとも解釈できるだろう。クラインマン（Kleinman, A.）が語りの倫理的証人（moral witness）になることと呼んだ態度もこれに近い。

最後に私が大阪市の部落解放同盟住吉支部において高齢者の聞き取り調査を実施したときのエピソードをもとに、差別体験を語り、それを聞き取るプロセスを通して、インタビュアーと回答者の関係性がどのように組み立てられるのか明らかにしたい。

テルオバンド

私たちがすでに別な本で明らかにしたように（山田 2004）、住吉支部は一九七〇年に「町づくりの六つの原則」を打ち出し、住吉の町を「永住する町」として捉え、住環境を保障し、人間のつながりを大切にすることを謳っている。この原則は、住民の健康を守り、子ども・高齢者・障害者がのびのびと生活できる町づくりを行うことを明確に宣言し、その当時から福祉への志向性が強かったことがうかがえる。例えば、住宅の改良ひとつをとってみても、住民が孤立しがちな高層住宅は避け、三層住宅を基本にすること、さらに、子ども、老人、障害者といった弱者がのびのびと暮らしやすい、緑ある共同空間を効果的に配置したことからもそれがわかる。

二〇〇五年現在では高齢者支援の制度は、かなり高度に組織化されている。住吉支部自体が社会福祉法人（ライフサポート協会）という介護保険事業者となって、同和対策事業ではなく一般施策として、ヘルパー派遣事業に乗り出している。他にも、住吉診療所という医療との連携や高齢者の生きがい対策事業としての配食サービスもある。しかしながら、ここで紹介したいのは、こうした制度的な支援だけでなく、いわば下からのインフォーマルな関係づくりとでも言うべきものが、フォーマルな制度といたるところでからみあい、それがフォーマルな制度を実質的に支えていると考えられる点である。すなわち、自然発生的な相互扶助的ネットワークを意図的にフォーマルな支援制度に組み込んでいるのである。そのひとつに「テルオバンド」がある。

テルオバンドとは、インタビューを行った当時、平均年齢が約六九歳の高齢者六人ほどで構成されているバンドで、住吉地区で催しごとがあるときには、必ずといっていいほど出演依頼のある人気バンドである。楽器のパートとして、ギター、アコーディオン、ドラム、キーボードなどがある。後ほど紹介するAさんの説明によると、最初はサークルみたいに、ゆっくり遊ぶつもりで三人でスタートしたが、よそから出演依頼があって、いまのように変わったという。実際のステージでは、バンドのほかに一五人程度の女性たちの踊りが入る。つまり、地区の民謡サークルに入っている高齢女性たちがバンドの応援としてフラダンスを踊ったり民謡に合わせて踊るという。平均して月に一回の出番がくるが、これまで出演した一番大きな催しは、大阪城公園で開催された年輪ピックで、これは大阪府から出演依頼がきたという。

このバンドができたことで、高齢者の生活パターンを大きく変えた点は、例えば、人前に出るということで、女性はステージ衣装も自分たちで作るし、舞台用の化粧もしなければならなくなる。さらにまた本番前の会議や練習も頻繁になり、演奏会の後でも反省会が開かれる。こうした生活は、確かにあわただしく緊張を強いるものとも考えられるが、同時に互いのコミュニケーションの機会を増やし、人間関係を急速に拡大するものでもある。その結果、このバンドに参加して、これまでの生活に明るさができた、あるいは生きがいを感じると語る人も多いだけでなく、聴衆である高齢者自身も自分たちとほぼ同じ年齢の人々がバンド活動に精を出しているのを目の当たりにして、勇気づけられたという効果もあるという。

私はテルオバンドについてさらに詳しく知りたいという動機から、発足後一年後にこのバンドに入り、いまではリーダー的存在の高齢男性であるAさんにインタビューすることにした。インタビューの場所は人権文化センターの応接室であり、私たち（矢野亮氏と当時チェンマイ大学大学院マリワン・ブッァボン氏）のインタビューを聞きつけて、Aさんと親しい（当時の）支部長さんも同席することになった。ここで私の調査に対する「構え」を明らかにする必要があるだろう。私の調査の構えはいかにも楽しそうなテルオバンドの実際について詳しく聞きたいということだった。ところが、私がAさんにバンド経験があるかどうか聞いた質問は、過去の職場でのサークル活動における「仲間づくり」の重要性というトピックでもって応答を受けることになる。これは私にとっては意外な展開であった。

すなわち、Aさんによれば、若い頃、水平社運動をやっていた父親に反発して、家業を継ぐよりも、一般企業への就職の道を選んだという。ところが就職差別に会い、父親が部落解放運動をやっているから部落出身がわかったのだと、差別に憤るのではなく、逆に父を恨んだ。しかし別な会社に就職したあとで、さまざまな陰湿な差別に日常的に直面し、これまでの自分を反省して、差別と闘うには仲間作りが大切だと痛感した。そのため、職場では、将棋などのサークルを作り、職場でのコミュニケーションの確立を大事にしたという。この経験が後に移り住んだ住吉でもテルオバンドの仲間作りに生きることになる。

なぜこのようなトピック転換が起きたのだろうか。それはテルオバンドが部落解放運動という文脈から生まれてきたからだと思われる。それは単なるめずらしい高齢者のバンドではなく、差別と闘う社会的文脈を用意するバンドなのである。この語りが可能になったのは、バンドに入ることも相談した支部長さんがその場に同席し、しかもAさん自身が日常的に生活相談を行う場所である人権文化センターの応接室においてなされたということが、語りを可能にしたひとつの条件であることはまちがいない。言い換えれば、テルオバンドは差別と闘うための「仲間づくり」のひとつとして意味づけられたのである。ここでもインタビューという相互行為から、ユニークな物語が生まれてくる現場に立ち会うことができる。

第二部　薬害ＨＩＶ感染被害問題の社会学的調査から

ここでは養老孟司を委員長とした薬害ＨＩＶ感染被害問題の社会学的研究の研究成果の一部を三章にわたって紹介する。まず第六章では、第一次報告書がインタビューの対象者である医師と、この調査研究を依頼されたＮＰＯ「ネットワーク医療と人権」のメンバーから手厳しい批判を受けた経緯を明らかにする。この報告書の問題点は「健常者中心主義」という仮説を立て、この仮説によって薬害ＨＩＶ感染被害問題の全体像を説明しようとしたところにある。まずこの概念がどのように導かれたのか、その概念形成のプロセスを批判的にたどり、それが実際のインタビューの内容を反映したものではないと結論づけた。さらには、加害者という悪人として表象されてきた医師を、この事件に巻き込まれることで「傷ついた物語の語り手」として位置づけ直した。これがその後の調査の再出発を画することになる。

次に第七章では、実際の患者と医師のライフストーリーを対比しながら、語りに適切な文脈を補って解釈していくことで、それぞれの「生きられた経験」に沿った薬害ＨＩＶ感染被害問題を浮き彫りにした。まずメディアのマスター・ナラティヴが、濃縮製剤が普及する前に血友病治療を受けてきた世代の出血時の「地獄の痛み」を評価する視点を欠落させていたことを指摘した。また、この章で取り上げた血友病患者が幼い時から大人になるまで、特定の医師と関わっていくために、通常の医師と患者の関係からは想像もできないほど医師を信頼していたことを明らかにした。医師もまたメディアによって描かれたＨＩＶの感染告知をしない医師ではなく、具体的な状況の中で、迷いながら「告知」をしていく様子も語られた。このようなユニークな物語を語り－聞くことを可能にすることこそ、ライフストーリーの社会学の強みであろう。

最後の第八章では、過去の出来事を想起するというオーラル・ヒストリーの視点も入れながら、医師と患者のパースペクティヴに断絶が存在したことを指摘した。種田（2010）が明らかにした当時の医学的知識を、医師のライフストーリーを適切に理解するための文脈として補足してやることで、医師たちが直面した深刻な「迷い」を描き出すことができた。それはＨＩＶ感染という未知の問題への対応策を模索しながら、できる限り「より良い医療」を目指した医師たちが直面した「迷い」である。ところが、このジレンマは患者のパースペクティヴにはほとんど全く入ってこなかったことも明らかになった。ここにこの事件の悲劇性の一端があるだろう。この問題のひとつの解決方向は、医師と患者の双方の認識枠組みを包み込む共通言語という新しいプラットホームを作り出すことにあると思われる。

第六章　薬害ＨＩＶ感染被害問題調査のリフレクシヴな理解

はじめに

私たちは二〇〇一年から、薬害ＨＩＶ事件を教訓として薬害再発防止を目的としたＮＰＯ法人ＭＥＲＳ（ネットワーク医療と人権）に依頼されて薬害ＨＩＶ問題について調査を行ってきた。この調査の最初の報告として二〇〇三年六月に私たちは『輸入血液製剤によるＨＩＶ感染問題調査研究第一次報告書』を発行した。ところがこの報告書に対して、私たちの聞き取り調査に応じた医師たちから、その全員ではないにしても、かなり否定的な反応が起こった。その詳細は後ほど触れるが、最も大きな難点として指摘されたことは、私たちの社会学的調査が、行政と製薬会社と医師の癒着を指弾したマスコミの構図とほとんど変わらないというものであろう。そしてこの癒着の図式に頼っている以上、この問題の真相究明はほど遠いというものである。

この社会問題について、マスコミの構図はもちろん、そもそも血友病やＨＩＶの医学的知識など一から学び始めた私にとって、すべての医師からではないにしても、医師のこのような反応は意外なものであった。とりわけ他の調査メンバーに比べて、私はこの問題の背景についての知識の獲得が遅れていると自覚していただけに、医師たちの否定的な反応は、逆にこの問題がどれほど社会の支配的な物語（マスター・ナラティヴ）に囚われているのかを学ぶ機会ともなった。

この小論では、特に批判の対象となった概念の一つである「健常者中心主義」についてリフレクシヴ（自己言及的）に再検討しよう。なぜなら、この概念に代表される見方は、私がこの問題についていまだに関連文献を読みあさっている時期に、精力的に研究を積んだ調査メンバーがいち早く獲得した見方であり、これが問題の全容を説明する可能性を秘めた強力な説明概念であることは、当時の私には疑問の余地がないように見えたからである。しかしながら、医師の否定的な反応を考慮に入れながら、インタビューで得られた語りのトランスクリプトをていねいに読み返していけば、当時は有効な説明力を持ったように見えた「健常者中心主義」の概念も、この社会問題をめぐるナラティヴ（語り）の複雑な布置を過度に単純化してしまうと考えるに至った。

というのも、私たちがこの調査で最も重視したのは、インタビューを通して、これまでこの問題について比較的語ってこなかった医師たちの語り（ナラティヴ）を聞くことであったにもかかわらず、包括的な説明図式は実際の語りの価値を二次的なものに格下げしてしまうからである。第一次報告書にあるように、私たちの調査方法は、医師と調査者とのインタビューの場でのアクティヴな相互行為を通して、医師たちのライフストーリー・ナラティヴを獲得するはずであった。[1] ところが、健常者中心主義に代表される包括的な説明図式は、この社会問題の全体の見取り図を獲得することには一定程度成功を収めたと評価できるものの、意図せざる結果として、インタビューの語りの微細な読み取りの代わりに、単純な図式的理解を招くことになったと考えられる。それはインタビューを通して得られたナラティヴそれ自体に語らせるというよりはむしろ、この時点で設定された説明図式に聞き取られた語りをはめ込んでいくような印象を読者に与えた可能性もある。特にそれが「マスコミの構図」として流布されたナラティヴの文脈で読まれることになると、私たち独自のライフストーリーの社会学的試みが、従来通りの図式的理解と変わらないように見えたとしても不思議ではない。

さらにまたこの調査が最初から孕んでいた問題として、医師のインタビューのトランスクリプト（会話の書き起こし）の解釈と分析について、調査チームだけがその権限を持つということがある。もし、調査対象者の医師たちも、そのうちの何人かでも調査チームに入っていたなら、こうした第一次報告書に対する反応も大きく変わっていただろう。特に医師たちの多くが拒否反応を示す「マスコミの構図」[2] がいまだに日本社会のマスター・ナラティヴとして働いているときに、医師たちの語りを中心としたライフストーリーの社会学は、どのようにして可能なのか最後に示唆したい。

薬害ＨＩＶ感染問題調査の背景

私たちの社会学的な調査目的がどうであれ、薬害ＨＩＶ感染問題について調査しようとすれば、真相究明というキーワードを避けて通ることはできないと思われる。たとえば、私たちに調査を依頼したＮＰＯ団体であるＭＥＲＳ（ネットワーク医療と人権）のホームページ（http://www.mers.jp）には、「薬害エイズの真相究明　厚生省内ファイルの公開、刑事裁判審理などによって薬害エイズの真相はどこまで解明されたのか。企業・行政・医学権威者の癒着が生んだ構造薬害を多角的に検証します」といった「薬害被害者の実態調査・薬害エイズの検証作業」が主要活動として挙げられ、「一九八〇年代当時から近年までの血友病患者の被害実態・医療実態に関する調査と解析を通じて、既存の検証作業では解明できなかった薬害エイズの裏側の真実に迫ります」とされている。私たちのこの調査は、この文脈の中では「検証作業」に位置づけることができる。

私たちが一年目のプレ調査を行う中で最初に議論したのは、この「真相究明」という概念であった。すなわちこの概念自体が勧善懲悪的な価値観を暗に持っており、どのような価値観からも相対的に距離を置いて、批判的に研究しようとする社会学的な調査と分析にはそぐわないということである。そして最終的に出てくる調査結果が、勧善懲悪的なものにはならないかもしれないということをＭＥＲＳと議論し確認した。この議論に基づいて、特定の価値観から相対的な独立性を確保するために、私たちは文部科学省の科学研究費補助金（栗岡幹英代表）を申請した。それは二〇〇二年度に採択され、この科研費をもとに調査を行ってきた経緯がある。(3) 私たちが最初に直面したのはマスコミの構図に対する医師たちの強い拒否反応である。栗岡幹英が科研申請書において指摘しているように「私たちがこの調査の準備段階で接触している、被害者およびその団体と比較的良好な関係を保っている医師たちですら、「薬害」あるいは「真相究明」ということばがすでに被害者側の主張を表示する用語法だと、強い拒絶の意志を示した」のである。そしてその理由として医師たちが示唆したのは、これらの表現がマスコミによって流布された善悪二元図式に基づいているからというものである。薬害エイズ事件としてマスコミによって作られた構図は確かに強固なものであり、この事件の責任を問うことによって、被害者と加害者を善と悪に振り分ける図式が社会に定着していったことも否めないだろう。

つまり「社会問題としての薬害事件については、これまで法的・道義的責任追及の観点から言及されることが多く、マスコミ等での報道も主としてこの観点から行われてきた。しかし、この過程で、さまざまな立場で関わった関係者について一面的な位置付けが行われ、その観点に即した発言だけが集められ、広く公開されたきらいがある。とりわけ、事件報道の主役となった各種マスコミには、被害者の悲惨な状況を強調（もちろん、悲惨であることは事実だが）し、関係者を被害者／加害者の単純な図式に二分化して、彼らが加害者と目する関係者を断罪するかのような報道姿勢もうかがえなくはなかった」（前掲、科研申請書）。

マスコミによってマイナスのイメージを貼られ、ある意味では悪意に満ちた加害者として表象された医師たちが、彼らが実際に経験したことと較べて大きな齟齬や乖離を感じ、自らの語りを表現する場所を失っていったことは想像に難くない。したがって私たちの調査は医師に向かい「その心のひだに分け入って、彼らが語り出すはずのことばを記録すること」になる。その結果取り出された「主として非加熱血液製剤を用いて血友病その他の疾病の治療に当たり、その結果患者を感染させ、その後もＨＩＶ治療などを通して感染被害者と関わりを持った医師たち」の語りは「この非加熱血液製剤によるＨＩＶ感染被害の問題を理解するための一つの視点を提供するだろう」（前掲、科研申請書）という予想を持った。

医師に対する聞き取り調査を積み上げていくにつれて、私たちがばくぜんと共有するようになった調査結果のイメージとは、医師たちの語りから血友病治療の実際を、ＨＩＶ感染が問題になる一九八〇年代以前と以降の違いに注目しながら再構成することであった。もし当時の日常的な治療場面を再現することができたとしたら、医師と患者・家族をめぐる治療の場が、どのようなプロセスを経て薬害ＨＩＶ事件へと至ったのか解明する一助になると考えたのである。そして「加害者」として単純化された医師のイメージを実際の語りによって置き換えることによって、まさに言葉の真の意味での「真相究明」に少しでも近づくことができるようになると考えた。

薬害について専門的な社会学的研究を蓄積してきた一部の調査メンバーを除いて、他のほとんどの調査メンバーはこの問題について初心者と言ってもまちがいはないだろう。したがって、エスノメソドロジー的な知見を援用すれば、この問題について初心者である調査者がどのようにして第一次報告書にあるような見方を獲得していったのか、そのプロセスを明らかにすることで、私たちの見方を自己言及的に分析することができるようになるだろう。第一次報告書の草稿を互いに検討したとき、特に「健常者中心主義」という説明概念を使った私を含めた調査メンバーは、この問題が「見えるようになった」という表現をよく使った。チャールズ・グッディンが指摘するように、プロの見方(Professional Vision)は、専門的な背景的知識だけでなく、その場の状況に即した精密な協働的操作によって初めて可能になる(Goodwin 1994)。ここでは私がこの概念を通して問題が包括的に「見えるようになった」ときに、どのような見方を獲得したのかについて明らかにし、同時に、そのとき成立した見方をめぐって自己言及的に分析していこう。

「健常者中心主義」の見方

最初私は、日本の血友病者の半分に近い人々がＨＩＶに感染し、多くの死亡者を出したこの事件の悲惨さに強い印象を受けた。(4) 特に血友病者の母親がときおり示す罪悪感に関心を持ち、血友病者の家族と医師との特有な関係について継続的に研究しようと考えた。ところが、この事件の直前の時期に注目し、日本における一九八〇年代初頭が血友病治療の画期的な変革の時期にあたっており、それが医療による治療優先の雰囲気を生み出したという説明を、調査メンバーである要田洋江と樫村志郎が提示すると、急速にその説明力に惹かれていった。それが「健常者中心主義」という説明概念である。すなわち一九八〇年代初頭に、血液凝固因子を高単位に抽出した濃縮製剤が治療に導入され、それは病院で処置される時期から、しだいに自宅で自己注射＝家庭療法（Home Treatment）を行うように変化していった。そしてＨＩＶが混入した濃縮製剤がアメリカから輸入された時期は、日本において家庭療法が認可され飛躍的に普及した時期とたまたま重なっていたのである。家庭療法の普及によって大きく変化したことの一つに、これまでのように、出血したら激痛をこらえて病院に行くかわりに、濃縮製剤によって出血それ自体を予防的に抑える可能性がでてきたことがある。(5) このことは血友病者や家族、それに医師と製薬会社にとって、血友病治療の画期的な進歩と受け取られたようである。つまり、それまで血友病者の寿命は、突発的な頭蓋内出血や内臓出血などによって、非常に低く見積もられていた。(6) さらに、関節における頻繁な出血によって関節症を患う病者が多く、突発的な出血によって通勤や通学を支障なく続けることが困難な場合もあったが、家庭療法によって、ほぼふつうの人と変わらない生活ができる展望が開けてきたのである。

こうして、医師と製薬会社と患者・家族が、これからはふつうの人と変わらない生活が実現できるという期待と明るい展望に結集することができた。しかしながらこの明るい時代は、振り返ってみれば、輸入血液製剤にＨＩＶが混入していたことがわかるまでの短い期間にすぎなかったのである。エリック・Ａ・フェルドマンらアメリカの法律学者を中心に行われた調査報告書は、このような歴史的背景をつぎのように要約している。

血液供給へのＨＩＶの混入が起こった一九七〇年代の終わりは、めざましい技術の進歩があり、血友病患者や血友病専門医のあいだで期待が高まっていた時期だった。突発性の出血の減少を約束する血液製剤――奇跡の第Ⅷ因子製剤――の開発によって、それまで頭蓋内出血や関節出血のために行動を制限され、苦痛や障害や早世に直面していた血友病の若者が、突如として正常な家族生活や激しい運動を期待できるようになったのである。血友病患者の寿命は急激に伸び、一九八〇年代には六〇歳になった。そうした劇的な改善には、大規模で確実な血液供給に依存する高価な薬剤が必要だった。この開発と並行して血液銀行や供血者団体や赤十字は、血液製剤の確保と、適切で十分な血液供給の維持に注意を向けた。このような要因が、本書の緒言で血液とエイズの「医原性の悲劇」と表現されているものの舞台設定をした。（Feldman and Bayer eds. 1999=2003, 304－305頁）

ここから描かれる事件の見取り図は、こうである。それは医師と患者・家族が新しくできた「奇跡の第Ⅷ因子製剤」（フェルドマン）によってもたらされた期待に大きく突き動かされた結果、この新しい製剤の出現に伴って生じるリスクに対して、警戒心を失ってしまった可能性があるというものである。要田洋江と樫村志郎は、血友病者がこの製剤に寄せた期待を、仮説的に日本の一九七〇年代の障害者解放運動の文脈に置き直して考察し、できるかぎり「健常者」に近づくことが望ましいとする期待、つまり「健常者中心主義」として考えたのである。

もちろん誰しも病気に罹ったら治りたいと思うのは当然だろう。ところが完全な治癒が難しい障害や慢性疾患の場合には、治癒の見込みを失うことが自己アイデンティティの価値の低下に結びついていく。[7] このような「地位の降格」（ガーフィンケル）は、障害に対する社会の偏見や差別意識に由来する。つまりそれは、障害（および慢性疾患）を劣ったものとして価値づけ、健康（健常）であることを暗黙のうちに優れたものとする考え方に裏打ちされている。要田は一九七〇年代の「青い芝」運動の「健全者幻想」という概念に着想を得て、このような思考法を「健常者中心主義」と名づけた[8]（要田 2003）。この概念を血友病にあてはめれば、健常者にできるだけ近づこうとする思考法が患者の中で強ければ強いほど、常人と変わらない生活への希望は高まり、それによって医療や医師に対する患者の信頼感も強く醸成されるようになると仮説的に考えたのである。

このような考え方は、たとえば、自ら血友病者であり、東京ＨＩＶ訴訟の弁護団の一員として行動した保田行雄弁護士のつぎのような発言と表面的には符合するように見える。

> 障害者や病者が解放されていくというのは、二つの側面があります。治療法などが開発されていく側面と、社会的に解放されていく側面があります。その両方があいまって、障害者や病者の解放が進んでいくのだと思いますが、われわれはどっちかというと、「日々の出血から逃れる」。血液製剤によって、自分たちは健常人とかわらない生活がおくれるんだ」ということだけを考えていたような気がします。（川田・保田 1998、26頁）

こうして、ある製薬会社の宣伝文句に表現されているように「常人と変わらない生活」が多くの患者や家族に希望を与えたことは確実なことだろう。もちろん医師はそうした患者の治りたいという期待にこたえて、新しい治療法を医療の進歩として肯定的に捉え、ますますそれを普及させようと努力するだろう。(9)

仮に健常者中心主義という概念によって得られる見取り図を概観するなら、つぎのようになるだろう。すなわち、非加熱濃縮製剤による家庭療法の導入という血友病治療の新しい局面において、医師と患者・家族の希望が「健常人と変わらない生活」を送るという目標において合致した時期があり、たとえその時期は短くても、製薬会社による濃縮製剤の供給を背景としながら、医師の指導による治療に対して患者・家族が柔順に従う時期が続いたというものである。この見取り図によれば、非加熱製剤の危険性を過小評価した原因は製薬会社と医師だけにあるという図式は成り立たなくなる。むしろ「健常人とかわらない生活」を望んだ患者や家族もまた、この構図の一要因として機能していたと考えられるのである。

このように考えていくと、健常者中心主義という概念は、医師を悪玉と決めつける「マスコミの構図」にあてはまらないどころか、このＨＩＶ感染被害問題の構図を作り上げたエージェントとして、製薬会社はもちろん、医師も患者も家族も数え上げることになる。この構図が想定しているのは、健常者中心主義という価値観を前提として、障害者になることを恐れる結果、医師の指示に忠実で、コンプライアンスを遵守する患者と家族像である。もちろん、血友病者・家族の幼少時からの医師との強い信頼関係の中で、一般的な医療におけるパターナリズムが特に強化されたことも、この仮説に付け加えられる。(10)

こうしてこの問題全体について包括的な説明力を持つように見えた健常者中心主義だったが、今から振り返って自己言及的に再検討するなら、この概念の説明力が包括的であればあるほど、現実への適用において問題が出てくることがわかる。たとえば、欧米において家庭療法は一九七〇年代に普及し始めていたが、日本では一九八三年二月に家庭療法（自己注射）の健康保険適用が決定されると、普及が本格的になる。ところが日本の普及の時点で、すでにエイズ問題は顕在化し始めていた。つまり、その前年の一九八二年三月にはアメリカ公衆衛生局会議で、原因不明の伝染性免疫不全疾患が血液を介して伝染すると考えられるようになり、ドン・フランシス博士が血液製剤の汚染の危険性を警告していた。同年七月には、免疫性を破壊する奇病としてエイズがアメリカで初めて報道され、同性愛者、麻薬常用者そして血友病者に広がっているとされた（ＩＯＭ報告書=1998）。日本ではその翌年の一九八三年夏のエイズ報道によって、全国の血友病者の友の会も危険を感じ始めていた。自己注射が二月に認可されたこの一九八三年には、八月に京都の洛友会が、九月には全国へモフィリア友の会が、厚生省（当時）にエイズの原因究明と安全な製剤の早期市販を求める要望書を提出した（石田・小西 1993）。

もしここで医師と患者と家族のパターナリスティックな関係が「健常者中心主義」の構図通りに

維持されていたとしたら、医師の主導下にあるはずの患者たちが、自発的に厚生省に要望を提出すること自体説明が難しくなるだろう。社会問題の構築主義的な表現を使えば、非加熱製剤の危険性を公的な場（パブリック・アリーナ）で問題化しようとする患者たちと、これまで通り家庭療法を継続しようとする製薬会社や医師たちとの間に意見の相違と対立があったことがわかる。ここでも、医療モデルに従って障害をなくすという点で一致したはずの患者・家族・医師の連携がほとんど維持できなくなっていることが見て取れる。あるいは、こうした患者側の動きに対して事実上の安全宣言と解釈できる宣伝を行った製薬会社と医師の行為について、さらに健常者中心主義を拡大して適用できるかもしれない。

たとえば製薬会社のカッター社（当時）は、自社の宣伝紙『エコー』の一九八三年八月号創刊の日本語版において以下のように非加熱製剤の安全性を主張している。米国血友病協会の医療副責任者であるルイス・M・アレドルト博士の言葉を引いて「血友病患者は現在、手軽に血液製剤を手に入れ、出血を止めることができる。そのような時代に幸運にも生きているのである。そして自己注射・家庭輸注療法の普及により、血友病患者の生活は患者の誰もが、かつて夢に見た、できるだけ正常人に近いものになった」と説明し「ＡＩＤＳは極めて恐ろしい病気である。血友病患者は脅かされ、私たち医師も彼らが脅かされていることを知っている。……しかし、ＡＩＤＳがどのように血友病治療と結びついているのかは、まったく明らかにされていない。しかし、ＡＩＤＳをパニックと考えたり、血友病患者の治療法を変えなくてはならないなどと考えてはいけない」（ＥＣＨＯ日本語版編集委員 1983）と結論づける。これに呼応するように安部英は一九八三年七月に全国へモフィリア友の会拡大理事会において講演したが、機関誌『全友』には以下のような非加熱製剤の継続使用の主張が掲載されている。

エイズの原因は確定していないが、一番恐れているのは、血清を介してのビールスの感染によるものである。その場合に備え対策を考えなければならないだろう。血液製剤のなかにビールスがいるとすれば、医者として大変心配なことである。しかも、製剤を使わなければ、出血を止められないのである。ただ、救いがある。それは、そのビールスは力が弱いものということである。仮に、エイズビールスを千人に注射するとすると、大部分の人はすぐにビールスを殺してしまう。感染するのは五〜一〇人に過ぎない。また、感染した人の中で実際に発症するのは、五〜一〇％程度である。したがって、三千人に注射して一人程度発症するに過ぎない。（全国へモフィリア友の会 1985，45頁）

すなわち、いったんはエイズ報道に不安を感じた患者たちは厚生省に要望書を提出するなどの自主的な行動を起こしたが、以上のような信頼のおける専門医たちの言葉に説得され、これまで通り健常者中心主義を維持したというものである。しかしながら、この説明概念がうまくあてはまるように文脈を補充してやる作業（インデックス性の補修作業）は、歴史的な資料のレベルでは、原理的に無限に可能なはずである。ここに包括的な説明概念の長所と短所があると思われる。つまりこの概念は、歴史的な事件の経過のような比較的大きな問題については、矛盾を抱えながらも、ある程度説明力を持つように見えるが、具体的な語りが生起する文脈においては、その文脈が精細すぎて捉えることができないのである。

たとえばごくわずかの患者の家族の語りを例にとっても、健常者中心主義では説明できない語りがあることがわかる。たとえば、一見この図式にうまくあてはまる語りとして以下のようなものがある。

先生信頼してましたからね。……もう、先生がしてくださること、それがすべて最良だと最高だと思ってるからね。あの頃は。だからあんまり疑いもなく。信頼してますからね。あんまり私、人を疑わないですね私、人を疑わないですし。先生にされることは何でも、いいことだと思ってましたからね。（薬害ＨＩＶ感染被害者（遺族）生活実態調査委員会 2003、38頁）

ところが一方では、医師の説明に十分納得しきれない語りもある。

「先生えらい悪いですけど、うちのD男、こんな心配はありませんねんやろな?」っていうて、その記事を見せましたんや。そしたら先生な、「そんなもんお母さん、ないわ。そら宝くじ当たるようなもんや」っていうて。「それやったらよろしいねんけどなぁ」っていうて帰ってき

たんです。(薬害ＨＩＶ感染被害者(遺族)生活実態調査委員会 2003、42頁)

医師の説明によっても完全に払拭できない、このような不安はどのように説明できるのだろうか。さらに具体的な語りを引くことはしないが、こうして実際の語りを出していくと、「健常者中心主義」だけでなく、およそあらゆる説明概念も、語りの実際の文脈を説明するには粗すぎる概念であることがわかる。その意味では、ライフストーリー・ナラティヴと単純な説明図式とは最初から方法的に適合しないものであると考える。

「生きられた経験」としての健常者中心主義

健常者中心主義という仮説は、確かに薬害ＨＩＶ感染被害問題のある側面を明らかにしたものの、実際の語りの分析には耐えられるものではなかった。さらにこの概念は、血友病者が当時置かれていた状況についてもうまく説明できないように思われる。その原因は、健常者中心主義という仮説が健全者幻想を問題にした、一九七〇年代の脳性マヒ者を中心とした「青い芝の会」の経験から導き出されたものであり、一九八〇年代初頭の血友病者の「生きられた経験」とは異なっているためだと考えられる。

すなわち、一九七〇年代「青い芝の会」の指導者の一人であった横塚晃一は「健全者幻想と闘え」

と主張したが、この主張は社会に蔓延すると同時に自己の内にもある障害者差別を徹底的に批判するための主張であった。「青い芝」運動によれば、「健全者幻想」は現代日本においてあまりにも自明視されているために、意識にのぼることも少ない。そしてそれは障害に対する蔑視と、少しでも健常者に近づくことを無条件によしとする態度を暗黙のうちに形成する。この経験は脳性マヒ者にとっては、障害を持った自己を「あってはならない」存在として意味づけ、自己の身体の拒絶を伴う自己否定の経験となって現象する。「青い芝」運動は、自己と社会に浸透した健全者幻想を徹底的に批判することを通して、それを反転させ、今ある障害をそのまま受け入れることをめざした。それは価値が低いとされてきた自己の身体を受け入れることでもあった。つまり、「青い芝」にとって、この思考法は何らかの抽象的な価値観というより、むしろ自己肯定に至るための実践的手段であったと思われる。[11]

この文脈から明らかなように、「青い芝」運動の批判の矛先は、日本社会の障害者差別と偏見それ自体に向けられていた。確かに表面的には血友病者の場合にもこれにあてはまる要素がないわけではない。すなわち、血友病も遺伝性疾患ということで、地域社会からの偏見が因習として存在していたり、エイズが大きな事件として報道された一九八〇年代の後半には、血友病イコールエイズとして厳しい差別や偏見の標的となったこともあったからである。ところがこの「奇跡の第Ⅷ因子製剤」（フェルドマン）が開発される前に血友病者が闘っていたのは、多くの場合、社会の差別や偏見ではないと思われる。むしろ彼らの場合は、不意の出血に見舞われたときや、緩慢とした関節の出血の際の、一睡もできないほどの激痛である。彼らの願いは、とにかくこの激痛から解放されることではなかっただろうか。東京原告団の一人であった草伏村生は「昭和三〇年代の血友病の治療水準」と題してつぎのように語っている。

けれど、一番苦しんだのは、関節内出血だった。膝や足首の関節に出血が起きると、二日前後は内出血が続いた。治療法は、出血した関節を氷で冷やして、痛みと出血による熱感を抑えて、安静を保つことだった。

とはいえ、氷で皮膚が赤くなるほど冷やしても、腫れた関節は痛く、激痛に耐えきれずに泣いていた。膝に出血が起きると、膝はゴム風船のように腫れあがり、電灯の明かりをてかてかと反射して光っていた。両親は夜も昼も交替で私の足をさすってくれていたが、関節だけでなく、腫れた膝の皮膚も破裂しそうで痛くて死んでしまいそうだった。私は「お父さん助けて、お母さん助けて、神様助けて、仏様助けて」と泣きじゃくったが、鎮痛剤を飲むと習慣になって廃人になると父から言われていたので、ひたすら我慢するしかなかった。(草伏 1993、20頁)

さらに脳性マヒにおいては、障害が進行することはあったとしても、それが一時的に治ったり改善したりする経験はほとんどなかったように思われる。つまり彼らの場合には、障害と共に生きるしか道がなかった。ところが血友病の場合は、確かに完治することはなく、これほどの激痛を伴っていたとしても「幾日かすれば治る病気だった」（草伏 1993、22頁）と経験されていたのである。

また、血友病者の場合は、一九六〇年代までは一般的に寿命が短いとされていたために、家族に大事にされた経験についての語りが少なくない。たとえば、患者が子どものころ、出血時の痛みに対して家族が献身的に看護した経験についての語りも散見できるだけでなく、赤瀬範保もまた「兄弟の中では、やっぱりとびきりわがままさせてもろうたと思う。仕方ないんやね。親にとってみればもう、生きていてくれるだけで嬉しいんやからね」（赤瀬 1991、29頁）と語っている。家族による献身的な看護もまた血友病のナラティヴを構成する重要な要素として考えることができる。

また赤瀬の例では、男性というジェンダーにまつわるエピソードが語られる。それは、男の子としてのジェンダー・アイデンティティを他の子どもたちの前で証明できないというものである。つまり、学校の体育でも、子どもの遊びでも出血の危険を恐れて参加できなかった男の子たちは、一般的には、腕力が強いとか速く走ることができるなど、男らしさを身体を使うことで証明することができなかった。しかしそのかわりに、たとえば赤瀬は頭を使う参謀としての位置を確立している。

〔少なからず差別もあったことについて触れて〕まあ、それもあるけど、やっぱり、本当に足が悪くて動けない俺を、子供の時分からね、仲間うちで守ってくれる人がいっぱいいたんだよ。一つには俺を遊びの中に入れておけば便利だったこともあるわけよ。知恵は働くんだから。悪知恵は。奴らより頭がいいから、陣取り合戦したって、なににしたって状況を判断するのはいつも俺なんだよ。俺が作戦、参謀をするわけ。それで「フミのとこに行って聞け」なんてガキ大将が言う。みんな俺のとこに意見を聞きにくる。すると俺は、あそこさえ守っておけば絶対だいじょうぶだよ、なんて言う。そうすると、その通りに勝てるんだからね。そういうとこで俺の存在価値があったんだよ。（赤瀬 1991、38頁）

以上のことから「健常者中心主義」概念は、血友病者の「生きられた経験」から抽出されたものであるというよりは、むしろ脳性マヒ者の「生きられた現実」から取り出されたものである。すなわち後者が、治ることのない障害と向き合い、社会と自己に浸透した障害者に対する差別意識を問題にしていたのに対して、前者の血友病者は血友病が「治る」という経験に立脚して、出血時の激痛からの解放をめざしていたからである。したがって、「健常者中心主義」という概念を使って血友病者の経験を説明しようとすれば、血友病者の「生きられた経験」が取り出せなくなるだけでなく彼らの生きられた現実の違いにかかわらず、血友病者に対しても、脳性マヒ者のように障害者差別と闘う姿勢を取るよう暗に要請することになる。

この結果、私たちの調査方法であるライフストーリー法にとって致命的な問題が生じる。それは血友病者や家族が実際に経験した、彼らの「病いの語り」を聞き取ろうとしても、この概念が邪魔をして、それが語られる前に封じこめてしまうことになる。ここに一部の医師や血友病者たちの大きな反発が存在していたことは明らかだろう。つまりこの概念は現実とかけ離れた「学者の概念」

であるかのように映ったのである。確かに健常者中心主義の仮説は、医師を悪玉と決めつけることはないが、医師と患者の関係として経験された意味の一部分しか捉えることができなかったことは明らかである。私が第二次報告書で、この概念の限界について触れたが、それはこの意味である。そして私たちが今後の調査でなすべきことは、医師と血友病者と家族の実際の語りから、彼らの「生きられた経験」を丹念にフォローすることであろう。一九八〇年代から現在に至るまで、医師と患者・家族のコミュニケーションがどのように変化してきたのか、そのプロセスを、彼らの語り（ナラティヴ）に沿って時代的変化も含めて明らかにすることである。

傷ついた物語の語り手としての医師

健常者中心主義という概念を放棄したとき、私に見えてくるのは、コンテクストの異なる語りどうしがぶつかり合ったり、協調し合いながら、織りなしていく語りの布置状況である。もちろんこのナラティヴの布置状況も歴史的にどんどん変化していくものであるし、患者や医師の内部においても、単一の声に収斂することなく、さまざまに異なった意味づけがなされていたことは当然のことである。

ここで医師の経験に着目するなら、一九八〇年初頭において「エイズ」という未知の病の脅威が伝聞や推測のレベルでしかわからなかったときに、医師たちはどのような思いを抱き、どのような経験をしたのか、そしてそれは日常的な診療行為にどのように影響を与えたのか、それが私たちの明らかにすべき課題である。それは医師自身のトラウマ経験を問題にすることかもしれない。つまり、医師自身も対処不可能な事態に直面し、その当座の対応が結果としてＨＩＶ感染被害に結びついたとすれば、医師たちが解決の見えない苦悩状況に陥ったことは想像に難くない。つまり患者や家族（遺族）だけでなく、医師たちもまた「傷ついた物語の語り手」なのである。こうした医師の経験の再定義を通して、医師たちが再び語り出す可能性が見えてくる。アーサー・Ｗ・フランクによれば、起こったことを語るという責任を引き受けることで初めて、物象化され抽象化された苦しみから、他者とコミュニケーションする身体化された関係性に戻ってくることが可能になるのだから[12]（Frank 1995=2002）。

注

（1）このアクティヴ・インタビュー法については、本書の第四章と第五章、さらにHolstein and Gubrium（1995=2004）を参照。

（2）一口にマスコミの構図といっても、実際には多種多様な言説が公にされており、厳密に言えば、何をもってマスコミの構図とするのかは一義的に確定できない。ここでは、比較的多くの人々の目にとまり、さまざまな文献においてもよく引用される広河隆一（1995）と櫻井よしこ（1999）の二冊を取り上げて、仮にマスコミの構図としたい。

たとえば、櫻井は「なぜ医師の責任は問われないのか」というダイレクトな表現を使って以下のように主張する。

「先生、非加熱製剤は大丈夫なのでしょうか。心配です」との声を無視して投与し続けた医師たちの中には、今、当時勤めていた病院をやめて他の病院に移った者もいる。患者たちは彼らが〝逃げた〟と考えている。それだけでなく、主だった医師らはエイズの専門家、あるいはカウンセラーとしてマスコミで「活躍」している。彼ら自身が多くのエイズ感染者を生み出した張本人だという事実は、見事に隠されたままだ。こんな理不尽があってよいのだろうか――怒りを禁じ得ず、考えさせられるばかりである。(櫻井 1999、25頁)

櫻井によれば、医師は患者に非加熱製剤を投与した当事者であるばかりでなく、患者らの不安に対して、それを打ち消して非加熱製剤が安全であると主張したケースも多かったとされている。また、広河は医師の責任を以下のようにまとめている。

専門医の責任

一　輸入血液製剤からのエイズ感染の危険性を軽視し、血友病患者に大量使用を勧めたこと。
二　八四年には、血友病患者を無断で検査し、感染を知ったのに、長く隠しつづけたこと。
三　この検査結果を被害者に告知しなかったため、二次感染防止、治療の機会を失わせしめたこと。
四　自分の病院が供給した製剤の結果生じたエイズ感染者に対しても、治療拒否を行ったこと。そのため手遅れになった人もでたこと。(広河 1995)

さらにこれに加えて、刑事告訴され、一審で無罪、二審で心神喪失との判断から公判停止になった故安部英の裁判で問題になった論点も付け加えられる。すなわち、血友病専門医の指導者として、非加熱濃縮製剤の継続使用を決定し、不安を抱える患者会に対して、エイズの危険性を過小評価する安全宣言を行ったり、また、加熱製剤を早期に認可する努力を怠り、アメリカでの開発から二年四カ月も遅れて認可されたことなどが挙げられる。

（3）現在の時点で調査の最初の方向づけを再考すると、確かに勧善懲悪や善悪二元論は社会学的分析にはなじまないものの、社会学的に「真相究明」を検討するとはどういうことなのか、また真相究明と社会学的調査の独立性とはどのような関係にあるのか、議論しつくされたとは言い難いように思われる。それは私たちの調査が、研究者だけに限定されたクローズドなメンバーで構成されていることとも関わっている。というのも、なるほど社会学的分析が真理の究明にはなじまないとしても、語りの分析と解釈をそれを語った本人から切り離して、社会学研究者だけのものとするとき、そこには解釈の権限をめぐる権力関係が発生するからである。この点では、薬害ＨＩＶの原告団に調査を依頼された東京大学の山崎喜比古の調査「薬害ＨＩＶ感染被害者（遺族）生活実態調査委員会二〇〇三」が、インタビューの方法や、その解釈と報告書作成についても被害当事者や遺族も含めていく「当事者参加型リサーチ」を標榜し、患者・家族から高く評価されたのに対して、私たちの調査においては、インタビューのトランスクリプトの共有と解釈・分析については、研究者だけがアクセスできるようにしたために、古くはフェミニスト・エスノグラフィーも指摘していた、科学者と当事者の権力関係の問題が発生する余地を生んでいったと思われる。

私たちが医師の語りについてアクセスを制限したのは、インタビューで得られた語りが、患者や家族にアクセス可能であることを前提とした場合に、医師たちが率直に語りにくくなる可能性があるからということと、医師たちの実際の語りを当事者に直接聞かせるには慎重を期せばならないからという、二つの理由があったからである。さらに私には後からわかったことだが、この調査を発足させるにあたって行われた議論において、これに関連する問題が話し合われたという。すなわち二〇〇五年一二月に行われた研究合宿において、ＭＥＲＳの花井十伍氏は、当初は医師の語りを研究する調査チームとして、社会学者だけでなく、医師と被害当事者も含めることも考えていたと述べた。ところが実際には、利害に直接関わらない第三者、つまり社会学者に調査を依頼することに落ち着いたという。このときの決定が後に研究者だけのクローズドな調査を生み、その結果、医師と当事者をそこから排除し、ある種の権力関係を生み出す遠因になったとも考えられる。

この文脈では、薬害ＨＩＶ感染被害者（遺族）生活実態調査委員会（2003）と山崎喜比古・瀬戸信一郎編（2000）を参照されたい。

（4）ここで血友病と治療の展開について簡単に紹介するのが適切だろう。血友病は血液凝固因子が通常と比べて非常に少なく、症状としては血が止まりにくくなる病である。外傷や打撲によって激痛を伴う大出血を起こし、出血部位（頭蓋内）によっては致命的な場合もあると言われる。患者にとって日常的な苦しみは、毛細血管が切れて起こる内出血である。治療法は、不足する凝固因子を補充するという対症療法的な補充療法があるだけである。

ここで簡単に日本における血友病治療の歴史を表示すると、以下のようになる。

【一九六〇年代まで】全血輸血が主な治療法であった。

【一九六七年】血漿から凝固因子である第Ⅷ因子を抽出して作った血液製剤が製造認可を経て発売され、「クリオ製剤」と呼ばれる。「クリオ製剤」は一～二人の血液から製造された。

【一九七八年】高単位濃縮製剤の輸入・製造販売を厚生省が承認する。この製剤の八五％以上が外国からの輸入による。二〇〇〇人から二万五〇〇〇人分の血漿をプールして作られる。この時期は非加熱の製剤であった。高濃縮製剤はプールした供血者の母数が多いために、ウイルス感染の危険性と隣り合わせである。この時期に特に問題とされたのは肝炎ウイルスである。

【一九八三年三月】ウイルスを殺菌するための加熱処理技術を使ったトラベノール社の加熱第Ⅷ因子濃縮製剤が、米国食品医薬品局（ＦＤＡ）の承認を受ける。

【一九八五年七月】日本では二年四カ月遅れて加熱製剤が販売された。この時点で日本の五〇〇〇人の血友病患者のうち約二〇〇〇人がＨＩＶに感染した。

さらにここでの文脈に関連した議論について詳しくは樫村志郎（2003、62－68頁）を参照されたい。

（5）日本において家庭療法が健康保険適用される以前の定義について、吉田邦男（1980、197頁）から引用して示そう。

出血出現後、できるだけ早期に治療をする目的のため、また予防的治療をもこめて、第Ⅷ因子製剤の家庭治療（home treatment）、自己注射療法（self infusion treatment）が、まず初めに米国において開始され始めた。（中略）一九七四年トルコの第九回世界血友病学会のテーマに取り上げられ、一九七五年ヘルシンキの第一〇回世界血友病学会で、Home Care : an international challenge なるテーマのもとに、国際的シンポジウムが行われ、さらに一九七六年ルクセンブルクの欧州血友病管理方式ワークショップが開催され、これらに参加した国は、十数カ国に及んでいる。また、西独において一九七七年ドイツ血友病センター会議で、Die Kontrollierte Selbstbehandlung der Bluter なるテーマのもとに詳細な管理形式についての討議が行われた。家庭治療（以下、H.T.と略する）の利点は、出血の発症から治療までの期間の短縮である。Hilgartner は出血発症から四時間以内に注入すれば、第Ⅷ因子剤の従来の量を二分の一から三分の一に節約できるという。また、年間の入院日数の減少、欠席または欠勤日数の減少、重篤変化の関節症の減少であり、患者の自立心が増す情緒的効果もある。一方欠点として静脈の損傷、肝炎等の感染の危険があり、医師の観察が少なくなるなどである。さらには法的問題点であって、静脈注射は医師が行うべき技術であり、医師の責任である。

（6）たとえば大阪ＨＩＶ訴訟原告団の初代団長である赤瀬範保は自分の幼少時（終戦直後）を回想して以下のように述べている。

子供の時分に、あの当時は医学界の定説として、血友病は一二、三歳ぐらいまでしか生きられないだろうと。よくて二十歳くらいだろうと。で、二十歳過ぎちゃったら、多少長生きできるけど、平均寿命はやっぱりすごく短いというふうに言われていたわけ。だから二十歳まではもうね、いつも死の恐怖と闘ってた。だって物心つくというのは中学生とか高校生でしょ。二十歳という年齢が頭から離れない。何かというと死の恐怖に襲われる。そういう時期だったよね。だから、普通の人と死生観が違うよね。（赤瀬 1991、27頁）

（7）たとえば、進行性の重度障害に陥った人類学者のロバート・F・マーフィーは、一九八〇年代当時のアメリカにおいて、障害を持つことが自己アイデンティティの価値の大きな喪失と低下につながることを自分の経験から例証している。（Murphy 1987=1992）

（8）またほぼ同じ趣旨で医師主導の家庭療法がなされた歴史的経緯をたどった、樫村志郎（2003）参照。健常者中心主義という概念についてはさらに、要田洋江（1999）を参照。

（9）この家庭療法の導入時において医師と患者との間で主導権争いがあったと解釈するのは要田洋江である。たとえば血友病の専門医として指導的立場にあった安部英は、最初自己注射が医師法違反であるとして反対した。なぜなら「血友病者にとっては、単により快適な生活をおくる新しい方法であったにすぎないことも、医師にとっては医師の立場を失わせるものとして映ったのである」と解釈できるからだ（要田 2003、58頁）。そして自己注射が浸透していく際に医師がとった抵抗は「医師が血友病治療の主導権を握れるあり方を探る」（同頁）という方向をとったという。

（10）ここで明らかになったように「健常者中心主義」が「マスコミの構図」と同じであるという批判はあたらない。マスコミの構図が患者を一方的に犠牲者として描き、ある意味では患者の主体性を奪っていったのとは対照的に、医師の指導を柔順に受け入れた患者や家族の行為も問題化していく説明概念である。ところが要田は「ここで求められた血友病治療とは、血友病者の生活をいかに生きやすいものにするか（生活モデル）と言うことではなく、障害をなくすことが「治療」と見なされている（医療モデル）ことである」（要田2003、59頁）として、あくまでも医療の主導権を強調する。そして「親たちは、差別をおそれ血友病を持つ子供を不偶に思うだけに、健常者中心主義に立ちやすい」と解釈する。その結果「医師を頂点とした母親そしてその下に位置づけられる血友病者という強固なパターナリズム的関係を形成していく」（同頁）と言う。こうして健常者中心主義は、血友病者の生活の視点に立った生活モデルではなく「障害をなくすという」（同頁）医療モデルを強く推進する立場であることになる。ここで描かれる医師は、母親の悲願を受けて障害をなくすことを使命とする医師の姿となるだろう。そしてそれは大量投与につながる予防投与を推奨した製薬メーカーの思惑とも結果的に合致していく。しかしながら、要田のように医師の主導権を強調しすぎれば、せっかく回復された患者・家族の主体性も弱められる結果になるだろう。私の『第一次報告書』の論文「血友病治療における家族主義あるいはパターナリズムについて」も要田とは強調点は違うが、要田と同様に医師の主導権を強調した点で、同じ批判を免れない。

(11) この点については杉野昭博（1997）を参照。さらに、横塚晃一の『母よ殺すな』（2007）から「脳性マヒ者としての真の自覚とは、鏡の前に立ち止まって（それがどんなに辛くても）自分の姿をはっきりとみつめることであり、次の瞬間再び自分の立場に帰って社会の偏見・差別と闘うことではないでしょうか」を引用している倉本智明（1999、255頁）を参照。

(12) 特に以下の箇所は示唆的である。「レヴィナスの最も重要な教えは、苦しみが語り、その苦しみによって「他者」とされてしまったすべての者に対して、おそらくは証人になるという行為によって、名前のない苦しみを開かれたものとすることができるという点にある。苦しむ者は常に他者であり、衰弱し、孤立している。何であれ苦しみの物語を語るということは、人と人との間に対して、何らかの関係を持つことを要求する。すべての証言は、名前のない苦しみの半ば開かれた状態への応答である」（Frank 1995=2002、245頁）。

第七章　薬害「ＨＩＶ」問題のマスター・ナラティヴとユニークな物語

　私たちが何かを語り伝えようとする意志を持つのは、どのような時だろうか。その一つの例は、ある歴史的な出来事が起こった時、マスメディアや出版された本を通して、その出来事をめぐる公（パブリック）の語り方が確立してしまっている時だろう。なぜなら、もし私たちがその出来事にいくぶんかでも関わっていたとしたら、私たちは公の語り方として流通したマスター・ナラティヴ（支配的な物語）に対して、何かそぐわないものを感じることがほとんどだからだ。歴史的な出来事を単純化して組み立てられたマスター・ナラティヴは、個人が経験したユニークな物語と一致しないのは当然のことだ。ここにユニークな物語を語ろうとする意志が生まれる。

　私はこの章で、一九九〇年代半ば薬害エイズ事件として定着したマスター・ナラティヴに対して、この事件の一被害者でもある西日本に在住するＩｐ氏の語りを対置することによって、この事件の別な読み取り方を示したい。それはマスター・ナラティヴに対して別な物語、つまり、オルタナティヴ・ストーリーを呈示することでもある。オーラル・ヒストリーの近年の業績に照らせば、歴史は歴史家が編纂するものというより、むしろその出来事を経験した当事者が、自分たちの経験を語り合い語り継ぐことによって、歴史つまりパブリック・ヒストリーを作り出す事業に関わっていくのである。この意味で、ここではマスター・ナラティヴの一部となった薬害エイズ事件と呼ばずに、薬害「HIV」問題と呼ぶことにする。Ip氏は、ある意味で、パブリック・ヒストリーを創り出すことに積極的に関わろうとしているのである。(1)

薬害「HIV」問題のマスター・ナラティヴ

読者は「薬害エイズ事件」についてどのようなイメージを持っているだろうか。一九九〇年代半ばから主要なメディアにおいて流されたストーリーを要約すれば、この事件は日本では一九七〇年代終わりから一九八〇年代半ばまでにおいて、HIVの混入した血液製剤がアメリカから輸入・販売され、当時の厚生省の認可を受けていたにもかかわらず、その血液製剤を使用した多くの血友病者がエイズを発症し、当時HIV発症に対して有効な薬剤が開発されていなかったため、HIVに感染した患者の多くが短期間で亡くなっていった薬害事件である。大阪と東京の二カ所でHIVに感染した血友病者たちが原告となり、このような血液製剤の販売を認めた国と、それを販売した製薬会社を訴えた裁判が起こされ、途中から高校生を始め多くの若者を巻き込んだ新しい社会運動が展開された結果、原告に有利な和解が勝ち取られた。

確かに「薬害エイズ事件」をこのようなストーリーに組み立てることには一理ある。なぜなら、一九八四年以降にエイズの発症メカニズムが明らかになったにもかかわらず、有効な手を打つことができなかった国や製薬会社、それに医師たちは、法的・道義的責任を追求されてしかるべきである。ところがその結果として、国、製薬会社そして医師を加害者とし、HIVに感染した血友病者を被害者とする善悪二元論図式が成立してしまう。この勧善懲悪的な解釈図式を背後に背負った「薬害エイズ事件」というストーリーは常識に浸透しやすく、マスコミによる宣伝効果も相まって、現在ではある種のマスター・ナラティヴを構成していると言ってもよい。

ここでこの事件の背景を成す血友病治療の大きな変化について説明しておきたい。血友病者は出血に際して、血液凝固因子を補充する補充療法という治療を受けていた。それは全血輸血の輸注時代（新鮮血液・血漿）を経て、一九六〇年代後半にはコーン分画製剤が治療に用いられ、一九七〇年代になり、血液凝固因子を多く含むクリオプレシピテートが販売されるようになると、輸注に使われる血液製剤はクリオプレシピテートへと切り替わることになる。後に述べる家庭療法が導入される前は、患者は病院に着くまで内出血の激痛に耐え、病院に着いても待たされた末に、ようやく点滴による血液製剤の輸注を受けていたことが報告されている。このような状況において、出血した時、あるいは出血する前に、家庭において自分で血液製剤を輸注した方が、患者のQOLにとってはるかに利便性が高いことは明らかである。血液製剤の輸注を家庭で行う療法のことを家庭療法と呼んだが、最初に使用された血液製剤であるクリオはその後、血液凝固因子をはるかに多く含む濃縮製剤の開発によって、ほとんど取って代わられることになる。

一九七〇年代の終わりから血友病治療に新しく導入された家庭療法（home infusion, home treatment）の普及の意味は強調してもしすぎることがない。というのも、関節症や頭蓋内出血といった血友病の種々の病態によって、これまで日常的な活動を制限され、さらに一般的には「二十歳まで生きられない」と言われていた血友病者が、ほぼ「常人と同じような生活」を望めるような時代が到来したとされるからである。平均寿命の大幅な伸長によって、就職や結婚までも視野に収めた人生の設計図が血友病者のあいだで夢を持って語られる希望の時代である。ところが偶然とはいえ、この家庭療法に使用された濃縮製剤は二千人から二万五千人分の血漿をプールして作られるために、アメリカでの製造過程にたまたま混入していたＨＩＶが、この大いなる希望を一瞬にして悪夢に変えてしまったのである。

それでは、日本のマスメディアはこの事件の何を問題にしてきたのだろうか。政府＝厚生省と製薬会社がまず批判にさらされたが、ここでは医師に対する非難だけに絞ることにする。比較的多くの人々の目にとまり、さまざまな文献においてもよく引用される広河隆一（広河、1995）を取り上げて、医師に対する批判をまとめることにしよう。たとえば、広河は医師の責任を以下のようにまとめている。

専門医の責任

1　輸入血液製剤からのエイズ感染の危険性を軽視し、血友病患者に大量使用を勧めたこと。

2　八四年には、血友病患者を無断で検査し、感染を知ったのに、長く隠しつづけたこと。

3　この検査結果を被害者に告知しなかったため、二次感染防止、治療の機会を失わせしめたこと。

4　自分の病院が供給した製剤の結果生じたエイズ感染者に対しても、治療拒否を行ったこと。そのため手遅れになった人もでたこと。

さらにこれに加えて、刑事告訴され、一審で無罪、二審で心神喪失との判断から途中で取りやめになった安部英の裁判で問題になった論点も付け加えられる。すなわち、血友病専門医の指導者として、非加熱濃縮製剤の継続使用を決定し、不安を抱える患者会に対して、エイズの危険性を過小評価する安全宣言を行ったり、また、加熱製剤を早期に認可する努力を怠ったとされ、アメリカでの開発から二年四カ月も遅れて日本での販売が認可されたことなどが挙げられる。この裁判の争点を種田博之（種田 2005）に従って要約すれば、この第一審は一九八五年五月から六月にかけて関節内出血を起こした、重症血友病A患者に対する安部英被告の部下の医師の非加熱製剤の投与が「血友病患者の治療に当たる同内科医師をして、その出血が生命に対する切迫した危険がないものであるときには外国由来の非加熱製剤の投与を控えさせる措置を講じ」[2]なかったことにあたるのか否か、その業務上過失致死の刑事責任を問うた裁判であった。種田の整理に従えば、「エイズ（ないしＨＩＶ）に対するリスクの認識――「（科学的）予見可能性」――の有無を前提として、医療行為における「結果回避義務違反」があったのかどうなのかが問われたのである（非加熱製剤による治療以外の代替治療――クリオ製剤への転換――の可能性なども争点の一つであった）。そして、周知のように、判決は無罪――「刑事責任があったものとは認められない」[3]というかたちで終わ」った。

ここでは、米国由来の非加熱製剤の安全性が疑われ始めた時に、非加熱濃縮製剤の使用をただちに中止し、それ以前のクリオ製剤による治療法に戻すべきであるという主張が暗になされている。調査者である私たちもこの主張を踏まえて、Ｉｐ氏に質問すると、予想外の答えが返ってくる。

（＊＊は調査者を示す）

Ｉｐ：正直ね、あの関節の痛みを除去する薬で命をとられたとしても、あの痛みに耐えるのとどっちがええっていったら、それはねえ、あの当時、じゃあ我慢したか言われたら、たぶん無理かないう。

＊＊：ただ先ほどの、ＡＨＦ（濃縮製剤開発前のクリオ製剤）で十分だったんですよね。

Ｉｐ：ですからそれがね、その後の高濃縮製剤って、それだけ性能があったにもかかわらず、そこまで劇的に効いたという感覚がなかったんで。

＊＊：そうですよね、だとしたらクリオ、クリオというかＡＨＦのまんまでもよかった？

Ｉｐ：正直、医者次第だったと思うんですよ。今使いよるのはこういう数千人のプール血漿からやっとるから危ない、で、明らかに一〇分の一ぐらいの性能しかないけれども、それを考えたら、あなたの体のこと考えたらこっち、いうか、その時きっと僕は、医師、医師の価値観にまかしとると思うんです。非常にその、世間では非常に危ないって言われてるけど千人に一人ぐらいよ、だけどどうするなんて言われたら、じゃあ大丈夫だったらその性能のええ方使おうかって言うし、医者がやばい、やばい可能性が捨てきれんから昔のクリオに戻しましょうやって言ったら、たぶん医者まかせでいっとったんで、自分で判断しろって言われるのが一番困ったんじゃないかと思うんです、そん時。

このインタビューの抜粋には、マスター・ナラティヴを裏切る語りがいくつも含まれている。まず関節出血の痛みを「我慢」したりそれに「耐える」のと「痛みを除去する薬で命をとられる」のとどちらを選んだかといえば、出血の痛みを我慢する方が無理だという点である。つまり、関節内出血の痛みはそれほど想像を絶する痛みであるということを伝えようとする語りである。もう一点は直接安部裁判に関わるが、このインタビュー抜粋の前に、クリオ製剤であるＡＨＦに転換した時に劇的に効いたということを引き合いに出して、濃縮製剤ではなくクリオ製剤のままでよかったのではないかという裁判の論点を質問している。ところが、これに対しては、「医者まかせで」やってきたので、それは医師の危機に対する説明次第であり、「自分で判断」することは困難であったという点である。Ｉｐ氏の語りからマスター・ナラティヴとは別のオルタナティヴな物語が散見できる。次節で広河の挙げた医師への四つの批判を検討しながら、Ｉｐ氏のライフストーリー・ナラティヴについて詳しく見ていくことにしよう。

血友病でＨＩＶ感染被害に遭ったＩｐ氏のライフストーリー

西日本のある地方都市に生まれ育ったＩｐ氏は一九六三年生まれであり、小学校時代を送る一九七〇年代においてクリオ製剤を使った補充療法を受ける。その後、非加熱濃縮製剤の治療に転換し、それがもとでＨＩＶに感染する。その間、就職と結婚を経験し、薬害エイズ事件の大阪原告団に参加する。現在は、ＨＩＶ陽性者のピアカウンセラーとして活動している。以下の抜粋は、二〇〇五年から二〇〇六年にかけて行われた三回のインタビューを再構成したものである。

（1）関節出血の「地獄の痛み」

まずＩｐ氏にとって「原疾患」は血友病であるということが重要だと思われる。長時間続く血友病の激痛こそ、Ｉｐ氏の病いの経験の中心である。二回目のインタビューの訪問の際に、Ｉｐ氏はもう一度痛みの経験を話したいという。

Ｉｐ：えええええ。今の話とちょっと繋げていきたいと思うんですけど、実は前のインタビューのあとに、どうしても伝えきれてなかったっていう思いがあったのがその、血友病の痛み。

＊＊：ああああ。

Ｉｐ：これがわかってもらえないと、伝わらないのじゃないかと。どんなに薬害エイズとは何だったのかという研究いうか、調査をしても、その時になぜ医師は注射を辞めなかったのか、母親とか患者はどうだったのかっていうような、今なんか質問された製薬会社に対しての恨みとか、厚労省にしてもそうなんですけど。やはりあの痛みを経験して、唯一の治す薬という思いがあって、ですからたとえそのＨＩＶに感染したとはいえ、特に自分の話をすると、ここまであの薬があったから生きてこられたんじゃないか。

＊＊：痛みをもっても

Ｉｐ：ええ。頭蓋内出血もやっとるんで、あの薬がなかったらたぶんそこで命が終わっとるやろうし。とてもやっぱり自転車に乗るとか、そもそもそう、通学、学校通学、今実際こうやって自分が杖もつかずにあるけとるのも製剤のおかげ。車椅子にならない。まがりなりにも一般企業にも就職もできたし、あるいは自動車の運転もできるまで生きれたし、みたいな。

ここで明らかになるのは、Ｉｐ氏の病いの経験が出血の時の激痛にあり、それを一時的に軽減する血液製剤がＩｐ氏の生活と人生にとって非常に大きな意味を持っていたということだ。さらにＩｐ氏は続けて、以下のように語る。

Ｉｐ：だから今度どっかで、自分の闘病記みたいなお話する時に、じゃあどうやって聞いてくれる人たちにあの痛みを想像してもらおうかなって当分考えて。こう、机の角にコーンってひじをぶつけたりしたことって、たぶん誰でもあると思うんです。あ痛っ！　という経験、たぶん一生のうちに何回かあると思うんですけど、ガーンとぶつけて、声も出んいうか涙しか出ないいうような痛み、あれを思い出してもらうのが一番いいかな。で、それが血友病の出血のピークの時の痛みと同じだと思ったら、それをこんなちっちゃな時から、小学生も中学生も高校もずっと出血、あの痛みと闘ってきたというのを具体的にわかりやすく説明しないと、報道とかでされてる、この薬がないと生きていけなかったって言われても、何がしかの薬がないと生きていけない人ってたくさんおると思うんですよ。（後略）

普通の人であれば「一生のうちに何回か」しかないような激痛に頻繁に襲われてきたために、その激痛を軽減する血液製剤は「この薬がないと生きていけない」と実感させるものだったという。フェルドマンの言う「奇跡の第Ⅷ因子製剤」が開発される前に血友病者が闘っていたのは、不意の出血に見舞われた時や、緩慢とした関節の出血の際の、一睡もできないほどの激痛であっただろう。彼らの願いは、とにかくこの激痛から解放されることではなかっただろうか。前章でも引用したが、東京原告団の一人であった草伏村生（草伏 1993、20頁）は「昭和三〇年代の血友病の治療水準」と題してつぎのように語っている。

けれど、一番苦しんだのは、関節内出血だった。膝や足首の関節に出血が起きると、二日前後は内出血が続いた。治療法は、出血した関節を氷で冷やして、痛みと出血による熱感を抑えて、安静を保つことだった。

とはいえ、氷で皮膚が赤くなるほど冷やしても、腫れた関節は痛く、激痛に耐えきれずに泣いていた。

膝に出血が起きると、膝はゴム風船のように腫れあがり、電灯の明かりをてかてかと反射して光っていた。両親は夜も昼も交替で私の足をさすってくれていたが、関節だけでなく、はれた膝の皮膚も破裂しそうで痛くて死んでしまいそうだった。私は「お父さん助けて、お母さん助けて、神様助けて、仏様助けて」と泣きじゃくったが、鎮痛剤を飲むと習慣になって廃人になると父から言われていたので、ひたすら我慢するしかなかった。(4)

Ｉｐ氏の語りにあるように「報道とかでされてる、この薬がないと生きていけなかったって言われても」、常人には想像もできない「地獄の痛み」から救ってくれる薬なのである。それなしで普通に生きることは当人には考えもおよばなかったであろう。マスター・ナラティヴに照らし合わせれば、非加熱濃縮製剤を取るか、それともクリオ製剤を取るかといった単純な二者択一の問題ではなく、「地獄の痛み」をその場で除去してくれるかどうかというせっぱ詰まった緊急の問題なのである。Ip氏は、以下の語りのように、濃縮製剤が開発される前の、点滴で投与されるクリオ製剤の時代にもありがたみを感じたという。

Ip：すごい薄い記憶をたどるとですね、点滴の時にもすごいよく効く薬だなという覚えがあるんです。とにかく子どもの頃、あの痛みは地獄の痛みなんで、で、朝ですね、痛い痛いいうことで親が連れていってくれるんで、点滴が終わるの昼過ぎ。で、下手するとその日の夕方から立って歩くとか、もう翌日には普通に学校に行くとかいうぐらい、たぶんその頃はまだ関節の破壊は進んでなくて、吸収したんじゃないか思うんですけど、あれはすごく覚えはありますね。小さい頃の。かえって注射になって利便性はすごく上がったんですけど。効きはまたすごく上がったとか、それこそ後に高濃縮製剤になった時にこれはすごいなあいう思いは、その時に比べたら僕はないんです。

＊＊：ああそうですか、じゃあそのときの転換が一番。

Ip：小さい時のあの一晩寝たらころっと治るという経験がやっぱり強かったですね。それからあとはあんまりこう、確かに効きますよ。ただ小さい時の何事もなかったかのような治り方は。

(2) 血友病治療史の概略とIp氏の血友病治療の実際

上で引用した語りの文脈を理解するために、点滴に用いられていた血液製剤と高濃縮製剤として言及されている血液製剤について補足が必要になる。この時代の血友病治療の状況については、種田博之(種田 2007)が詳しいが、日本での製剤の発売時期をもとに推測すると、一九六〇年代はクリオプレシピテートの輸注による、いわゆる「クリオ製剤」が中心に使われていた。これを点滴で輸注する製品は、一九六七年に旧ミドリ十字から発売されたコーン分画製剤であるAHGであり、点滴時間も長くかかったようだ。Ip氏の語りに出てくる点滴とは、おそらくAHGのことを指していると思われる。その後、同じ旧ミドリ十字から、乾燥クリオプレシピテート製剤であるAHFが一九七〇年に販売される。これは点滴による輸注の他に、製剤を溶かして注射器で輸注した。欧米では、一部家庭療法に導入されることもあったという。この語りからは明確に特定できないが、おそらく注射に変わった直後はAHFが使われ、その後、非加熱の高単位濃縮製剤がそれに代わって使われるようになったのではないかと推測される。H氏によれば、注射に代わったのは小学校の高学年くらいではないかという。大学病院での治療の実際については次の語りがある。

Ｉｐ：まあ私たちのこの県でも一番西にある市に住んどるんですけど、小さい時には血友病の薬は大学病院でしか、みたいな感じだったわけです。あの、足首とか出血とかして電車でいって、体が大きくなってくると重いんでタクシーとかで行って。

（中略）

Ｉｐ：なんせ交通渋滞がすごかったんで。とにかくお金もかかるし処置は遅れるし、病院に行くとまたさらに何時間も待たされる。行ったら行ったで今度インターンが来て、待たされた上に、今度インターンがやるものですから（注射針が）入らないんですよ。

＊＊：下手なわけですよね。

Ｉｐ：ええ、二〇回も三〇回も失敗されることはざらで

＊＊：ひどい……。小学生だから、高学年ぐらいですか？

Ｉｐ：そうですね、ええ。

ここでは、「地獄の痛み」をこらえながら、大学病院の待合室で何時間も待たされたあと、血友病の専門医ではなく、たまたまその場に居合わせた「インターン」や研修医がＡＨＦを注射を使って輸注するが、常識では考えられないほど何度も失敗したことが語られる。もちろん研修医であるから、注射に失敗するのはめずらしいことではなかっただろう。だが、この大学病院の治療体制を

Ｉｐ氏の語りに即して評価すれば、けっして満足のいく治療の状態ではなかったようだ。実際、Ｉｐ氏の主治医を後に一時期担当することになるＧｄ医師は当時の状況を以下のように語る。この医師は当時白血病を専門に診る医師であったという。(5)

Ｇｄ：今でも白血病って、本当に大変な病気です。で、だけどものすごいパターナリズムです。もう患者さんを完全に自分たちの支配下にコントロールして、「入院しないといけない」「えっ」。で、「ここに入っとけ」って。ねえ、無菌室に入れて、で、あの、「お薬と注射やります」。すると髪の毛がばーと抜けちゃってね。ひどいことですよ。大体平均ね、体重がね二割減るんですもん。へえ、すごいなぁっていう病気ですけどねえ。で、その頃に、そのときですとか、すっと帰る患者がいるんですよ（＊＊：うんうん）。で、カルテ見ると、いろんなお医者さんが来てて、あの、膝が痛い、あのう、あの頃だったら「ＡＨＦ、一本」みたいなね（＊＊：ふんふん）。これが良くなったのが悪くなったのか、誰も、誰も何も責任持ってない。患者さんも自分のことを良く知らない。これはいかんと思ったんです、ええ。だから、あのう、一人の患者さんの始まりから終わりまで一人の医者が見ることはない病気なんです、血友病は。（後略）

すでに紹介したＩｐ氏の語りにもあるように、彼はＡＨＧもしくはＡＨＦの点滴治療については、その激痛を緩和する効果に非常に満足していたようだが、治療の実際はと言えば、点滴による輸注の場合には、長時間を要する輸注であったために、腕を一定の位置に固定しておくだけでしびれがくるので、「マッサージみたいなこととしてないとだるくて」といった非常につらいものであったようだ。その後注射による輸注に転換した時も、Ｇｄ医師の語りのように、この大学病院では血友病治療を専門とする医師はおらず、個々の患者に対して「誰も何も責任もってない」状態であり、一人の患者に対する担当医もいないので、場当たり的に研修医が何度も失敗しながらＡＨＦの輸注をするような状況が展開していたのだろう。ところがそれでも、点滴から注射への転換は、Ｉｐ氏にとってはこれまでの長時間にわたる我慢を取り去る大きな福音であった。Ｉｐ氏は点滴から注射への転換を「すごいうれしかった」と語る。

（前略）

Ｉｐ：クリオの間はずっと大学病院で。で、高濃縮製剤になって点滴から注射に変わったもので、突然行ったら今回から注射になったっていう話で。で、いつもは処置室いうんですか、ベッドのあるところで。それもポツーンと研究室の跡地みたいな所で、一個だけベッドがあるようなところで、一時間から二時間かけて点滴を。それで今日から注射じゃけ、こっち、普通の採血するようなところ。うれしかったですねー。すごいうれしかったですね。

＊＊：それまでずっと点滴で、何時間も。

Ｉｐ：普通でいけるのか、これって。
＊＊：何時間ぐらいかかるんですかね、クリオって。
Ｉｐ：クリオ、確か一本で四五分ぐらいだったと思うんで、それを二本やったような気がするんで、一時間半から二時間。
＊＊：ああ、二時間。いろいろ取り替えたりしないとだめですもんね。
＊＊：それが注射ですむようになって。
Ｉｐ：手のひらであったり、ここ(腕)であってもずうっとこうやって(腕を固定されて)。ずっとマッサージみたいなことしてないとだるくて。
＊＊：しびれてきますね。

（３）ＨＩＶ感染の時期——大学病院から近くの病院への転院

注射による血液製剤の輸注ができるようになったので、自宅の近くの病院に転院することが可能になり、長時間かけて通院しなくてもよくなったという。Ｉｐ氏が転院した時、母親とともに尊敬すべき医師に出会うことになる。医療技術に優れ、忙しい時にいやな顔ひとつ見せないこの医師は、Ｉｐ氏も母親も完全に信頼を寄せるのに十分であった。以下の語りは、一回で注射に成功したこの医師の技術の高さを目の当たりにして、Ｉｐ氏も母親も感服することになる場面の描写である。

Ｉｐ：ええ。もともと痛いから行っとるんで、もともと痛いところは痛いし。で、その処置室みたいなところで、今回から注射になったからって。注射も結構大きいんですけど、でも五分か一〇分じゃないですか。それは一時間半と比べたら。（＊＊：確かに）で、もっとうれしかったのは結局、注射になってからここまで来なくても、近くの病院でできるからということで、近くの病院どこかっていったら、そこに紹介状書くから、今度そっちに行って。二重にうれしかったですね、遠くまで行かなくていいというのもあり。

＊＊：タクシー代も相当のものですからね。

Ｉｐ：で、なおかつそこの小児科に行くとそこのお医者さんが一発で入れるんですよ、注射。今までは今日は五回ですんだと言われるような所でしたから。五回ですんだら相当少なかったぐらいですから。

これまでの大学病院での治療を当然のこととしてきたＩｐ氏と家族にとって、この医師の診察はどれほど新鮮に映っただろうか。激痛をこらえながら、長時間待たされたあげく、自分の血友病のことにほとんど医療的な関心を持たない研修医が場当たり的な対応をする。しかも、研修医なので注射に何度も失敗する。Ｉｐ氏と家族はこうした状況に対して不平も言えない。それは以下の語りに出てくるように、「公務員みたいな感じ」の医師たちの対応に見えただろう。

（ ）内の数字は沈黙の秒数を示す）

Ip：で、大学病院のお医者さんがどちらかと言うたら、あの、あの、役所、役所言うか、役人言うか、いかにも公務員みたいな感じのイメージ、言ったら、一番近いかな。（2）だけど、なんかこう、さっきの話じゃないですけど、何十発も失敗しよったのが、その先生が一発で打って、で、母親とぼく二人で、ほんまに声をそろえて、「あ、一発で入った」とか言って「すげえよ、これ」（笑い）。

＊＊：笑い。

Ip：ほんで、その先生がきょとんとしておって「え、この、この血管によう入れんの」言うて「大学病院は」言うたら、「いやもう、十発はふつうですよ」言うたら、「医者やめたほうがええわ、それは」「こんだけ血管出とって、それはずすようやったら、医者やめたほうがいい」とか言う。で、よく覚えてないですけど、「自分もそんなに、血友病が詳しいわけじゃないけど、勉強して一緒にやろう」みたいな話があったしね。で、なんですか。そうですね。あとはまあ、一生懸命すごい診てくれたいう思いが自分もそうだし、もっと強いのは、母親やないかと思うんですよ。

血友病に対する治療体制の整っていない大学病院からこの医師のもとに転院したことは、Ｉｐ氏と家族にとっては、治療環境の劇的な変化であったと思われる。担当医がつかず「誰も何も責任持ってない」状況と比較して、「自分もそんなに、血友病が詳しいわけじゃないけど、勉強して一緒にやろう」という医師の誠実で責任ある対応は、経験を積んだ注射の技術にも増して、大きな安心感を与えるものであったことは想像に難くない。

その後、血液凝固因子を高単位で濃縮した非加熱の血液製剤が開発され、日本では一九七八年末に販売が開始される。これはＩｐ氏が自宅近くの病院に通院していた時期にあたる。Ｉｐ氏は濃縮製剤の危険性を認識していたかという私たちの質問に以下のように答える。

Ｉｐ：う〜ん。どうなんですかね、あの、自分はどちらかと言えばあまり興味がないというのがあって、血友病自体。で、母親の話ではですね、高濃縮製剤のころの話だと思うんですけど、新型の薬が出るから今度はすごいたくさんの人の血から集めて、性能が何十倍も上がるという時に当時その珍しく生き残った老年の患者さんが友の会の中におって、当時、もしかしたら五〇代か六〇代の人が、とにかく、血清肝炎は大丈夫かって、すごいしつこく聞いちょったんですよ。肝炎は大丈夫かって、肝炎は大丈夫かっていって。で、それ以外にもなんか、いろんな人の血を集めて大丈夫なんかということをしきりに気にしちょったけどもこんなことになったね、って言って後になって思い出すように母親が言ったんで。

確かに「友の会」では、新しい血液製剤の導入に伴う肝炎の感染に対して、何らかの危機意識があったようだ。ところがIp氏本人は「自分はどちらかと言えばあまり興味がない」状態だったという。最初に紹介した語りをもう一度取り上げると、血液製剤は言語を絶する痛みを軽減する必須のものとしての意味の方が大きかった。

Ip：正直ね、あの関節の痛みを除去する薬で命をとられたとしても、あの痛みに耐えるのとどっちがええっていったら、それはねえ、あの当時、じゃあ我慢したか言われたら、たぶん無理かないう。

＊＊：ただ先ほどの、AHFで十分だったんですよね。

Ip：ですからそれがね、その後の高濃縮製剤って、それだけ性能があったにもかかわらず、そこまで劇的に効いたという感覚がなかったんで。

＊＊：そうですよね、だとしたらクリオ、クリオというかAHFのまんまでもよかった？

Ip：正直、医者次第だったと思うんですよ。今使いよるのはこういう数千人のプール血漿からやっとるから危ない、で、明らかに一〇分の一ぐらいの性能しかないけれども、それを考えたら、あなたの体のこと考えたらこっち、いうか、その時きっと僕は、医師、医師の価値観にまかしとると思うんです。非常にその、世間では非常に危ないって言われてるけど千人に一人ぐらいよ、だけどどうするなんて言われたら、じゃあ大丈夫だったらその性能のええ方使おうかって言うし、医者がやばい、やばい可能性が捨てきれんから昔のクリオに戻しましょうやって言ったら、たぶん医者まかせでいっとったんで、自分で判断しろって言われるのが一番困ったんじゃないかと思うんです、そん時。

Ｉｐ氏のこの語りは、薬害エイズ問題をめぐるマスター・ナラティヴと大きく食い違う。裁判の争点の一つは、血友病の激痛を緩和させる目的であれば、非加熱濃縮製剤が米国から輸入される以前のクリオ製剤で十分だったのではないかという点であった。ところが、Ｉｐ氏にとって緊急の問題は「関節の痛みの除去」であり、どの薬がそれに使われるのかという問題は二の次だと語る。ここでは、裁判の争点や研究者の構えとは関係なく、むしろそれらとは独立して、Ｉｐ氏にとっての血液製剤の意味が「地獄の痛み」という激痛の緩和にあったことを雄弁に物語っていると言えよう。つまり、Ｉｐ氏の生きられた経験からすれば、マスコミをにぎわせた裁判の争点はむしろそれほど意味を持たず、彼の生きている世界、つまり生活世界に関連性（レリヴァンス）を持っていなかったと解釈できる[6]。

私たちが繰り返す「問い」に急かされて、Ｉｐ氏は「その時きっと僕は、医師の価値観にまかしとる」と答える。ここで表現される「たぶん医者まかせでいっとったんで、自分で判断しろって言われるのが一番困ったんじゃないか」という語りは、字義通りに取れば、すべてを医師にまかせる依存的な立場にとれる。しかし、Ｉｐ氏の「病いの経験」が激痛からの解放により強く志向していたことを考えれば、ある程度、理解が可能である。つまり、いま使っている血液製剤が危険かどうかは、患者であるＩｐ氏自身にとっては関心度の順位からすれば、痛みの軽減よりも低いものにとどまるだろう。しかし信頼できる医師の影響ともあいまって、以下の語りにもある「神様のような医師」が、もし血液製剤の変更を申し出れば、その申し出に従っていたことは十分予想できることなのである。この点は、インフォームドコンセントという患者の権利に関する現代の物語・言説群に属するというよりはむしろ、Ｉｐ氏の生活世界に即して理解すべき事柄であると思われる。

Ｉｐ：（中略）けっきょく関連して、医者に対して、神様とまでは言わないんですけど、どれだけ、注射を打ってくれるお医者さんに対しての信頼度いうか、何て言ったらいいんですかね、頼ってしまうとか、その、救世主言うたら言い過ぎかもわからんですけどね。ほかの、ふつうの人がその、たまに風邪をひいたりとか、いうだけでおつきあいをする医者と患者の関係とは、はるかに違う関係のなかで生きてきとるのを、まず、薬害エイズとかそういったことを伝えていくときには、そういうの、バックボーン言うんですかね。

ところが実際には、この医師は実家の診療所を継ぐために、この病院を去り、いったいどの医師がＡＨＦから非加熱製剤に転換したのかわからないという。その意味ではＩｐ氏の言うように大学病院から転院してからは、信頼できる医師に出会い、ある意味で「医者まかせ」の状態が続いていたのかもしれない。

ここで広河の批判の第一点、つまり1の「輸入血液製剤からのエイズ感染の危険性を軽視し、血友病患者に大量使用を勧めたこと」はＩｐ氏のケースにあてはまるだろうか。そもそもどの医師が非加熱濃縮製剤に転換したのかわからない以上、なんらかの推測をすることもできないが、医療体制の整わない大学病院から熱心な担当医のいる病院に移ったことの意味の方が、どの血液製剤を使うかということよりも大きかったということは最低限言えるだろう。広河の批判が暗に想定している悪意に満ちた不道徳な医師を想定することは、この文脈から大きくはずれていると言わなければならない。[7]

（４）大学病院への再通院とＨＩＶ感染の通知

Ｉｐ氏は濃縮製剤の自己注射を学んだり、関節の手術などをしてもらうために、再度、大学病院に通院するようになる。その間、血友病治療体制の惨状に気づいていたＧｄ医師は、患者のベッドサイドで血友病という病いの経験を聞き、アメリカの教科書を頼りに独自の研究を続け、この体制改善に非常な努力を払っていった結果、この地域で第二次友の会を立ち上げるようにまでなっていた。Ｉｐ氏はそこで、後に一時的に主治医になるＧｄ医師と出会い、彼からＨＩＶの抗体検査を受けるように勧められ、検査を受けるが、その結果Ｉｐ氏の表現によれば一度「嘘の告知」を受けることになる。

Ｉｐ：あの、実はそれ、話がだいぶ飛んだりするんですけど、だいぶ後だと思うんですけどね、一回、Ｇｄ医師から「あなたも知っとると思うけれども、血友病に使う薬でＨＩ……エイズいうものの危険性があるからいうことで、検査がしたいんだけど、勝手に検査するわけにはいかないから、同意がいるんだけど、やらしてもらえんじゃろうか」という感じで話があったんですね。それで、「かまわんですよ、どうせ大丈夫、やってください、やってください」って言って何の根拠もなくやって、で、一カ月か、その頃って三カ月ぐらいいっぺんぐらいしか病院に行ってなかった、で三カ月後か半年後か知らんけど行って、「あ、こないだの検査の結果ね、陰性じゃったから」って。「ああやっぱりね。全然気にしてなかったですから。罹るはずがない思っとったんで」って言って、嘘の告知が一回あったんですよ。僕に対しては。

Ｇｄ医師は医師としての長いキャリアのスタート時点から、患者さんの身体は患者さんのものというポリシーを持ち、医学的検査を行う場合には、その検査について当該患者の許可を得るようにし、検査結果は必ず患者に通知するという手続きを実践していたという。少なくとも一九七〇年代から一九八〇年代の半ばにおいては、患者に断らずに検査したり、検査結果を秘匿したりすることは医療者の慣行であったと思われるために、Ｇｄ医師の実践は、ある意味で患者サイドに立った非常にユニークな実践であったことがわかる。Ｇｄ医師のこのポリシーに従えば、「かってに検査するわけにはいかない」という語りはそれにうまく当てはまる。またＧｄ医師はこの時、検査結果を患者に通知するという原則を守っているようにも見える。ところが、「陰性」という検査結果は、Ｉｐ氏によれば「嘘」だったという。なぜＩｐ氏がそれを「嘘の告知」と捉えたのだろうか。それは次の語りに表れている。

Ｉｐ：その嘘の告知からどれぐらいたったかな、一年か一年半か二年かいうぐらいで、入院したんですね、股関節に大きい出血をして。それで見舞いにうちの奥さんが、当時付き合い始めてたばっかりの彼女が会社休んで、一日（病室に）おったんですよ。ずっと。それでＧｄ先生が当時主治医で、昼過ぎぐらいに僕の様子を見に来た、女の子が横におる、それで夕方ぐらいになって来てもまだおるいう具合で、それで夜になって「ええかね、ちょっと話があるんやけど」って、リネン室いうか行って「実はね、エイズいう病気を知っとるか？」いう話して「ええ、知ってますけど」言うて「実は陽性なんじゃ」って。で、その時に、Ｇｄ先生が言うには「あの当時陽性だというのはわかっておったんだけど、治療法もないし、あなたの場合は当時その話で「彼女はできたか？」（って先生が聞いて）「そんなもんはおらん、結婚するつもりもないしって」言って」。で、先生なりに気を遣って。

＊＊：で、陰性と。

Ｉｐ：ですけど、「今日そうやって見ておったら、あなたも年頃だし、ああやって彼女とそういうことになった時に感染、うつす可能性があるんで、これは黙っておれん思って」って感じで。

このＩｐ氏の語りにはＧｄ医師がなぜ本当の通知を避けたかという理由も述べられている。Ｇｄ医師の取った行動を広河の批判の2と3の点と照合してみよう。つまり2「八四年には、血友病患者を無断で検査し、感染を知ったのに、長く隠しつづけたこと」。3「この検査結果を被害者に告知しなかったため、二次感染防止、治療の機会を失わせしめたこと」である。このどちらの批判もそのままぴったりとＧｄ医師の行動にあてはまらない。例えば第2点について「無断で検査」したのではなく、患者から許可を得て検査した。ところが、検査結果のＨＩＶ感染を隠した点については、表面的にこの批判に当てはまるように思われる。また第3点についても、陽性という結果を隠していたが、性感染の危険性に気づいてあわてて知らせているようにも見える。このようなＧｄ医師の振る舞いをどのように理解すればいいだろうか(8)。

横田（横田 2007）によれば、一九八八年秋から連続して開催される「箱根ワークショップ」までは、血友病治療に携わる医師のあいだで、性感染のおそれがない場合は、ＨＩＶ感染について患者に知らせないという原則があったという。しかしこれがすべての血友病を治療する医師のあいだで、ある種のコンセンサスとして確立されていたかどうかはわからない。この原則がどのような文脈において医師たちに支持されていたのかは、「箱根ワークショップ」の第一回目の医師の挨拶を見れば、ある程度理解される。「皆さんご存じのように、日本の血友病患者さんの三八・八％の方はＨＩＶ抗体陽性なわけですが、その大部分の方は、主治医から、ＨＩＶ抗体検査の結果を教えてもらっていません。そこで、全員の方に、「陽性と思って、行動してください」とお願いし、同様に、病院の職員に対しても、「全員陽性と思って対応してください」とお願いしている現実があります。この患者さん方に検査結果をお教えしようとした場合、何の support 支援も無しに、悪い結果をお教えするのは、余りにもお気の毒である、カウンセリングがその助けになるのではないかと考えたわけであります」（長尾 1989、4頁）。

Ｉｐ氏の語りに従えば、Ｇｄ医師もこの当時のある種のコンセンサスに従って、Ｉｐ氏に性感染のおそれがでてきて初めて陽性を知らせているように見える。つまり、Ｇｄ医師が交際相手の有無をＩｐ氏に聞いて、相手がいないことを知ると「治療法もないし」、「Ｇｄ医師なりに気を遣って」陰性と通知したという点がそれである。ところが他の類似した例を参照すれば、直前の長尾医師の語りに出てくるように、血友病患者「全員の方に、陽性と思って対応してください」と言ったり、あるいは、特定の患者個人に知らせるのではなく、通院患者全体の何割が感染しているというように、一般的なかたちで不特定多数に知らせることが多く見られたようだ。当然ながら、こうした曖昧な方法は、かえって患者間に不安を引き起こす場合もあったという。

こうした当時の状況を考慮に入れれば、Ｇｄ医師のＩｐ氏への通知方法は、患者と一対一の関係において知らせており、しかも、前言を翻して陽性を通知していることがわかる。こうした例は、公表された医師の語りから見る限り、全体の中ではまれである。確かにＩｐ氏にとってＧｄ医師の通知の仕方は「嘘の告知」と受け取られた。しかしながら、Ｇｄ医師の通知方法は感染の有無を通知せず、通知する場合には不特定多数に行うという一般的な対応とは異なっていることも明らかである。その背景には、Ｇｄ医師のポリシーがあっただけではなく、Ｉｐ氏が別なところで語っているように、ＨＩＶ感染者の免疫力を示すＣＤ４の値が比較的高いままで維持されていたこともあったと考えられる。よって、広河の二つの批判は、あまりにも単純化した医師イメージに基づいていると結論できるだろう。むしろ、具体的な医師と患者の関係の中では、Ｉｐ氏のような場合もあっただろうし、別の場合には、さらに多様な通知がなされていたことを推測させる。

（5）ＨＩＶ感染を知らされた時の心理状態

それでは、Ｉｐ氏が感染を知らされた時、どのような心理状態になったのだろうか。次の語りを見ていこう。

＊＊：その時ショックでしたかねえ。

Ｉｐ：それがですね、いまだに不思議なんですけどね、ショックじゃなかったとは言いませんけど、よく言われる、目の前が真っ白になったとか。

＊＊：いろいろありますよね、他にも。

Ｉｐ：ええ、ひどく落ち込むとか、ああいうことはなかったんですよ。ちょっとやばい病気にもう一つ罹ってもうたかないうぐらい。思いが、だったと思うんです。だからその時点で取り乱すとか、涙を流して大泣きするとか全然なくて、自分でもよく覚えてるのが「先生大丈夫です、僕死なんから」ってはっきり言いましたから。

ここでＨＩＶ陽性を知らされた時のＩｐ氏の反応が、それほどショックではなかったことに注意したい。それはＩｐ氏がすでに血友病という「病いの経験」を小さい頃からしてきたために、その経験の意味の大きさによってＨＩＶ感染の意味が相殺されてしまったと考えられる。つまり、もとからの持病である血友病に加えて、「ちょっとやばい病気にもう一つ罹って」しまったというように、Ｈ氏にとってＨＩＶ感染は「もう一つ」のやばい病気にすぎないと感じられた。この語りにも「原疾患」としての血友病の方が、新しいＨＩＶという疾病よりも、Ｉｐ氏にとって大きな意味を持っていることがわかるだろう。(9)

ところが現実には、股関節出血の治療の入院の時に、あまりに欠勤が多かったので、Ｉｐ氏は勤め先を首になる。この職場は、Ｉｐ氏が血友病であることを理解して受け入れてくれていた職場であった。その後、Ｉｐ氏は家に帰って親にＨＩＶ感染のことを告げることになる。

＊＊：親には言わなかったんですか。

Ｉｐ：いや、言いました。あのー、首になって、家帰って、あのー、ご飯、ですかね。ご飯、晩ご飯食べるとき、会社首になったけーとか言って。で、もういっこあの、例の、あの、まあ先生に前聞いても、なんか「どうやこうや、あの、感染しとったわ」。「えーっ」て。母親もとにかく「えー」って。で、父親は「しゃーない」。あの「死にゃせん。死にゃせん」言うて、それぱっかり。

＊＊：ふーん。

Ｉｐ：そやけ、あの「お、医者から聞いたんやけど、とにかく、あの、刃物を共用するなとか、歯磨きとか。で、血のついたものはなんか、あのー、漂白剤でどうにかなるとか言ってたけど。どっちゃにしても、一緒に洗濯機で洗うなよ」とか言いうような話をして。

＊＊：ふーん。

Ｉｐ：で、当分やっぱり、その、母親とか「へー」とか言うような感じだった。「心配しんさんな」言うて。あの「仮にそうじゃったとしても、もう二十歳まで生きられんって言いよったじゃろう。血友病やけー。はあ、ここまで生きれたんじゃし、あの、わしもあれだけ小さいときから車が好きじゃって、で、人並みに就職もして、自分で稼いで車買って、で、あちこちドライブ行ったりなんかしとるけー。もう、いままで、なにやんか、自分がしたかったことみたいなこと、だいたいもうやってきとるけー。はあ、もうしょうがない、運命やし。そんなにあれせんでも（笑い）」って言うて。

Ｉｐ氏は帰宅して家族に感染を知らせる時に、血友病者は二十歳までしか生きられないと周囲から聞かされてきたことを引き合いに出して、そうした一般的通念にもかかわらず、就職を果たし、好きな車も購入できたと語っている。普通であればＨＩＶ感染は、家族にとってストレートに悲劇として受け止められた可能性があるのに対して、「二十歳まで生きられん」血友病の「病いの経験」を引き合いにだすことによって、それが新たな悲劇に対する一種の緩衝剤となっていると考えられる。

この「血友病者は二十歳までしか生きられない」という考え方は、就職だけでなく結婚という人生プランにも大きな影響を及ぼしている。例えば、Ｉｐ氏は以下のように「命を簡単に落とすような病気を持って」いるために、結婚はできないと思っていたという。

Ｉｐ：結婚はもう血友病でできないと思っとったんで。仮にうまいことといったと、うまいことというか付き合いが進んで、親のところに結婚させてください言うて「そんな体の弱い男のところに嫁にやれるか」っていうて言われるのが目に見えてるなって思ってたし、自分も

ＨＩＶに罹る前からなんかあったら、命を簡単に落とすような病気を持っておってなんで所帯というか人を不幸にさせたりするんで、そんな無責任なことができるかいうみたいなこともあって、一生独りでいうか。そのうち、親が亡くなった後どうやって生活していくのかということは全く考えずに、とにかく。

この語りには、血友病者である自分がいつ「命を簡単に落とす」かもしれないので、相手を不幸にする可能性があるから、結婚という無責任なことはできないという考え方が表現されている。つまりＩｐ氏にとって、血友病者であるということは、結婚をあきらめるということとほぼ等価であったと考えられる。ところが、実際にはＩｐ氏は結婚している。われわれ調査者がその理由を聞くと、以下の語りのように、医師に強く勧められたことがわかった。

＊＊：ふーん。やっぱり結婚に踏み切った理由っていうのは。
Ｉｐ：まあ、あのー、よそであんまり言ってないんですけど、医者に背中を押されたのがひとつ大きいですね。

（中略）

Ｉｐ：それからまあ、あの、結婚する気もないのに、なんかこう、女友達のつもりで、たまに顔、たまに一緒に飯でも食うかみたいな感じの。けど、そうしよる最中に先生がやってきて「彼女できたか」言うて。そこでまあ正直に「実は前つきあってた彼女で」、「結婚、結婚しちゃえ」みたいな感じで、「しちゃえよ」みたいな。「いやですよ、そんなこと」とか言って「どうせ死ぬのに。不幸せにするのに」みたいな感じやったんですよ。「本人の意志、本人に聞いたんか、それは」みたいな。「聞かれるわけないじゃない」。で、「聞いてみたらどうや」みたいな。せっかくね、なんかこう、女友達みたいなかたちでつきあい始めたのに、実はエイズなんじゃみたいなこと言いでもしたら（笑い）。でも、まあ、結局そう、女友達とはいえ、また、あの、だんだんこう、二人ともこう、距離が、友だちから少しずつ距離が縮まってくるのがあったんで。またずるずるいくかもわからん。確かに、これは、あの、ここで言うて、ほんまに今度こそ最後に。あの、継続してつきあうことになると思うてなかったです。それぐらい、もう、自己評価低かったから。もう、エイズの自分と血友病の自分いうのが、とにかく結婚に値するような人間ではないみたいな。

この語りにおけるＩｐ氏の結婚に対する考え方は、「エイズの自分と血友病の自分」が「結婚に値するような人間ではない」という低い自己評価を基にしている。結婚すると「どうせ死ぬのに。不幸せにするのに」という語りは、Ｉｐ氏がＨＩＶ感染を知らされた時から変化していないと思われる。しかしながら、感染を知らせたＧｄ医師は、今度は、積極的にＩｐ氏の低い自己評価に働きかけながら、結婚を勧めるのである。

Ｉｐ氏は、もし直接本人から彼女にＨＩＶ感染のことを告げた場合、彼女を抜き差しならない状況に置くことになるかもしれないと、彼女のことを気遣って、Ｇｄ医師がＨ氏本人にかわって説明することになる。ここで彼女が別れたいというのなら、そのまま病院を去り、その場に帰ってきたＩｐ氏が事態を悟ることになっていた。ところが実際には、彼女はそこでＩｐ氏をずっと待っていたという。Ｉｐ氏は彼女との結婚後、Ｉｐ氏の言によれば、遺族のお父さんに集会に誘われた「なりゆき」から裁判闘争に関わっていくことになる。

(6) ＨＩＶ感染後の表現できない「寂寥感」

これまでは結婚に至るまでの紆余曲折についてＩｐ氏の語りを再構成してきたが、ＨＩＶ感染がわかってからの孤独感や寂寥感は言語を絶するものであったという。調査者がそれは「孤独感」と表現していいものですかと聞くと、それは違うと否定される。

Ｉｐ：ほんとに、なんか、あの、言葉が軽い言うたら、言い方悪いかもしれないですけど。孤独いう、なんかすごい使い古されたような、ポピュラーな表現じゃないですか。

＊＊：ああ、はいはいはい。

Ｉｐ：なんか、そういう、ポピュラーな表現……

＊＊：では言い切れない。
Ｉｐ：言い切れない、そんな感じで。もっとも、こう的確に、あのとき、どういう感じだったかなぁ、ああ、でもやっぱりひとりぼっちかな、いうたら。そうやって、遊びに来るような友達とかも、程なく結婚しますし、で、その前後すごい続いたんですよね。で、自分はもうＨＩＶに感染しとるし。あともう二三、四歳は治療薬もほとんどないし。まあ、三〇才までには恐らく死んでしまうだろうとかという思いがあって。で、すごく仲の良い友達なんですけど、その、いまだにその感染しとることは言ってませんし、これから先も、別に言っていくつもりはないんですけどね。すごく、なんか、思ったのは、あの、やっぱり、あの、避けて、その頃のことを思い出すのを避けとったわけではないですけどね。なんか、ふとこう、思い出すと、案外やっぱりそれなりに、あの、寂しい思いをしてきた期間だなぁいうのをちょうど思い返しました。その経過をこう説明すると、なんか、発病もしていませんし、あの、悪くなる前に薬がどんどんどんどん新しくできて、で、あの、副作用でこう苦しい思いみたいなのをしていなかったりして、なんかすごく、こう、たんたんとここまで来たかなという思いだったんですけど。このあいだみたいに、その細かなところをね、思い出したりして。当時、身の置き場がない感じがすごいあって、もう、訳もなく車に乗ってドライブに出てみたりとか。ただ、家で自分の将来について考えて涙を流すようなことは全然なかったんですけど。なにか、こう、ほんとに、こう説明しにくい感覚なんですけ

ど、もっていき場のない、なんか、思いみたいなのがあって。家におると、こう気分が滅入るから外に出て、外に出ても、でも別に、あの、さっき申したように、友達のところへ行っても、あの、彼女がおったりとか、もう結婚しとったりとか、早けりゃ、もう子どももおったりして。遊びに行くのもちょっと、こう、気兼ね、なんで。

＊＊：結局ひとりで。

Ｉｐ：ひとりで、こうなんか暇つぶしみたいな。パチンコとかそういうのいっさいしないんで。ええ。

＊＊：あれですかね、その友達と同じ人生は自分には送れないみたいな。

Ｉｐ：そうですね。

ＨＩＶに感染し、それほど長くなく自分の人生が終わるということを予見した時に、他の人たちは結婚したり、子どもができたりという普通の人生を送っているのに、自分だけが普通の人生から切り離されているという孤独感や寂寥感が募っていく。それは次のようにも語られる。

Ｉｐ：で、さっきの一人ぼっち感っていうのも、具体的になんか、自分は周りから取り残されてるというか、周りは普通で自分だけが別世界というか別のところで。その当時そんなことは思ってはなかったですけど、周りの人は外でこう、何がしか活動しとって、自分だけはその、薄暗い小屋の片隅で誰にも見つからないように生きていくみたいな、そんな感覚に近い、一人ぼっちだな、みたいな。

確かに「原疾患」の血友病の病いの経験があったために、HIV感染という事実は通常よりは緩和されて受け止められたかもしれない。しかしながら、Ip氏が感染の事実を知らされた当時、HIVに対する特効薬も発明されないまま、自分の人生の最後だけが予見されるとすれば、それは筆舌につくしがたい「孤独感」や「寂寥感」を生み出していったのだろう。

まとめ

Ip氏においては、血友病という病気の「地獄の苦しみ」によって、HIV感染の衝撃は弱められるほどであったということがわかる。H氏が成長するまでのあいだの血友病治療の進展によって、「二十歳までしか生きられない」という当時の血友病に関する通念にもかかわらず、Ip氏は就職し、子どもの頃から好きだった自動車も手に入れてドライブを楽しむようになる。ところが、この血友病という「病いの経験」から由来する自己評価の低さは、「自分は結婚に値しない」という考え方を生み出し、結婚の決断においてはマイナスに働いていく。しかし、たまたま出会ったGd医師の血友病者の結婚を応援する積極的な働きかけによって、結婚することになる。

ここで血友病の治療という側面にもどれば、子どもの頃に大学病院へ通院していた時には、Ｇｄ医師の語るように、場当たり的な処置しか受けてこなかったＩｐ氏は、クリオ製剤であるＡＨＦの注射による輸注に転換することで、自宅近くの病院で受診できるようになる。

Ｉｐ氏と家族はそこで初めて「最初から最後まで」責任を持って患者を診てくれるＯ医師に出会い、治療環境の劇的な改善を見る。この時「地獄の痛み」を一時的に軽減してくれるクリオ製剤や、それを処方する医師に対して「神様」のような尊敬を抱いたという。そこで使用される製剤の危険性については、「地獄の痛み」に比較すれば、痛みに苦しむ患者であるＩｐ氏にとって、ほとんど関係のない問題だったという。その後、自己注射の説明を受けたり、股関節の出血などで再度大学病院に通うようになり、そこでＧｄ医師に出会う。

Ｈ氏はＧｄ医師の大学病院とは別の病院で感染していたが、Ｇｄ医師は最初性感染のおそれがないとわかると、Ｉｐ氏の語りにあるように「嘘の告知」をする。ところが、Ｉｐ氏とつきあっている彼女がいることを知って、前言を翻し陽性であると知らせる。ＨＩＶ陽性についてＩｐ氏に知らせる方法について、Ｇｄ医師の方法が本人に知らせるという意味で個別的であること、さらには、Ｉｐ氏から検査の許可を取り、検査結果については、確かに実際と違ってはいたが、状況を見て個別に判断した結果であったことは既に指摘した。その結果、Ｇｄ医師の方法は必ずしも医師の間でコンセンサスとされた方法にはあてはまらないことがわかった。

Ｉｐ氏は最初「嘘の告知」をされ、その後に本当の結果を知らされたことになるが、それは医師への不信につながっていったのだろうか。その答えは否である。以下の語りにあるように「告知も」「その後の治療も」同じGd医師であったので、「医師に裏切られた」と思っていないという。つまり、血友病も診るし、その治療の結果、感染させることになったＨＩＶ感染症の治療も診るという一貫した態度が、ある種の信頼を生んでいると思われる。これは広河の批判の第4点、つまり「自分の病院が供給した製剤の結果生じたエイズ感染者に対しても、治療拒否を行ったこと。そのため手遅れになった人もでたこと」という批判とは反対の結果であり、血友病を診ていた医師がエイズも診るようになったことを皮肉る櫻井よしこの視点ともまったく逆の視点である。(10)

Ｉｐ：あの、おそらく、あの医師に裏切られとったら、ころっと変わったと思うんですよ。だけど、それから、ずーっといっしょで。あの、医師に裏切られたと思うてないいうか、その。

＊＊：ふーん

Ｉｐ：うん。ぼくのところでは診れないから、よそに行ってとかいうような感じじゃない。告知もＧｄ先生だし、その後の治療とか。（後略）

しかしＨＩＶに感染したということを知った時の衝撃は、言葉にしがたい寂寥感となってＩｐ氏を襲っていたこともわかった。

Ｉｐ氏の語りに沿って、マスター・ナラティヴを点検していけば、この物語の目が粗すぎるために、血友病とＨＩＶ感染を生きたＩｐ氏の「生きられた経験」をすくい取ることができないということが明らかになる。むしろ、Ｉｐ氏のユニークな物語こそ、薬害「ＨＩＶ」問題の歴史を作る一つの声であり、他の当事者の声と唱和することで、新しいパブリック・ヒストリーを作りだしていくものである。種田が指摘するように、この事件のマスター・ナラティヴは、医師に悪意や怠慢、あるいはモラルのなさを非難することで、もし医師たちが善意に満ち、日々警戒を怠らず、倫理観に優れていたとしたら、この問題は起こらなかっただろうと想定する。[11] しかしながら、道徳的に優れた人間の登場によって、この問題が解決できると考えることこそ、薬害ＨＩＶ問題の批判的研究の道を閉ざし、この問題に関わるすべての人々と対話する責任を放棄することになるだろう。

謝辞　いつも身体の具合を気にかけながらも、私たちの質問に真摯に答えていただいたＩｐ氏に感謝するとともに、大学病院の多忙な日常の中、何度もインタビューに応じていただいたＧｄ医師に感謝する。

注

（1）オーラル・ヒストリー研究の中でのパブリック・ヒストリーの位置づけについては、山田富秋・落合恵美子（2008）「シンポジウム「オーラルヒストリーと歴史」へのまえがきとして」『フォーラム現代社会学』第七号参照。

（2）2001『判例時報』No.1763、25頁。
（3）同上、194頁。
（4）この出血時の激痛を考慮に入れると、患者の自己の病いの体験を評価する上で、家庭療法を幼少の頃から受けていたために「地獄の痛み」を体験したことのない若い世代が存在することがわかる。彼らにとっては、この薬害事件はIp氏の世代と全く異なった意味を帯びるだろう。
（5）Gd医師のライフストーリー・ナラティヴについて詳細は、以下を参照。山田富秋（2008）「医師と患者のナラティヴの接点をめぐって——薬害「HIV」問題の社会学的研究から」好井裕明代表科学研究費補助金研究成果報告書『被害当事者・家族のライフヒストリーの社会学的研究——薬害HIV感染被害問題を中心に』。
（6）ここで言うレリヴァンスとは、アルフレッド・シュッツの用語である。彼によれば、周囲の環境に存在する何らかの対象が、意味のあるものとして認識されるためには、行為者の目下の関心にとって意味があり、関連性（レリヴァンス）を持つものとして類型化されなければならない。例えば、玄関に靴が置いてあったとしても、それは外出する、あるいは靴の汚れを落とすなどといった「目下の関心」が動き出して初めて、行為者にとって意味のあるものとして類型化されるようになる。したがって、レリヴァンスは関連性とも有意性とも訳されてきた。詳しくは以下の論文を参照されたい。Schutz, A., 1962b, "On Multiple Realities", C. P. I. The Hague=1985「多元的現実論」渡部光・那須壽・西原和久訳、アルフレッド・シュッツ著作集第二巻『社会的現実の問題［II］』マルジュ社。
（7）広河の批判は当時の医療の文脈をほとんど無視しているという致命的な欠陥がある。すでに引用した種田博之の第二次報告書掲載論文「非加熱製剤の投与継続へと方向づけた医師の「経験・体験の世界」」によれば、当時の治療の文脈においては、関節内出血もしくは関節内出血が頻発することによって生じる関節障害と頭蓋内出血が医師にとって注視すべき血友病のリスクとして認識されていた。その結果「医師にとって、血友病のリスクをより小さくしようとするならば予防的投与法は最良の治療法であって、そうした治療方法を維持しようとする限り、血友病のリスクとエイズのリスクは二律背反（ないし共約不可能）なものとなってしまったことも見えてくる」という。こうした二つのリスクの比較衡量において、医師が歴史的には非加熱濃縮製剤の継続使用という方向に傾いたことは事実であるが、それは医師の「経験・体験の世界」に基づいてのことだったと解釈できる。ある意味では、血友病の治療に当たった医師たちは専門家であるがゆえに、自己の直面する医療場面の「経験・体験の世界」によって認識を狭められていた可能性がある。そしてこうした医師の直面したジレンマは、広河の批判のレベルとは異質なものである。

（8）Ｇｄ医師はこの論文の読後感として、自分の当時の発言と「患者の身体は患者のもの」という一貫した自身の医療倫理に照らして、このような「嘘の告知」は実際にはなかったのではないかという疑問を投げかけられた。私はここで実際に起こったことを判定するつもりはない。ただし次章の第八章で触れているように、歴史的に同じ出来事に関わった人々が、それぞれ異なった記憶を持つことは実際に存在する。それは歴史学におけるひとつの争点にもなってきた。だが、Hacking, I. (2002) の議論が示唆するように、ライフストーリーの社会学やオーラル・ヒストリーにとって重要なのは、少なくともＩｐ氏の記憶には「嘘の告知」という出来事として強く刻印されたということである。そこで私たちがすべきことは、真偽判定ではなく、どのようにしてＨ氏の「物語世界」が組み立てられているのか、それをライフストーリー・ナラティヴを通して丹念に描き出すことである。

（9）ＨＩＶ陽性者の研修会で性感染の人たちがＨＩＶ感染時のショック体験を語る時に、Ｉｐ氏はある種の違和感を感じたという。それは「原疾患の血友病」の経験として「いままでさんざんひどい痛みとかに耐えてきた」ために、性感染の人たちよりもショックが小さかったのではないからではないかと語る。

Ｉｐ：あの、ゲイの人たちとか、性感染の人たちが、涙を流されたりとか、感情が急にばーっとでてきたりするいうのは、俗に、病気の受容がまだできてないいうのもあるでしょうし、やっぱりそれだけの大きなインパクトだったと思うんですよ。その感染したということが。感染したインパクトの強さとかいうのは、もっと言えば、薬害エイズの方が、もっときたないものの時代じゃったですから、エイズとかＨＩＶとかいうのは。インパクトからしたら、かなりぼくらの方が強かったはずなのに、そのころの話に話題が行っても、なんかこう、何かのきっかけで話が聞けたとしても、みんなすごく淡々としとるんですよ。涙流しながら、どうやって家に帰ったからわからないんですよとかいうようなこと、一回もなくって。

＊＊：ふーん。

Ｉｐ：「あのー、ひどい医者でですねー」とか言うて、淡々としゃべるんですよ、みんな。この違いはなんなんじゃろう、いう。で、そんなのもやっぱりあって、いままでさんざんひどい痛みとかに耐えてきたりして、煩わしいのが一個増えたぐらいにしか思うてないんじゃないかな、病気自体が。で、感染告知を受けた時点で、発症とかしてなかったら、身の危険を感じない。まだ、身の危険いうか、身に迫った危機として感じられてなかったのか、あるいはもう、あんがいぼくとおんなじで、このまま血友病の身で生きとっても、そんなええことないかもわからん、別にええかみたいなところも、ありゃせんかのう思うんですけどね。で、そんなこと考えると、これはやっぱり原疾患の血友病にもどって、それも、あのちいちゃいときからの、あの痛みにこうずーっと耐えてきた経験が、なにがしかその影響を及ぼしとるんじゃないか、その後の生き方に関して。

（10）櫻井よしこは以下のように批判する。

「先生、非加熱製剤は大丈夫なのでしょうか。心配です」との声を無視して投与し続けた医師たちの中には、今、当時勤めていた病院をやめて他の病院に移った者もいる。患者たちは彼らが〝逃げた〟と考えている。それだけでなく、主だった医師らはエイズの専門家、あるいはカウンセラーとしてマスコミで「活躍」している。彼ら自身が多くのエイズ感染者を生み出した張本人だという事実は、見事に隠されたままだ。こんな理不尽があってよいのだろうか――怒りを禁じ得ず、考えさせられるばかりである（1999）。『薬害エイズ――終わらない悲劇』ダイヤモンド社「なぜ医師の責任は問われないのか」25頁。

（11）種田博之（2005）「非加熱製剤の投与継続へと方向づけた医師の「経験・体験の世界」」『第二次報告書』注28を参照せよ。

第八章　ライフストーリーの「物語世界」と想起

薬害HIV感染被害問題をめぐる物語世界

ライフストーリーの物語世界の自律性

私は養老孟司を委員長とした「輸入血液製剤によるHIV感染問題調査研究委員会」(2001-2010)に調査チームの一員として参加した。その調査結果は『医師と患者のライフストーリー』(2009)という三分冊に結実した。この最終報告書は、薬害HIV感染被害問題に関わった医師一三名と患者・家族一八名のライフストーリーから成っている。彼らの語りの内容は多岐にわたっているが、どの語りも固有の「物語世界」を保持している。桜井厚(2002)は、過去の出来事が想起される実際の場面として、インタビュアー(調査者)と対象者(語り手)のローカルな相互行為を「ストーリー領域」と呼び、そこで語られた過去の出来事を物語世界と呼ぶ。私はこれまでストーリー領域におけるインタビュアーと対象者の相互行為に着目してきたが(本書、第四章)、ここで中心的に考察するのは、私たちインタビュアーに圧倒的なリアリティと「物語的真実」（クラパンザーノ 1980）を持って迫ってくる物語世界である。私たちはそこで一定の自律性を持った物語世界の出来事に立ち会い、クラインマン（1989=1996）の言う「道徳的証人」となることを要請される。

桜井厚は物語世界の自律性について、それを歴史学の証拠に当たるものとして解釈している。たとえインタビュアーがインタビュアーと対象者とのアクティヴな相互行為であることを認めたとしても、インタビューは語り手自身の身体的苦痛や病いの経験、あるいは日記などによって限定づけられている。つまり「いかに語り手が自己をよくみせようと演出したり聞き手の聞きたいことに合わせたりして、〈いま - ここ〉に適切なライフストーリーを構築しようとしても〈物語世界〉で展開される物語のプロットには、歴史学で〈証拠〉といわれるものに相当する、物質的記憶（個人的記録）、社会文化的記憶（伝承）、心理的記憶（トラウマ）という一定の限定がつきまとっているのである。（中略）〈物語世界〉は、語り手主導によるプロット化の限界に従う程度に応じてインタビューの場から一定の自律性をもった物語、過去のリアルさをもって成立しているものとして理解できるのである」という（桜井 2005、46頁）。

私たちの九年間に及ぶ調査プロセスを振り返るなら、最初私たちは、収集したインタビューの語りに単純な調査仮説をあてはめ、それらを因果論的に組み立てるという作業から始まり、最後にはそうした調査者側に比重のある操作を捨てて、語り手の物語世界に適切な文脈を補い、それによって物語世界をそれ自身の見地から理解しようとする試みで終わった。最終報告書に収められたライフストーリーの特徴を一言で要約すれば、患者・家族だけでなく医師の語りもまた「病いの語り(Illness narrative)」として特徴づけられる。なぜなら、この問題に関わった人々はみな、多かれ少なかれ何らかの苦しみ(suffering)を経験しているからだ。その意味では、薬害HIV感染被害問題に関わった人々のライフストーリーは、身体的・心理的苦痛によって限界づけられた物語世界を提示している。私たちが精力を傾けたのは、一九八〇年代〜一九九〇年代おける医師と患者の置かれた個別具体的な状況について当該状況に固有の文脈的知識を獲得することだった。すなわち、彼らが当時どのような血友病治療の文脈におかれたのか、また、HIV感染やエイズの症状自体が不明確であった状況において、どんな具体的な対応が個別の人間関係の中で模索されたのか、それを医師や患者の不安や希望の文脈も含めて明らかにすることである。その意味では、私たちの研究はこの問題について「コンテクスト依存型の関係的知」(ベナーとルーベル、1989=1999)を産出してきたと言える。

近年、想起することが個人的・心理的な現象ではなく、むしろ社会的・協同的な作業であることを指摘する研究者が多い(松島 2005)。その文脈において、アルヴァックスの集合的記憶論が頻繁に参照されるようになった(片桐 2003、浜 2010)。桜井厚(2005a, 2010)の整理を借りれば、それは現在の時点から再構成される構築主義的な歴史の側面への注目とも考えられる。その意味では、過去は誰がどのような文脈でどのように再構成するのかという問題と緊密に結びついており、記憶の再構成の仕方や妥当性をめぐって政治的な争いが発生することは避けられない。例えばこの問題についての「記憶の政治学」はしばしば真か偽かあるいは善か悪かといった二元論を用いた単純化を通して闘われてきた。(1) だが私がここで提示したいのは、こうした単純化された記憶の政治学に抗する物語世界の自律性と、歴史の多様性である。トンプソン（2000=2002）が指摘するように、歴史的現実は「複雑で多面的」（邦訳24頁）である。また集合的記憶が個人の記憶を決定しているわけではなく、むしろそれは個人が特定の文脈で語るという行為を通してしか伝えられないものである以上「記憶の集合性の境界は不確か」（同書239頁）である。さらにまた、ライフストーリーは現在の記録であると同時に過去からのメッセージも保持している。つまりそれは「より古いメッセージと古い言葉の表現を残したまま、新たなメッセージを追加する」（同書293－294頁）と言えよう。アクティヴ・インタビューが主張するように、語り手も私たち研究者と同様に、アクティヴに歴史を作り出す主体であることを踏まえれば、私たちができることは、個別の語り手の物語世界の自律性を認めながら、それらが組み合わされて作り出す多元的な過去を、つまりオーラルで多声的なヒストリーを、そのままていねいにたどることである。この作業を通して、多元的な物語世界が組み合わされて作り出される「新たなメッセージ」を聞くことも可能になるだろう。

「薬害エイズ事件」の脱常識化

まず私たちの常識に浸透したドミナント・ストーリーとしての「薬害エイズ事件」について簡単

に振り返ろう。一九八〇年代初頭に米国から輸入された非加熱血液製剤にＨＩＶが混入し、血液製剤の頻繁な輸注を治療法としていた血友病者を中心にＨＩＶ感染が起こり、加熱製剤に切り替えられるまでの間に、日本の血友病患者の約四割（一四〇〇人超）がＨＩＶに感染した。この問題は一九八九年にいわゆる「薬害エイズ裁判」として提訴され、一九九六年に和解した。この問題を構成する主要な言説は、旧厚生省（役人）、製薬メーカーそして医師の癒着を批判する非難言説である。詳細にわたる説明は控えるが、エイズの危険性を過小評価し、責任逃れを繰り返す役人、薬価差益を目当てに危険な非加熱製剤を売る利益優先の企業、そして「患者を死に至らしめ人生を台なしにしながら、薬害エイズ訴訟の被告席に着くことはなかった」（毎日新聞社会部 1996）医師たちといった非難で構成されている。種田博之（2009a）が「脱常識化」という言葉で的確に述べているように、私たちの調査研究の成果の一部は、この常識化した非難言説を脱常識化したことだと言えるだろう。というのも、この単純化された非難言説は、私たちのインタビューに答えた医師たちが置かれた、それぞれ個別の医療環境、疾病観（疾病認識）、それに治療の歴史的な変化といった具体的文脈をそぎ落としてしまい、個々の医師の具体的語りの理解を著しく困難にしたからだ。(2) 例えば、ＨＩＶの混入した危険な血液製剤の代わりに、加熱処理した血液製剤をできるだけ早く使っていれば、患者の感染をかなりの程度押さえられたのではないかという議論がある。毎日新聞社会部（1996）は以下のように述べる。

熱に極めて弱いＨＩＶ対策のため、国内で濃縮製剤（血友病Ａ用）の加熱が臨床試験（治験）を経て、承認されたのは、ようやく85年７月（血友病Ｂ用の承認は同12月）になってから、一刻も早くと、血友病患者と家族は安全な加熱製剤の承認を待ち望んでいたが、米国より２年４ヶ月遅れ、大量感染を招いた。（17頁）

ここでは加熱製剤がＨＩＶ対策であることが前提とされている。ところが私たちはインタビュー調査の開始時に次のような医師の語りに遭遇した。地方の血友病のセンター的病院に勤務していたＡｄ医師は、加熱製剤の治験をどのように開始したかという私たちの質問に答えて「だから、それは治験は、だから、非常にその、まあ、肝炎対策のまあ、肝炎用に用意していた加熱製剤を使おうということでね、まあなっていました。まあ、いいんじゃないかっていうことで。ただ、それが明らかにいいかどうかっていうのはまだ分からない」と答える。薬害エイズ事件報道後の私たちの「後付け」的知識に従う限り、「肝炎用に用意していた加熱製剤」という説明が理解できない。というのも加熱処理はＨＩＶウイルスを不活性化するための技術であり、肝炎対策の目的があったなど初めて聞くことだったからだ。したがって加熱製剤が「明らかにいいかどうか」という疑問が治療現場の医師から生まれていたことなど、まったく想像の及ばないことであった。さらに蘭（2005）が指摘するように、もともと肝炎対策用の製剤によって自分の患者が肝炎に感染したという事実は、Ａｄ医師にとって加熱製剤に対する信頼を揺るがすような出来事であった。また山田（2009）でも指摘したように、この点から見れば、裁判の終結以降に出版された資料を中心に薬害エイズ事件について学んでしまうと、私たちの医師へのインタビューそのものが、薬害エイズ事件のドミナント・ストーリーを背景にして、事実上、医師の責任を追求する場面になることもあったことは否めない。

種田（2009a）はメディアによって流布された単純化された非難言説と調査から明らかになった医師の言説の違いについて的確にまとめている。つまり非難言説はエイズのリスクを重視した言説であるのに対して、医師は血友病固有のリスクを重視した言説であるという相違である。つまり薬害エイズ事件のドミナント・ストーリーは非加熱血液製剤を使用することによってもたらされるエイズのリスクだけに焦点を当て、血友病固有のリスクは考慮の外に置くという操作を行っているのである。したがって、私がここでしなければならないことは、薬害エイズ事件の構図から意図的に排除された医師自身の言説、つまり「医師の認識枠組み」（種田 2009a）を明らかにすることである。結論を先取りして言えば、もちろん地域や治療についての情報に医師間で違いがあることも重要だが（例えば、東京在住ではないＧｄ医師は一九八四年の国際会議で加熱製剤がＨＩＶ対策であることを初めて理解したと述べる。種田 2009b、415頁）、医師たちはエイズのリスクを常に念頭に置きながらも、目の前の血友病者固有のリスクを軽減するために、医師として「より良い」と判断した治療を実践しようとしてきたと言える。もちろん、エイズの危険性がしだいに明らかになっていくにつれ、この危機意識も時系列的なグラデーションを伴って変化していく。要約すれば、医師たちはエイズの感染率よりも発生頻度が高かった頭蓋内出血と血友病性関節症の治療のために、より効果的な濃縮製剤を「迷いながら」使うという行為を選択せざるをえなかったのである。例えば裁判でも最大の争点となったが、HIVの混入した危険な濃縮製剤の使用を中止し、それ以前の製剤であるクリオ製剤にもどすべきだったのかという論点について、種田は以下のように指摘する。

（前略）HIV／AIDSについて「不確実」な状況のもとで、クリオ製剤で治療をおこなうことは血友病患者に負担をかけることであった。血友病をより安全に治療するという視点からすれば、クリオ製剤での治療は適正な治療ではないとみなすこともできるのである。すなわち、血友病の危険性とHIV／AIDSの危険性とは二律背反の関係にあったことがわかる。安全とは「ある」／「ない」というよりも、いくつもの段階をもって現れるものである。言い換えれば、「どれだけ安全であればいいのか」ということである。医師は安全に対する配慮を欠いていたというわけではない。少なくとも、医師はHIV／AIDSに漠然とした危機感を抱きつつ、血友病をより安全（良く）治療しようとしていたことは、言えるように思われる。（第1分冊、419頁）

医師たちにとって、なぜクリオ製剤での治療は適正な治療ではないと考えられたのだろうか。種田は「非加熱製剤はクリオ製剤のデメリットを小さくした（もしくはなくした）、より効能の高い製剤として評価されたのである。反対に、クリオ製剤は使い勝手が悪い過去の製剤という評価を下されることになった」（第1分冊、61頁）と指摘する。さらに続けて「血友病治療における主要な考え方は、血友病を（積極的に）治療すること、とくに血友病特有の症状――例えば関節障害など――をできるだけ防ぐことであった。非加熱製剤は血友病特有の症状を防ぐことにうってつけの製剤、まさに望んでいた「極めて好適な製剤」であった」と結論している。種田の整理に従ったクリオ製剤と非加熱製剤の比較は以下の通りである。

クリオ製剤のデメリット

①1㎖あたりの第Ⅷ因子量が少ないこと（低単位であること）。
②点滴によって輸注しなければならないこと。
③フィブリノゲンやその他凝固に関係する因子を含有していたので、血流学的・止血学的な問題などがあったこと。

非加熱製剤のメリット

①1㎖あたりの第Ⅷ因子量が多いこと（高単位であること）。
②1㎖あたりの第Ⅷ因子量が多いことで、輸注する総量が少なくなり、静脈注射で輸注できること。
③他の凝固に関係する因子の含有を少なくしたこと（第Ⅷ因子に純化したことで）で、血流学的・止血学的な支障をきたす危険性が低いこと。

クリオ製剤に代わって非加熱濃縮製剤が出現したことは、血友病治療にとって大きな福音であり、裁判時に問題になったクリオに戻るという選択肢は、濃縮製剤によってもたらされた医療の利便性を積極的に手放す「逆行」（種田）にうつり、実際の現場では大きな躊躇を引き起こすことであった。また、きわめて危険視された頭蓋内出血の発生頻度と一九八〇年代初頭のエイズ発症率を比べると、前者の方がはるかに高かった。一九八〇年代半ばまでにおいては、ＨＩＶ／ＡＩＤＳが感染も発症メカニズムもわからない未知の病であったことを踏まえるなら、西田恭治（1996）の「比較衡量」論文をこの時点での血友病治療者の認識の一端を示すものと解釈できる。つまり「臨床現場では、日本国内での公式に認定された発症報告がなく、米国からの情報も前述のごとく0.1％以下という発症率の低さであったため、非加熱製剤を使い続けることによるエイズの危険性と非加熱製剤を使わないことによる出血の危険性およびＱＯＬの低下を比較衡量した結果、大半の医師たちが〝当面、十分な止血のためには、非加熱製剤でも使い続けることのほうがメリットが大きい〟と判断した。患者に対しても、「安全だ」「心配ない」と説明し、非加熱製剤の使用を継続した」（54頁）という。しかし種田の考察に照らして再考するなら、この論文で使われている「比較衡量」という冷静な判断を連想させる表現は、あまり適切なものではないだろう。むしろ医師たちはＨＩＶ／ＡＩＤＳについてリスクを適切に判断できない状況におかれたために、強い迷いを持ちながらも非加熱製剤を継続して使用せざるをえなかったのではないだろうか。

ここで補足的に医師たちが当時、どのようにＨＩＶ／ＡＩＤＳのリスクを認識していたのか言及することが適当だろう。学説史的には一九八三年五月にフランスのパスツール研究所において、L・モンタニエによってＨＩＶが分離され、正体不明の病はウイルスによる感染症であることがわかった。しかし種田が指摘しているように「この時点では、ＨＩＶはＡＩＤＳの数ある原因の一つでしかなかった。ＨＩＶについての調査・研究はまさに始まったばかりであり、科学的に確固として言えることはごく限られたことであった」（種田 2009a、73頁）のである。また当時の日本において「確かに、ＡＩＤＳとの関連で血友病患者の免疫異常が注視されもしたけれども、ＡＩＤＳはあくまでもそのいくつもある原因の一つでしかなかったのである。そして、ＡＩＤＳと血友病患者の免疫異常とを強く結びつける確固たる知識（証拠）はまだなかった」（種田 2009a、77頁）。また一九八四年には米国で抗体検査が開発されたが、検査の結果、抗体陽性とわかっても、それが何を意味するのか不明であった。常識では、抗体ができることは、抗原に対する免疫力がついたと理解されるが、ＨＩＶの場合は抗体は抗原を排除することができず、持続感染していることを意味するからである。種田によれば一九八五年以降もなお、レトロウイルス系の専門家以外では必ずしもＨＩＶ抗体の「意味」は正確には理解されていなかった。この状況は一九八七年から治療に携わったＪｄ医師の語りによく表れている。

Ｊｄ：最初は抗体検査だけでしかわからなかったので、当時は、抗体があるということはウイルスの病気に関してはだいたい治ってるっていうのがほとんど常識で、C型肝炎のように抗体があってもずっと生き続けるウイルスがいるとか、HIVがそのウイルスの一つで、抗体があってもウイルスは生き続けているとか、そういうことは証明されていなかったので、抗体が陽性っていう人は、治っているのか治っていないのかすらわからないし、どんどんエイズを発症するっていう人がいるのはわかってましたけど、みーんな発症するのか、ごく一部の人が発症するのかもわからなくて。（今から思えば）当時は感染してまだ間もない時期だったから、ごく一部の人しか発症していなかったわけですよね。だから、そのごく一部の運の悪い人が発病する病気、残りの人はまあ治っちゃったっていう病気なのか、今の認識のように全員がだんだんゆっくり悪くなって発病する方向に進むのかという認識もなかった時代でしたんで。HIVに関してはそうですね。で、どうしていくかに関してはちょっとわからないから、その間に検査を続けていくということだけでしたね。で、［抗HIV薬の（山田補足）］AZTが出始めて、最初はいつから始めたらいいかとかいうのがわからなかったので、まず悪い人から順番にはじめて、で、だんだん理解が進んでいくと、もうちょっと状況がいい人から出す方がいいっていうのがわかってきて、で、ひとつよりは二つ別々の薬をやる方がいいっていうのがわかって、で、三剤併用がいいっていうのがわかって今の時代になってきてると。（第2分冊、644－645頁）

ここで当時の医師の「認識枠組み」について簡単なまとめをすれば、医師たちはエイズのリスクを常に念頭に置きながらも、血友病固有のリスクを軽減するために、医師として「より良い」と判断した治療をしようとしてきた。この意味では、悪意を持って非加熱製剤の大量使用を勧める医師は、「薬害エイズ事件」のドミナント・ストーリーが持つ勧善懲悪的な図式が必要とした悪役にすぎなかったと言えるだろう。そして実際の医師たちは、それぞれが具体的に置かれた状況によって違いはあるものの、HIV／AIDSのリスクが不確実であることに迷いながらも、あくまでも医師の「認識枠組み」にしたがって「より良い治療」を志向していたと思われる。ところが重要な点は、このことがすぐに患者の「認識枠組み」にとって良い治療として評価されるということとイコールではないことである。ここに医師と患者の「認識枠組み」の乖離を見て取ることができる。

患者のライフストーリー

それでは血友病の患者の「認識枠組み」はどのようなものだったのだろうか。もちろん、個々の患者の置かれた治療環境によって、この問題の経験の仕方も内容も違うことが予想されるが、ここではIp氏とGp氏という二人の患者の語りを取り上げて検討したい。前章で詳しく紹介したように、西日本のある地方都市に生まれ育ったIp氏は一九六三年生まれであり、小学校時代を送る一九七〇年代においてクリオ製剤を使った補充療法を受ける。その後、非加熱濃縮製剤の治療に転換し、それがもとでＨＩＶに感染する。その間、就職と結婚を経験し、薬害エイズ事件の大阪原告団に参加する。

１　Ip氏

Ｉp氏は濃縮製剤への転換時期については記憶がないが、クリオ製剤になった時に非常に良く効く薬だと思ったと語ったために、それならわざわざ濃縮製剤に変える必要はなかったのではないかと私たちは質問する。この質問の背後には米国由来の非加熱製剤の安全性が疑われ始めた時に、この使用をただちに中止し、それ以前のクリオによる治療法に戻すべきであったという非難言説の一部がある。ところが、Ｉp氏の答えは以下のように、私たちの予想外の答えであった。

（＊＊は調査者を示す）

Ｉp：正直ね、あの関節の痛みを除去する薬で命をとられたとしても、あの痛みに耐えるのとどっちがええっていったら、それはねえ、あの当時、じゃあ我慢したか言われたら、たぶん無理かないう。

＊＊：ただ先ほどの、ＡＨＦで十分だったんですよね。

Ｉp：ですからそれがね、その後の高濃縮製剤って、それだけ性能があったにもかかわらず、そこまで劇的に効いたという感覚がなかったんで。

＊＊：そうですよね、だとしたらクリオ、クリオというかＡＨＦのまんまでもよかった？

Ｉｐ：正直、医者次第だったと思うんですよ。今使いよるのはこういう数千人のプール血漿からやっとるから危ない、で、明らかに一〇分の一ぐらいの性能しかないけれども、それを考えたら、あなたの体のこと考えたらこっち、いうか、その時きっと僕は、医師、医師の価値観にまかしとると思うんです。非常にその、世間では非常に危ないって言われてるけど千人に一人ぐらいよ、だけどどうするなんて言われたら、じゃあ大丈夫だったらその性能のええ方使おうかって言うし、医者がやばい、やばい可能性が捨てきれんから昔のクリオに戻しましょうやって言ったら、たぶん医者まかせでいっとったんで、自分で判断しろって言われるのが一番困ったんじゃないかと思うんです、そん時。（第3分冊、681－682頁）

私たちの非難言説がここで覆されたのは、Ｉｐさんにとって、血友病による関節出血の痛みを「我慢したり」「耐える」ことと、「痛みを除去する薬で命をとられる」ことがほぼ等価に捉えられているということである。支配的物語である非難言説は、「痛みを除去する薬」の危険性を一方的に強調するだけで、それが使われる目的である出血時の激痛を最初からその図式の中に組み込んでいない。そのため、クリオにせよ濃縮製剤にせよ、患者にとって血液製剤を使うことの「生きられた意味」がすっぽりと抜け落ちている。Ｉｐさんは2回目のインタビューにおいても再度「血友病の痛み」が私たち調査者に伝わっていないと訴えた。

Ｉｐ：これがわかってもらえないと、伝わらないのじゃないかと。どんなに薬害エイズとは何だったのかという研究いうか、調査をしても、その時になぜ医師は注射をやめなかったのか、母、親とか患者はどうだったのかっていうような、今なんか質問された製薬会社に対しての恨みとか、厚労省にしてもそうなんですけど。やはりあの痛みを経験して、唯一の治す薬という思いがあって、ですからたとえそのＨＩＶに感染したとはいえ、特に自分の話をすると、ここまであの薬があったから生きてこられたんじゃないか。

＊＊：痛みをもっても。

Ｉｐ：ええ。頭蓋内出血もやっとるんで、あの薬がなかったらたぶんそこで命が終わっとるやろうし。とてもやっぱり自転車に乗るとか、そもそもそう、通学、学校通学、今実際こうやって自分が杖もつかずにあるけとるのも製剤のおかげ。車椅子にならない。まがりなりにも一般企業にも就職もできたし、あるいは自動車の運転もできるまで生きれたし、みたいな。

（第3分冊、726頁）

ここで明らかになるのは、Ｉｐ氏の病いの原体験が出血時の激痛（前章の「地獄の痛み」）にあり、それを一時的にせよ「唯一の治す薬」が血液製剤だったということである。確かにその薬のおかげでＨＩＶに感染はしたが、二十歳までしか生きられないという当時の血友病観を背景にして「ここまであの薬があったから生きてこられたんじゃないか」と語る。学校に通えたり、就職できたり、自分の好きな自動車の運転もできる。これはすべて血液製剤があったこそだという。普通の人が腹痛で薬を飲むのとは全く違い、血液製剤は地獄の痛みの緩和のためにも、頭蓋内出血の緊急を要する治療のためにも、生きていくために必要不可欠な薬であったという。さらにまた、HIV／AIDSの経験よりも、原疾患としての血友病の経験の方がIp氏にとって卓越した意味を持っていることがわかる。彼にとって重要なのは血液製剤がないと生きていけないということであり、そのためにクリオか濃縮製剤のどちらが使われるべきかという問題は二次的な意味しかもっていないと言えるだろう。しかし製剤の選択については「医者まかせで」[3]やってきたので、濃縮製剤のリスクを「自分で判断」することは困難であるという。Ip氏のこの語りは、桜井厚（2005）の指摘のように、血友病の身体的苦痛の経験がIp氏の物語世界を限界づける例になるだろう。

2　Gp氏

次にIp氏と年齢がほぼ重なるGp氏（一九六五年生）の語りを紹介しよう。彼は幼少の頃からの主治医であるXe先生が「聞く耳もってくれて、一緒に考えてくれる」（第3分冊、485頁）ので、全幅の信頼を寄せていた。ところが、Xe医師が一九八五年に病死した後、次の主治医であるZe医師は同じ病院の他の医師も含めて、感染について知らせない（非告知）方針をとり続けたため、Gp氏の従兄弟も含めて、知り合いの多くが亡くなっていった。自身も一九八七年に感染していたらしいが、感染を知らされたのは一九九四年になってからだったという。彼は医師に聞いてみたいことは何かと質問されて「そうね、どうして告知しないで、告知を一切しないで、何もしないで死んでいく人たちをそうやってみていることができたんだろう、わかんないですけどね。救えるかもしれないいんだから、もともとXe先生なんか、ある患者さんが、ちょっとでも生きておられるように治療して、明日にでも、もしあの、なんかいい治療法がみつかれば助かるんだから、というんで、その考え方でやっていたから、そういう話を聞いたことあって。（後略）」（第3分冊、508頁）と語る。この語りからわかるように、Gp氏にとってXe医師が他の医師を評価する際の準拠点になっている。

私たち調査者は、感染を患者に知らせたあとで、HIV／AIDSについての治療についても責任を持って当たっていく血友病の医師を多く見てきた。ところが、Gp氏の場合には、主治医たちは感染について患者に何も知らせないだけでなく、HIV／AIDSの治療も自分たちで学んでいこうとはせず、かといって、感染した患者を他科に紹介したり、患者の治療のために他科と連携することも一切なかったようだ。Gp氏は次のように語る。

＊＊：だから、私たちが今までインタビューしてきた医者のように、血友病の治療からHIVのことがあったからHIVの治療までやれる、守備範囲を広げた先生たちのことを聞いてきたんだけど、全然それをしなかった。

Gp：しなかった。（第3分冊、497頁）

Gp：ほんとに患者のことを考えてくれているんであれば、あれじゃないですかね、やっぱり告知はして、結局その、どこが専門かっていう、専門のところに紹介状かなんか書いてデータかなんか持たせてあげて。

＊＊：だからそのお医者さんが必ずしも、そのXe先生みたいなね、お話うかがったタイプじゃなくて、成り行き上、そうなってしまうというか、自分はHIVの問題なんかやるとは思ってもみなかった。結果的にそうなってしまって、こうやらざるをえなくなって、やってんだ、という感じのね、そういうふうなタイプもいるんですよね。

Gp：Xe先生だったらどうしてたかというと、たぶんあれじゃないですかね。感染症に詳しい先生のところにお願いにいって、HG病院とか。そことHG病院から連携とってもらって、自分も一緒に入って、自分一緒に勉強して。（第3分冊、511頁）

ここでもXe医師がもし生きていたらと仮定して、他の医師たちの不作為とは対照的に、他科に紹介したり「自分も一緒に勉強して」少しでも患者の命を救おうとした医師として描かれる。またIp氏と同じように、Gp氏も濃縮製剤よりもクリオ製剤の方が良く効く実体験を持っていた。

Gp：そうですね。だから、結局その、実際私なんかの感覚でいくと、濃縮製剤があれだったら、全然、クリオで良かったんですよ。
＊＊：クリオで良かった。
Gp：クリオの方が良かったくらいで。
＊＊：早く効いたんですものね。
Gp：早く効いたという感覚があったくらいで。だから、よく言われてるような、クリオ使ってたらなんかいけないなんていうようなことは全くなくて。なんかこういう命もてないなんてことは全くなくて。（第3分冊、531頁）

ここでGp氏の語りをIp氏の語りと比較すると、クリオがよく効いたという感覚は二人に共通しているが、Ip氏にとっては切迫した血友病治療のためには医師の指示する薬剤であれば何でもよかった（「医者まかせ」）のに対して、Gp氏の実感覚はHIVが混入した濃縮製剤に転換するのではなく、クリオをそのまま継続して使うべきだったという主張に結びついていく。これは非難言説の一部を構成するものであるが、クリオがよく効いたという実体験に根ざしている点で、ドミナント・ストーリーとは異なるだろう。Gp氏が注射でクリオを輸注した経験を語った時、調査者が「点滴になるんでクリオにはもどせないと、ある医師から聞いた」と話すと、Gp氏は強い口調で以下のように応える。

Ｇｐ：ありえない。だいたい、だって、クリオをどんだけいいと思ったかわかんないですもん。その、出始めて、これで十分だと思ったぐらいで、そしたら、このまた濃縮っていうのが出てきて、ていう流れですからね。で、やっぱりずーっとそうやって経験してきてる患者であれば、それはわかると思うんですけどね。聞いておれば、それが正しいこと言っているのかどうか。（第3分冊、533頁）

このインタビューの時点（二〇〇五年）において、私たち調査者はようやく医師の「認識枠組み」を理解し始めたところであった。その結果、このインタビューのストーリー領域は、医師の「認識枠組み」を代弁する調査者とＧｐ氏との論争のような様相を呈することになる。そして調査者が提示する「医師の認識枠組み」を否定する根拠は、実際にクリオが効いたという自分も含めた患者の経験であった。準拠点を自分も含めた患者の経験に取ることは、例えば次の語りにも見られる。蘭(2005)の医師インタビューを通して、肝炎対策で開発された加熱製剤によって肝炎が発生したので、医師が加熱製剤の使用を全面的に肯定するよりはむしろ、ある程度の躊躇があったという例を紹介すると、Ｇｐ氏は以下のように語る。

Ｇｐ：だから、そこんところは、「アメリカの」対策はたぶん日本よりも早かったと思うし、実際は、非加熱使われていたのは、日本の方が高いわけですから、それでいくと、そういう情報が日本の医師になかったかというと、それはたぶんありえないことだと思うんで、だから加熱切り替わる、切り替えるあれが、どうかっていうんであれば、クリオに戻せばいい話でしょ。

＊＊：うーん。なるほどね。

（中略）

Ｇｐ：当時、どうしてたのか。ほんとにそれ話題にして、ね、あのなんか患者救おうとしてどういうことしたのかね、そういうの患者にわかるようなことをね、普通考えて理解できるようなことをやってくれたのか、どうなのかね。じゃあ、そういうことだってあるし。実際、医師がどうこうって、お医者さんがエライからお医者さんのいうことがすべて正しいんじゃなくて、やっぱりやられていたことが実際どうなのかなあとわかるのが一番大切で、どういうことを語っていることが大切じゃなくて、そこに反省があるはずなんですよね。そこの反省の気持ちがあれば、今後の医療につなげていくことができると思いますよね。そこの反省がないのに、まだまだ自分たちの立場だけを守ろうっていうことを強調した感じのあれで、なんでそれでよくなるんですか、てしか思わなくて。やっぱり、前向きなことで、前進していくというんだったらいいんだけど、それだったら、そういうふうなことが強いんであれば、またこういうこと起こると思うんですよね。（第3分冊、544－545頁）

調査者に反論して、加熱製剤への切り替えに疑問があるのなら、クリオ製剤へ戻すべきだったというGp氏の意見は、自分も含めた患者の実際の経験を準拠点とするところから導かれたものだろう。ここで重要な点は「そういうの患者にわかるようなことをね、普通考えて理解できるようなことをやってくれたのか、どうなのかね」と語っていることである。なぜならここには「医師の認識枠組み」はどうであれ、医師が少しでも患者の認識枠組みに近づく努力をしたかどうかという新しい論点が導入されているように見えるからだ。これは医師が自己の「認識枠組み」を踏み越えて、患者たちの「認識枠組み」に少しでもアプローチしようとしたかという問いかけである。もしそこで医師側から何のアプローチも見られなかったとすれば「自分たちの立場だけを守ろう」と映るのは、いわば当然のことだろう。ここでも「聞く耳もってくれて、一緒に考えてくれる」Xe医師の視点もGp氏によって参照されていると解釈できる。しかしながらここで留保すべき点は、私たちはGp氏の在住する地方の医師のインタビューを行うことができなかった。したがって、Gp氏の想定とは別に、この地方の医師の独自の「認識枠組み」(リアリティ)が存在している可能性もある。

それではIp氏とGp氏の共通点と相違点は何だろうか。さらにまた、医師の「認識枠組み」と患者のそれとを架橋するにはどうしたら良いのだろうか。そこにこの調査から導かれる示唆点が現れるだろう。二人の患者の共通点は、二人とも自己の身体的苦痛に根ざした血友病の病いの経験に立脚して物語世界を提示していることだろう。それは私たち調査者に圧倒的なリアリティを持って迫ってくる。Ｉｐ氏にとってそれは出血時の「地獄の痛み」であり、Ｇｐ氏にとってはそれはクリオ製剤の方が濃縮製剤よりも良く効いたという経験である。しかし、二人とも信頼できる医師に出会っていながら、一方でＩｐ氏は製剤の選択は医師にまかせており、他方でＧｐ氏は自分の意志に反して、濃縮製剤に転換させられたという点で、医師を批判している。この相違点はどこから生じるのだろうか。この点は最後の結論において論じよう。

結論――医師の認識枠組みを超えて

私がここで提示したことは、ドミナント・ストーリーを背景にして悪者とされ、長い間沈黙を強いられてきた医師たちの語りに、歴史的・社会的文脈を補ってやることで、医師たちの「認識枠組み」という自律性を持った個別の声が存在することを示したことである。これによって、医師たちが自らの置かれた状況の範囲内で「より良い医療」を実践しようとしながら、同時にエイズのリスクを適切に評価できずに従来の血友病治療を継続するというジレンマに陥り、「迷い」ながら治療を進めざるをえない状況を見てきた。これはフランクが指摘するように、医師たちが感じてきた苦悩を表現することで、自らの認識枠組みを超えて他者とコミュニケーションできる回路を開く可能性を持っている。しかしながら、それはまだ可能性の段階であり、どのようにしたらそれが実現できるのかは、ここで紹介した二人の患者の物語世界にヒントがあるだろう。横田恵子（2009、『最終

報告書　第4部』）が指摘しているように、私たちの聴き得たライフストーリーの中で医師と患者との間にコミュニケーションが成立しているケースはごくわずかである。むしろ両者の間には「認識枠組み」の乖離が存在する。つまり、医師たちの立場に立てば、不確かなＨＩＶ／ＡＩＤＳについて危険性を感じながらも、迷いながら治療を継続していることを率直に患者に伝えることができなかった。たとえそれを患者に説明した医師がごくわずかであるが存在したとしても、医師の直面したジレンマを理解することは、患者にとって困難だったのではないだろうか。患者がそれを判断するためには高度に専門的な知識が必要になるからである。

それでは医師と患者の関係性が分断せずに継続していった契機は何だったのだろうか。Ｉｐ氏に戻れば、私たちの「いまでもお医者さんとの関係は変わらない？」という質問に、彼は医師に裏切られたと思っていないと応える。

Ｉｐ：あの、おそらく、あの医師に裏切られとったら、ころっと変わったと思うんですよ。だけど、それから、ずーっといっしょで。あの、医師に裏切られたと思うてないいうか、その。

＊＊：ふーん

Ｉｐ：うん。ぼくのところでは診れないから、よそに行ってとかいうような感じじゃない。告知もＧｄ先生だし、その後の治療とか。あの先生の場合、ほとんど治療はないんですけどね。

（中略）

Ｉｐ：（「ぼくは血友病は診るけど、ＨＩＶは診ないよ」とか）なかったんで、つねに、どんなところから非難されたりとか、立場が大学のなかでかなり悪くなったっていううわさいうか、まあ、ほんまそうやったんでしょう。マスコミにでたり、で。それでもやっぱり辞めずにずっと、おったりしたんで、そこでなんか、ありますね。（第3分冊、687頁）

Ｉｐ氏の語りの表現を取り出せば、「告知も」「その後の治療も」同じ医師であったので、「医師に裏切られた」と思っていないのである。つまり、長い間血友病を診てきて、その治療の結果、患者を感染させることになったＨＩＶ感染症の治療も、「ぼくは血友病は診るけど、ＨＩＶは診ないよ」ではなく、むしろ責任を持って行うという一貫した態度が、自己の「失敗」から逃げない姿勢を患者に伝え、それがある種の信頼関係を医師と患者の間に成立させているのではないだろうか。このことは、ある一定の医師たちに意識化された課題でもあった。例えば、次のＢｄ医師は、ＨＩＶ／ＡＩＤＳについての治療も含めて、医師には道義的責任があると語る。

Ｂｄ：やはり道義的な問題に対して。ですから自分たちがたとえば情報をどういうふうに処理したのか、いろんな意味でそれを認めて、通り一遍の言い方になるかもしれませんけど、誠心誠意対応するというか、その後の、ですね。治療というものも含めて、ケアを、誠意を尽くすということと。もう一つはやはり二度と繰り返さないように努力するという、その

二つしかないんじゃないですかねえ。（第2分冊、296頁）

Ｉｐ氏とＢｄ医師の語りを背景にしてＧｐ氏の語りを解釈すると、彼の場合には患者の認識枠組みにも進んで入っていこうとするＸｅ医師が準拠点となっていただけに、その後のＺｅ医師も含めた医師たちの対応のひどさがさらに浮き彫りになる。つまりこの地方の血友病の治療にあたっていた医師たちは、ＨＩＶ感染について長い間患者に何も知らせなかっただけでなく、感染を知らせた後はＩｐ氏の語りの通り「血友病は診るけど、ＨＩＶは診ないよ」という見放した対応しかしなかった。さらにまた、感染した患者を、より専門の近い感染症などの他科に紹介したり、患者の治療のために他科と連携するということも一切なかったようだ。おそらくここに、Ｉｐ氏とＧｐ氏を分かつ分岐点が横たわっているのだろう。Ｉｐ氏は今ではもちろん「医者まかせ」の自分の態度を反省し、今自分がどのような治療を受けているのかについて積極的に把握しようと努めているが、少なくとも感染を知らせた医師が、その後の治療とケアに当たることで、医師がそこに踏みとどまって責任を取ろうとしていると感じている。しかしＧｐ氏は医師たちに見放されたと感じ、その結果、医師を信頼することなどできない、医師の「反省の気持ち」を感じ取ることができないと語ったのだろう。

ここで医師と患者の物語世界を照応させていくことで、新しいメッセージが生み出される。それは血友病治療という専門家の世界（「医師の認識枠組み」）に充足していた医師たちが、自分の患者を感染させたことがわかった時に、そこを超えて感染症治療の世界に入っていった。その専門知識については患者は理解できないと思われるが、感染させた病気を治療しようという「責任」と「誠意」は患者に伝わったのではないだろうか。それは養老孟司と村上陽一郎の対談（第1分冊「対談 養老孟司委員長＋村上陽一郎副委員長 薬害エイズと世間――医療と市民社会」）にあるように、専門家の世界に充足し閉じこもっていた医師たちが、それとは別な患者の認識枠組みも含み込む共通言語を土台とした全く新しいプラットホームに移動する決断をしたと解釈することもできよう。血友病治療には、血友病を慢性疾患とみて、患者の生活をトータルにケアする包括医療が早くから導入されていたことに注目するなら、医療の専門家集団が患者の認識枠組みも含み込んだ共通のプラットホームに歩んでいくことも可能ではないだろうか（山田 2010 参照）。

※最後に、この調査にご協力いただいたすべての方に感謝いたします。また、大部の最終報告書を縦横に参照するために、多くの時間を費やすことになった。これを可能にした二〇〇九年度の松山大学国外研究制度に感謝したい。本章はその成果の一部である。

注

（1）浦野（2007）はハッキング（Hacking, I., 2002）の議論を援用しながら、過去の事実の不確定性を認めた上で、記憶の政治学を調停するための確定的な条件が不在であることを混乱と呼ぶ。しかし注目すべきは、この混乱それ自体を積極的な現象として取り上げ、いわば「混乱に寄り添う」（264頁）道を選択していることである。ハッキングは、フーコーの「歴史的存在論」にならって、この混乱を成立させている論理と由来を記憶の実定性にまでさかのぼって解明しようとする。確かに私がここで明らかにしようとすることは、浦野やハッキングの目指すところとは少し違うが、彼らの指摘した「混乱に寄り添う方法」は大きなヒントになる。なぜなら、混乱という現象それ自体を疑似的な現象として解消したり否定したりするのではなく、むしろ個別の語り手の物語世界の自律性を認めながら、たとえそれらが矛盾したり、混乱していたとしても、それらが組み合わされて作り出す多元的な過去を、つまりオーラルで多声的なヒストリーを、そのまま受容する道が開かれるからである。

（2）血友病の疾病認識の大きな変化は、最初はクリオ製剤の導入によって、そして次に一九七〇年代後半の高単位血液凝固因子製剤（非加熱）の導入によってもたらされた。それまでは、頭蓋内出血や関節症等によって「二十歳くらいまでしか生きられない」難病と認識されていたものが、これによって初めて、結婚、就職、高齢化といった常人のライフスパンを生きることが可能になる慢性疾患として認識されるようになった。濃縮製剤の開発によって、製剤の量自体が縮小され、簡便になったために、患者は凝固因子の補充のために病院にいく代わりに、濃縮製剤を自宅で自分で注射できるようになった。これが自己注射＝家庭療法（Home Treatment）である。日本では自己注射が一九八三年に健康保険適用になると、家庭療法が全国に普及するようになる。このことは血友病者や家族、それに医師と製薬会社にとって、血友病治療の画期的な進歩と受け取られたようである。ところが、ＨＩＶの混入した濃縮製剤がアメリカから輸入された時期が、たまたまこの家庭療法の普及時期と重なったことで、この悲劇を生む舞台が形成されていく。

（3）Ｉｐ氏の「医者まかせ」の態度は、一般的な医者への依存とは異なる。前章でもふれたように、むしろそれは彼の治療歴から理解できるものになる。Ｉｐ氏はクリオ製剤の後期の注射による輸注が始まるまでは、近くの大病院に通っていた。しかし、交通渋滞の中を激痛をこらえながら大学病院へ行き、そこでも長時間待たされたあげく、自分の血友病のことにほとんど医療的な関心を持たない研修医が場当たり的な対応をする。しかも、研修医なので注射に何度も失敗する。Ｉｐ氏と家族はこうした状況に対して不平も言えない。それは「公務員みたいな感じ」の医師たちの対応に見えただろう。ところが、注射による輸注ができるようになり、近所の病院に転院し、そこでＲｇ医師と出会う。（第3分冊、688頁）

血友病に対する治療体制の整っていない大学病院からＲｇ医師のもとに転院したことは、Ｉｐ氏と家族にとっては、治療環境の劇的な変化であったと思われる。担当医がつかず「誰も何も責任持ってない」状況と比較して、「自分もそんなに、血友病が詳しいわけじゃないけど、勉強して一緒にやろう」というO医師の誠実で責任ある対応は、経験を積んだ注射の技術にも増して、大きな安心感を与えるものであったことは想像に難くない。尊敬すべきＲｇ医師はほどなく実家の医院を継ぐために退職するが、Ｉｐ氏がＨＩＶに感染したのはこの病院であった。しかし、医師への尊敬を基盤とした「医者まかせ」の態度は、そのまま変わらず維持されていったのではないだろうか。

第三部　エスノメソドロジー的社会科学の展開

第九章ではサックスが先鞭を告げた「子ども」の社会化研究をモデルとしながらも、本書全体のテーマである他の社会理論の視点も取り入れながら、「子ども」カテゴリーの政治性について追求する。具体的には、社会化研究では著名なコルサロの相互行為論的子ども研究だけでなく、アリエスに代表される社会史の研究、さらには、フーコーとドンズロの家族研究も援用しながら、子どもを社会学的に位置づけよう。この他にも、近年ヨーロッパと北欧において研究が盛んになっている、相互行為論的な子どものエスノグラフィーと政治性を結びつけた「子どもと社会的コンピタンス」の研究視角も紹介しよう。この章の最後に所有権をめぐる幼稚園年長児同士の争いのエピソードを分析していこう。この分析は、会話分析と参与枠組の概念をベースとしながらも、エピソードが展開していく各局面について、エスノグラフィックな記述を不可欠とする解釈から成っている。

このエピソードから示唆されることは、子どもの所有権は実際に所有している者に自然に与えられるわけではなく、複雑で可変的な社会的交渉を通して確立されるということである。子どもは確かに大人に依存している。しかしながら、子どもが自分たち自身の文化を持ち、それを自分たちの仲間集団においてつねに維持していることも明らかである。

第十章では、会話分析からの成員カテゴリー化装置（MCD）に対する批判を検討した上で、それに反論して、成員カテゴリー化装置こそ、「個性原理」のエスノグラフィーと組み合わせたならば、メンバーの道徳的秩序への規範的コミットメントを慣習的な文法として明らかにすることができることを示す。特にここでは、会話のシークェンス的組織化とカテゴリー化作業とは、分かちがたく結びついていることを実際の会話を例にして詳細に示すことにする。

この会話の中心的テーマである「牛飼い」という仕事は、この仕事の内容を知らない人から見れば「遊んでいる」ように見えるということだ。大人というMCDが遊ぶという活動に結びつく時に、マイナスの道徳的ニュアンスがつきまとう。それをラジオ・インタビューの中で、いかにして回避していくかが相互行為戦略として見て取れる。ここから、日常世界の規範的秩序が同時にポリティカルな場所でもあることもわかる。つまり、ウィトゲンシュタイン派エスノメソドロジーの論理文法分析をフーコーの「権力作用」の概念と結びつけることで、日常性に働く微細な権力を解明することもできるようになる。

第九章　大人が子どもを理解するということ

はじめに――保護される子ども

子どもという政治的カテゴリー

サックスが早くから指摘していたように、現代産業社会における「子ども」というカテゴリーは「大人への依存」を含意した政治的なカテゴリーである（Sacks, H., 1979=1987）。つまり「子ども」は彼ら自身だけでは自立したものとみなされず、その意味では、大人の保護や観察の対象として有徴化されている。たとえば、子どもが事件を起こすと、子ども自身の権利が主張されて久しいにもかかわらず、いったい保護監督者は何をしているのかという言説が出てくることもまれではない。サックスの慧眼によれば、事件の説明がたとえ子ども自身によってなされたとしても、それは本人が語る権利を持つ説明として扱われるのではなく、大人の「まね」かテレビなどメディアの模倣として扱われるのである（山田富秋 2000c）。そしてこれにフーコー的な関心を付加するなら、精神医学的管理が顕著な現代社会においては、少年少女の「語り」は「異常な心理状態」を示す記号となり、この記号を解読する権利を持つのは、少年少女自身ではなく、精神科医や犯罪学者など専門知識をもった専門家なのである。このような「子ども」カテゴリーの政治的な含意は、たとえば、セックス・ワーカーなどスティグマを付与されたジェンダー対象に向けられるまなざしによく似ている。つまり、セックス・ワーカーもまた長い間「保護監督」されたり、「処罰」すべき対象としてまなざされてきた。セックス・ワーカーが労働する権利をもった労働者(ワーカー)として扱われるようになってきたのはごく最近である。

子どものコンピタンス

以上から、子どもを研究しようとするとき、まず最初に明らかにしなければならないのは、「子ども」というカテゴリーの政治性である。フーコーが犯罪者と子どもは「下降方向の個別化」というスティグマを付与されると指摘しているが(Foucault, M., 1975=1977, 邦訳 194-5 頁)、子どもをめぐる調査や研究自体が子どもの保護監督の手段として実施されることによって、このスティグマ付与に力を貸してきた。そしていま、子ども独自の活動とされる「遊び」が、そこから比較的自由な研究対象として、いわばカッコでくくられてきたのである。近代の子ども研究の批判的検討から出てくるのは、政治的カテゴリーとしての「子ども」と調査の作り出す関係性を問い直す必要性である。それはこれまでの研究のように、調査され保護される客体としての「子ども」を再生産するのではなく、子ども自身がローカルな状況で、社会関係を作り出すコンピタンス（能力）をもっている存在として捉え直すことにもつながっていく。子ども自身のコンピタンスを研究の中心に置く立場は、近年イギリスを中心とした「子どもと社会的コンピタンス（Chilren and Competence）」学派が提唱している（Huchby, I. & J. Moran-Ellis, eds. 1998）。そして、この視点の転換には、エスノメソドロジーや会話分析の貢献が大きいことも確かである。すなわち、エスノメソドロジーに影響を受けた微細なフィールドワークは、子ども自身が具体的な社会状況において、他の子どもや大人たちとどのような相互行為をしているのか、つぎつぎと明らかにしていったからである。こうしてコルサロが主張するように「文化を自らの視点から解釈しながら、再構築していく」存在として子どもを捉えることができるようになる（Corsaro, W., 1997）。

社会的構築物としての「子ども」

社会史における子ども

私はこれまで「子ども」カテゴリーの政治性と、調査研究による「下降方向の」個別化の問題を指摘した。ところが、これに対抗するために、「子ども」自身のコンピタンスを認めようとしても、他方では子どもをつねに抑圧された存在として捉える罠が待ちかまえている。この問題を解決するためにはどうしたらいいだろうか。それには「子ども」カテゴリーが歴史や社会によって変化する社会的な構築物（social construction）であることを示すことが役立つだろう。

まず「子ども」カテゴリーの歴史的変遷に目を向ければ、ドンズロやアリエスの歴史社会学が明らかにしているように、近代の「子どもの誕生」は小家族化した核家族という近代家族の誕生と一体化している（Donzelot J., 1977=1991）（Aries, P., 1960=1981）。すなわち、近代社会は初期の女性・子ども労働者を「保護」の名目のもとに「市場」から放逐し、代わりに家長を「家族」の代表として雇用するという歴史的プロセスをとった。こうして「近代的核家族」と「主婦」が誕生する。牟田和恵が指摘するように、この過程は同時に国家の代理人として子どもを保健衛生的・教育的に監督し、保護する主婦＝母親の誕生を意味する（牟田 1996）。また、同時に推進された「生－権力」としての福祉・衛生政策（ポリス・ポリツァイ）もまた、ドンズロの指摘するように主婦＝母親を中心に規格化された家族を作り出すのに貢献したことは言うまでもない（Foucault, M., 1976=1986）。そして近代社会は、国民国家形成の途上で「国民」を産出するために、徴兵制と並んで、画一的な教育制度を義務化し、子どもを学校制度に沿った長い「子ども期」にとどめ置くことになる。こうした政治的・社会的変動のなかで、二〇世紀の初頭には十二、十三歳で子どもから大人へと移行していったと考えられるのに対して、現代日本では最長は高校卒業まで「子ども」として扱われるようになったのかもしれない。子ども期の延長である。

社会的構築物としての子ども

ここからでてくる結論は、「子ども期」が自然な現象ではなく、むしろ、歴史的に変動する社会的構築物であることだ。この視点に立てば、「子ども」がさまざまな文化や社会的状況によって、想像以上に多様な仕方で社会的に構築されていることがわかる。たとえば近年問題になってきている、家庭における子どもの性的虐待の報告が示していることは、パーソンズのように家族をつねに安定した社会化の根拠地として前提することが誤りであるばかりでなく、家族がつねに避難所として機能すると考えることも誤りであるということだ。ある時代の家族や「子ども」像を普遍的なものとして固定化したとたんに、現実の多様性が捨象されてしまう。ここで善悪の価値判断をいったん脇に置いて、現代の世界における子どもの生き方の多様性をみていくと、たとえば兵士として子どもが訓練される社会もあるし、アジアやラテンアメリカ諸国のように、すべてではないにせよ、子どもたちがストリート・チルドレンとして生きる社会もある。さらにまた、パーソンズの仮説を裏切るように、ワンペアレントファミリーが全家庭の半分以上を占める北欧諸国で育つ「子ども」たちもいる。私たちはこうした「子ども」の多様性について具体的に明らかにする必要があるだろう。

ここから子どもの世界の研究方法が提唱される。もっとも重要な目標は、子どもの視点にたって、子どもが生きている世界にアプローチすることである。さらにこの方針に基づくフィールドワークは、「子ども」を調査する研究者自体にも自己言及的な省察を要請する。というのも、研究者も大人である以上、その場の制度的状況が子どもに及ぼしている社会的権力に研究者自身も一体化していることが往々であるからだ。そして、当該研究者がどのような大人の権力と一体化しているのか、それ自体を自己言及的に解明する必要がある。さらにまた、これまで明らかにしてきたように、「子ども」カテゴリーが当該の文化や社会を越えた普遍的な概念ではない以上、ある文化や社会の内部にいる研究者自身が暗黙の裡に持ち込んでいる「子ども」観自体も明らかにする必要がある。このためには、大人が現在生活している社会を自明視するのではなく、大人と子どもも含めた現在の社会・政治的状況を相対化しながら批判的に検討する姿勢が必要になる。こうして、研究者には周囲の大人の視点から離脱し、子どもたち自身が集合的に体験している現実を、子どもたち自身の視点から明らかにする第一歩が獲得されるだろう。

前節で紹介したコンピタンスの概念にこの研究方法を応用するなら、コンピタンスを大人を頂点として獲得されるものとして捉えるのではなく、むしろ「状況依存的に達成されるもの」として捉えるのである。ハチュビーによれば「子どもの日常的な人間関係を通して、コンピタンスがどのように周囲に認められたり、あるいは子どもによって表現されたり、また別の場合には、それが隠蔽されたりするのか」を問題にする必要がある。彼の例を紹介しよう。たとえば学校においては、先生に従順に従うというコンピタンスがなかば強制的に習得されるが、このことばかりに注目すると、学校以外の場で自然に表現される他のコンピタンスがわからなくなってしまうという。学校以外の場所では、たとえば友だちと仲良くなるといった、自主的に人間関係を樹立していくコンピタンスなどが、それに代わって優勢となるだろう。

子どもの所有権主張の分析

子どもという成員カテゴリーと子ども化装置

子どもという時代（childhood）は、人間集団の自然で普遍的な特徴ではなく、むしろ社会的に構築されたものである。したがって「子ども」は歴史が違ったり、文化が違えば変わってくるものであり、社会階級やジェンダーやエスニシティといった要因と切り離すことはできない。にもかかわらず、子どもたちの社会関係と文化は、大人の視点や利害関心とは独立して存在しており、それ自身の見地から研究に値するものである。たとえば以下に紹介する例は、子どもの所有権をめぐる争いについてのあるエピソードである。これは大人からみれば「遊び」に分類されるものかもしれない。なぜなら、金銭を稼ぐ労働と直結してはいないからだ。次章でみるように、「遊んでる」という表現が大人にとっては何もしないでぶらぶらしているという意味を含み、「笑われたり」非難される可能性をもっているが、他方子どもは労働から排除されているため、子どもに特有の文化的活動であると認識されている。しかし、以下の子ども同士の相互行為をみるなら、大人の考えるような「他愛ない」遊びが展開しているというよりはむしろ、誰に「ファミコンの説明書」が帰属するかという所有権の問題をめぐって、きわめてシーリアスな相互交渉が展開していると考えることができる。子どもたちは大人も含めた周囲の人々と相互行為しながら、自分たちの社会生活を作りだす積極的な主体でもある。

所有権をめぐる子どもの争い

以下のエピソードは大学付属幼稚園（一九八六年当時、山口女子大学附属幼稚園）の遊び場において、学生が卒業論文のための調査の最中に偶然収録したものである（なお登場する子どもの名前はすべて仮名であり、実際の名に近いものに変形してある）。このエピソードは最初に女の子同士の友人M「みか」とS「さち」が園庭で見つけたファミコンの説明書を興味を持って見ていると、そこにSI「しょうた」MA「まさる」T「たけし」U「ゆうた」の四人の男の子のグループがやってくる。後に判明することは、この説明書は最初に「おれのよ」と言ったUの所有物であるようだが、MとSはそれがさちの兄の所有物であると主張し、いったんはその場に居合わせた四人の男の子を説得することに成功する［局面①］。ここで二人の女の子はしばらくそれで遊ぶが、すぐにUの所有権主張を裏付ける「目撃談」（Uが落とすのを見た）をもって、Tが他の三人の男の子たちを連れてやってくる。ここでファミコンの説明書が本当は誰の持ち物なのか、女の子たち対男の子たちといったジェンダーによる対立構図ができあがる。ところが、Mの作り上げたSの兄の所有であるという物語は、ファミコンについての前提知識を問うSIの巧妙な攻撃に敗れ、作り話であることが暴露される［局面②］。その結果、SがMにだまされたとしてMから離れ、女の子のチームは崩壊する。最後はMが残りの全員と対立することになり、ようやくUに説明書をしぶしぶ返す［局面③］。

参与枠組とけんか

このエピソードを分析するために、ここでは参与枠組（participant frameworks）の概念を導入しよう。会話分析の観点から争いやけんかを考えると、その一般的な形式は「非難／応酬」の隣接対の無限連鎖になるだろう。(1) つまり、非難と応酬の関係に入り込んだ二人の参加者は、この隣接対を終結させることが難しい状態になり、また、他の参加者がこの隣接対に参加することも難しい、いわば一種の「閉じた状態」が継続する可能性が生まれる。ゴッフマンによって最初に考えられた参与枠組（Goffman, E. 1981）の概念がこの状態を説明するのに役立つ。つまり、けんかにおいては非難する者と応酬する者だけを排他的に参加させる参与枠組が働いていると考えられる。そして、その場にいる他の者たちは、二人のけんかを見る観衆として位置づけられることになる。しかしながら、けんかを有利に進めるためには、観衆を何らかの方法を通して、自分の味方に引き入れる（連携する）ことも必要であり、そのためには原則として二者間に限定されているけんかの参与枠組を変形して、観衆をけんかに参加させることが必要になる。ここで考察したいのは、子どもたちがどのようにして観衆を参加させるような参与枠組の変形を行っているのか、その点にある。この視点から子どもたちのけんかを分析したのはマジョーリ・グッディンである。彼女は、進行中の二者間のけんかのなかに、物語や間接的な陰口を導入することで、現在の参与枠組を変形させ、進行中のけんかを観衆にも評価させるかたちで参加させ、その結果味方に引き入れることに成功するという、手の込んだ戦略を明らかにしている（Goodwin, M. 1990）。

実際の相互行為から

以下に会話の抜粋を示しながら、このエピソードの展開を三局面に分けて、細かく見ていこう。（トランスクリプト記号は、（）は沈黙で、数字は沈黙のだいたいの秒数を示す。∥は割り込みの箇所。＊は同時スタート。：：は音の延ばし。・・・は発話はあるが、聞き取れない箇所を示す。発話者はM：みか　S：さち　SI：しょうた　MA：まさる　T：たけし　U：ゆうた　K：こうへい、である。）

［局面①］　女の子たちの成功した所有権主張「さっちゃんのよ」

1 M：さっちゃんのよ：（3）　さっちゃんのよ　ねえ
（7）
2 SI：もっと見せてっちゃ：
（3）

3 M：＊さっちゃん　これちょうだい
4 SI：＊はやこね　これ
5 MA：ファミコン　なんてかいちゃるんか、これ
（2）
6 MA：ねえねえしょうた君、ファミコンな：んて＊書いてあるんか
7 M：　　　　　　　　　　　　　　　　＊だめよね：
8 SI：おねがい、おねがい
9 U：おれのよ
10 SI：いい？
11 M：だめ//だめ//だめ
12 SI：　　いい？いい？
13 M：さっちゃん、いけんのよね、おにいちゃんのだから、いけんのよね、おにいちゃんのや
から
14 SI：なら、おまえもだめじゃ：
15 M：（2）でも、さっちゃんのおにいちゃんさ：知っちょる人だけいいんじゃもん、わたし、
さっちゃんち来る人は、ええんじゃもん。さっちゃんち知っちょる？
16 SI：知っちょるって？

17Ｍ：しょうたくん、知ってないわ：ねえ

ファミコンの説明書の取り合いからこの相互行為は始まる。説明書を見ているＭ（みか）とＳ（さち）の二人を、四人の男の子が取り巻いている。そのうちSI（しょうた）とＴ（たけし）の二人はこの後、女の子チームと対立する中心的な人物となる。１Ｍ（みか）は、男の子たちに対して、ファミコンの説明書がＳ（さち）のものであると即興的に主張する。しかしこれは後でわかるように、Ｍ（みか）がＳ（さち）を巻き込んで説明書を独占しようとする作り話である。この架空の物語を書き上げているのはＭ（みか）である。その内容は、３Ｍ（みか）の「さっちゃん、これちょうだい」からわかるように、説明書をいったんＳ（さち）のものにしておいて、それから自分がもらうという手の込んだものである。これに対してSI（しょうた）は2SI、８SIにおいて、自分にも見せてほしいと訴えている。おもしろい点は、９Ｕ（ゆうた）において本当の持ち主である「ゆうた」が自分のものであると言うと、映像では確認できるが、SI（しょうた）は今度は彼の方に向かって見せてほしいと頼んでいる（10SI「いい？」）。しかし「ゆうた」の主張は、11Ｍ（みか）でのSI（しょうた）に対する拒否「だめ」によって、事実上無視される。そのことは、12SI以降SI（しょうた）の懇願はＭ（みか）にだけ向けられていくことでもわかる。そこでＭ（みか）は、この説明書が「さっちゃん」のお兄ちゃんのものだから、見てはいけないという理由をアドリブ的に提示する。しかし、それがＭ（みか）自身にも適用されることを14SI（しょうた）で指摘される。するとＭ（みか）はさらに、Ｓ（さち）の兄を知って

る人だけ見ることができるという理屈を考え出す。このやりとりを通して女の子チームは男の子チームを排除することに成功し、説明書を独占する。ここでおもしろいのは、所有権をめぐって対立するチームが男の子対女の子というジェンダーによって形成されている点である。

[局面②]　男の子たちの反撃

39T：そうよ、今のおれ走りよったらな：ゆうたくんのポケットからドスンと落ちた。
（5）
40SI：わぁ：：ぼくもゆうた君がさあ
[全員すべり台に上がる]
41SI：ちがう
42S：さっちゃんのよ
43SI：わからんよ：
44S：だって、さっちゃんのにいちゃんが持ってきただけだもんねえ。
45SI：でもさあ、たけしがゆうたのポケットから落ちたって言ったよ。
46T：本当じゃもん。落ちたもん。ぼくちゃんとこの目で見とったもん。
47S：（3）

48SI：だから、ち／／がう

49M：　　　でもこれは、さっちゃんのです。

50SI：だめ：：ちがうよ：：　なら／／・・・ないのに

51M：　　　　・・・なら、ゆうたくんがさ：：

52M：ひろってからさ：さっちゃんがさ、もうとってから、ゆうたくんの

53SI：ちがうよ：ゆうたくんがポケットから落ちたって言ったんやもん

54M：（3）　だって本当やもん

55SI：（3）　うそつき

56M：本当じゃもん

ここで劇的に状況が変化するのは、39T（たけし）の目撃談「ゆうた君のポケットからドスンと落ちた」によってである。いったんは無視された「ゆうた」君の発言は、T（たけし）の目撃証言によって再浮上する。そしてそれを支持したSI（しょうた）は、すべり台の上で再度女の子チームと対決することになる。ここで興味深いのは、女の子だけの閉じた参与枠組がこれによって変化し、彼女たちを取り囲むかたちで、SI（しょうた）とT（たけし）がそこに入ってくることである。そしてここで最初に男の子チームの対抗的主張に反論したのは、最初にこの物語を書いたM（みか）ではなくS（さち42S）である。ここでS（さち）はM（みか）のシナリオに即して忠実に反論して

いる（44S）ように見える。「さっちゃんのにいちゃんが持ってきた」。そして47S（さち）で反論につまったとき、M（みか）が代わりに登場してくる（49M、51M、52M、54M、56M）。

［局面③］所有権の前提への問いかけ

つぎにこの参与枠組の内容が変化するのは、この非難／応酬の潜在的な無限連鎖を74SI（しょうた）の「ねえ、ファミコン持っちょる？」という所有の前提知識を問題にする問いかけである。

74SI：ねえ、ファミコン持っちょる？
75S：持っちょるよ
76SI：なんのファミコン？
77S：・・//
78M：　　　持っていったんよね。
79S：カセット//
80SI：　　　　ファミコンなにもっちょるんか？
81T：めずらしいの、しょうちゃ・・ん？
82M：そうやってね
83T：＊めずらしいの、しょうちゃん、くれるん？

84 S：＊いろいろなもん、持っちょるんよ。
85 SI：いろいろなもんじゃわからん。（3）なら、スパルタン持っちょる？
86 S：持っちょるよ
87 K：ぼくの・・・しよう？
88 T：ドッキングカー＊オブスリー
89 M：　　　　　　＊しよう？
90 S：は？
91 T：ドッキングカーオブスリー
92 SI：スリー
93 T：ドッキングカーオブスリー
94 SI：ゆうたなんか、もっちょるんど、ドッキング//スリー
95 T：　　　　　　　　　　　　　　　　　　　　もってないも・・ん
（3）
96 SI：ならドッキング・・・れば？
97 S：・・・
98 SI：あ・・・　　　は？　あ、ちがう・・カンフーンってどういうの？
99 T：もっちょる？

100S：やってないも：：ん、まだやってないも：：ん、にいちゃんまだ・・

101SI：だから・・・だからあれは、おまえのじゃありませ：：ん・・・ね、ゆうた。

ここでの応酬は、S（さち）が中心に対応している（75、77S、79S、84S、86S）ようだが、その途中でM（みか）はこの「集まり」から退出する（89M）。M（みか）と入れ違いに、争点になっているファミコンの説明書の所有者であるU（ゆうた）が、単なる聴衆の位置から、この集まりに参加するポジションに移動する。そして94SI（しょうた）において、この局面において指さしを受けながら、初めて引き合いにだされる。局面②では所有権の主張は、同一の論理レベルでなされていた。しかし、この局面③では所有を主張する前提として、そもそもファミコンを持っているのか、そして持っているとしたら、どんな種類のソフトを持っているのかという、所有の前提となる知識を問題にしているのである。この点において、論理レベルは一段高次のレベルに移り、実際に所有しているゆうたがスラスラと答えられることになる。これに対して、S（さち）は答えられない。100S（さち）までの苦しい答弁に対して、101SI（しょうた）の結論「だからあれは、おまえのじゃありませ：：ん・・・ね、ゆうた」が最終的に出される。ここで興味深いのは、ファミコンを持っているかどうかという前提に関わる議論において、U（ゆうた）が発言はしないものの、この参与枠組の中でSI（しょうた）とT（たけし）の議論を支持し、証明する位置づけを与えられていることである。このやりとりにおいて、S（さち）とM（みか）の女の子チームは決定的に敗北を喫することになる。

[局面④] 裏切りと所有権の委譲

最後は裏切りとM（みか）の敗北である。まず109SIにおいてS（さち）を懐柔しようとする動きがなされる。それにS（さち）は応じ（110―111S）、M（みか）との決裂は決定的になる（117M／118S）。「さっちゃんのにいちゃん、あんなん持ってないよ」。こうしてM（みか）とS（さち）という女の子チームのなかでの非難／応酬の連鎖が始まる（120M―127M）。参与枠組が決定的に変化する局面である。だがこれは128T（たけし）の割り込みによって中断され、129S（さち）の「かえさんや：おこるよ：」によって一気に最終的な解決へと持ち込まれる。最後の場面で「泣きそうな」U（ゆうた）が参与枠組の中に持ち込まれ、実際に泣くことによって、その場の中心的登場人物となり、M（みか）はしぶしぶU（ゆうた）にファミコンの説明書を投げて返す。

101 SI：さっちゃん、こういうわけ、いい？（2） ねえ？
110 S：ゆうたくんのやけどねえ、（2） ゆうたくんのをひろって
111 S：みかちゃんにあげるって言っとって
112 SI：あっ、やっぱり。いまさっちゃんがはなしたよ。（2）
113 SI：ゆうたくんのポケットから落ちたから、さっちゃんがひろってから、

114 SI：さっちゃんが、みかちゃんにあげたって、そう言っとったよ、ねえ。
115 M：（4）
116 SI：＊ほら
117 M：＊でもさ、でもさ：ゆうたくんにはさ、さっちゃんのにいちゃんがあげたんだもん
118 S：ちがうよ、さっちゃんのにいちゃん、あんなん持ってないよ。
119 SI：ほれ、ほらみろ
120 M：さっちゃん、よくもうそついてくれたね
121 S：あんなの、さっちゃんちにないも：ん
122 M：あら：：ね、//このまえ、もっちょった：ね
123 S：　　　　　ない
124 S：あれは//ちがうの、ちがうのじゃ：ね
125 M：　　さっちゃん、持っちょったよ、いっしょのよ：いっしょのやったもん
126 S：ちがうもん
127 M：あれいっしょに//・・・
128 T：　　　　ぼくちがうと思う
（4）
129 S：ゆうたくんにかえさんや：おこるよ：

まとめ

この分析で明らかになったことは、最初はジェンダーによって閉じられていた参与枠組が男の子のチームによって挑戦されることでくずれ、それにともなってファミコンの説明書の所有権も移動していったことである。実際の持ち主のU（ゆうた）は参与枠組の変化によって、局面①では単なる聴衆になり、局面②では男の子チームの主張を裏付ける証拠として頼りにされ、最後は泣くという中心人物になる。U（ゆうた）の所有権がこの相互行為を通して認められていくことをみれば、所有権は実際に所有している者に自然に与えられるわけではなく、まさに社会的な交渉を通して確立されるとは言えないだろうか。

子どもは大人と同じ社会に生きている以上、社会の変化やジェンダー構成などによって大きな影響を受けながら生活している。しかも経済的な意味でも、安定した保護と養育を必要とするという意味でも、子どもは大人に依存することが、一定の年齢まで必要不可欠でもある。にもかかわらず、このささやかなエピソードが示しているように、子どもが自分たち自身の文化を持ち、それを彼らの仲間集団においてつねに維持していることも明らかである。それは大人から見た「遊び」というカテゴリーに集約するには、あまりにも多様な文化ではないだろうか。

注

（1）隣接対については、次の章の第二節を参照。また「けんか」の考察については山田・好井（1991）を参照。

第十章　成員カテゴリー化装置（MCD）分析から見えてくるもの

はじめに

　ここで紹介したいのは会話分析に「成員カテゴリー化装置（以下MCDと略す）」の分析を組み込んでいくヘスターとイグリンたちの試みである（Hester, S. & Eglin, P. eds., 1997）。彼らはサックスの実証的な方向性（脱コンテクスト化）を批判することで、コンテクストに内在した「個性原理」の記述として成員カテゴリー化装置を捉え直そうとしている。もうひとつは、サックスの「醒めた、蓄積的」研究への志向性をそのまま承認しようというシルバーマンの試みである。シルバーマンが提案するのは、エスノメソドロジー内部で政治的な闘争を行うことではなく、むしろ現在の社会科学の前提を超えていくようなサックスの「美学」を評価することによって、エスノメソドロジー内部に「不調和（アノマリー）」なものをそのまま受け入れようとする（Silverman, D., 1998）。

まず会話分析をめぐる論争を整理することで問題点を明確にし、それからへスターたちの解決策を具体的な会話例を提示しながら説明しよう。この作業によって、シルバーマンの提唱するように、ＭＣＤと会話分析を共存させることが、これまで私が主張してきた「権力作用」の分析に大きく貢献することを最後に主張したい。

会話分析の位置づけをめぐる論争

会話分析の方法的立場に対する容赦ない批判は、リンチとボーゲンの批判である。サーサス（Psathas, G. 1995）が述べているように、会話分析の研究方針は「無心の観察」（unmotivated observation）にある。[1] すなわち、テープレコーダーやビデオに記録した会話をトランスクリプトに書き起こし、それを何度も繰り返し眺めながら、会話の細部にまで注意を凝らす。そして、その会話現象が産出される方法について、会話のシークェンスに沿って微細な形式的特徴を記述するというやり方である。これは、実際の会話記録の緻密な観察に基づいて、会話現象を記述し、それを再現してみせる（observation-description-replication）ことである。リンチたちはサックスが考案したこの方法を「原初的な自然科学（primitive natural science）」と呼ぶ。それは、観察されたことを記述することで、その記述に基づいて、誰でも観察された現象を再現できる、そういった科学である（Lynch, M and Bogen, D. 1994,）。

この立場を採用すれば、確かに実際の会話現象を無視した抽象化は避けられる。しかし他方では、観察された現象の再現性を基準として、数多くの観察を比較しながら、そこに共通に見られる規則性や形式的構造を抽出する一般化への方向性は必然的にでてくるし、発見された規則性を蓄積して体系化する方向性も免れない。つまりそれはエスノメソドロジーがパーソンズを代表とする「構築的分析」の特徴として批判してきた抽象化と、発見された規則性の蓄積と体系化をメルクマールとする経験科学の方向である。リンチたちはこれこそ会話分析がエスノメソドロジーから離脱して、客観的な経験科学へと向かう誤った道だと断罪する。なぜなら会話分析は、エスノメソドロジーのように、メンバーの方法をコンテクストに受肉した「個性原理」として記述するのではなく、会話現象の科学者つまり専門家として、会話の一般的規則を蓄積していこうとするからだ。リンチたちによれば、会話分析は途中でサックスが最初提唱していた「誰にでも」観察された現象を再現できるという次元を放棄してしまい、会話分析というパラダイムに参加する専門家によってのみ再現できるようになってしまったという。そこからサックスがはじめは維持していた、理論と日常世界の連続性が分断され、会話分析の専門家による科学的研究と、しろうとの会話参加者という二分法が確立されたとする（Lynch, M. 1993）。

ではどうやって会話分析とエスノメソドロジーとを仲裁することができるのだろうか？　この点について私は、別なところで暫定的な解決の方向を示唆しておいた（山田 1995）。すなわち私が着目したのは、会話分析が明らかにするものは、自然科学をモデルとした「脱コンテクスト化」された規則群ではなく、私たちがメンバーとして了解可能な道徳的・規範的秩序であるという点である。たとえば、会話分析の有名な概念として「隣接対 adjacency pair」がある。これは「問い／答え」の隣接対のように、「問い」という第一対部分が作られれば、それを聞いた会話参加者に、それと同じ行為タイプに属する第二対部分、つまり「答え」を会話の次の順番において作らせる条件を生み出していく。その意味で、シークェンスにまたがった行為の投企性を可能にする条件でもある。しかしこれを自然科学の規則のように考えると、誤った道を歩むことになる。ジェユッシは言う。「例えばあいさつ／あいさつの隣接対を取り上げるなら、私たちはあいさつが必ずしもあいさつを引き出さないことが実際にあることを知っている。しかしここで言われていることは、それが経験的規則であるということではない。むしろ重要なことは、あいさつが返礼として返ってくるという期待は、それがルーティンな実践的・道徳的秩序（practico-moral order）に属することがらとして期待されているということである」（Jayyusi, Lena., 1991, p.242, Cf. 水川 2010）。

私たちはあいさつしたのに返礼がなければ、それを非礼と考え、無視されたと怒るか、あるいは、非礼をしなければならない何らかの理由をあれこれと推論するかもしれない。つまり会話分析の発見した「規則」とは、経験的に確かめられる実証的「概念」というよりはむしろ、それに従ったり、従わなかったりすることが、それぞれの行為に対応した「実践的・道徳的」な解釈（実践的推論）や、具体的な社会的結果を生み出していくという意味で、アプリオリな性格をもったものである。つまり、会話分析の明らかにする「規則」とは経験的規則ではなく、私たちがメンバーとしてコミットしなければならない規範的で道徳的な秩序なのである。したがって、会話分析が発見し、蓄積してきた会話の形式的特徴とは、クルターの言う「論理文法」に近いものとして考える必要があるだろう（Coulter, J., 1979, 前田 2008）。なぜなら論理文法分析は、メンバーの道徳的秩序への規範的コミットメントが会話という活動を通してどのように達成されているのか明らかにする営みであるからだ。そして会話分析が発話のシークェンスに重点を置いた分析をするなかで、ＭＣＤの分析こそメンバーの規範的なコミットメントを慣習的な文法として明らかにする道を開くものである。

成員カテゴリー化装置（ＭＣＤ）と会話分析

サックス亡き後の会話分析の指導者であるシェグロフはＭＣＤに批判的である。つまり、もしＭＣＤをシークェンスにおける位置づけから切り離して考えると、それは恣意的なものにならざるをえず、単に常識を繰り返すだけのものになるからだという。したがって、会話分析のようなシークェンス分析を行わないならば、ＭＣＤについての分析は、会話参加者自身がそれを実践しているというよりはむしろ、分析者の恣意あるいは権限に依存するだけのものになってしまう。ＭＣＤの「カテゴリー付帯活動」という概念についてシェグロフは言う。「泣くという活動が赤ちゃんに結びつけられるという観察は、（中略）発見ではない。それはただ単にいくらかの常識を明らかにしているだけなのである。したがって、この観察は単なる主張であるため、分析者の権限に依存するかぎりでは実際は主張できないものである。それは何か別な仕方で証明する必要がある（後略）」(Schegloff, E.A., in Sacks, H., 1992, p.xlii.)。そしてこうした恣意性から、サックスは「カテゴリー付帯活動」という概念を放棄したとまで言う。同様にヘスターたちも、会話分析は多くの後継者によって現在見るような広大な研究領域へと発展したが、カテゴリー化の研究の方はそれに匹敵するような展開はないという。会話分析は、会話シークェンスにおける発話の位置（順番）を考察の中心に置くことで、ＭＣＤの側面を不当に犠牲にしてきたのだという。

しかしサックスが本当にＭＣＤの分析を放棄したかどうかについては反論がある。それはワトソンの議論である。彼はサックスがかなり多くの仕事をＭＣＤに費やしているだけでなく、(a)サックスは社会的活動としてカテゴリー化を考えていたのであって、固定した文化の枠組みとしてＭＣＤを考えていたわけではないこと、(b)カテゴリーは脱コンテクスト化された意味の貯蔵庫ではなく、むしろカテゴリーが意味を持つのは特定のコンテクストにおいてのみであること、(c)カテゴリーの使用は心理的プロセスの何らかの反映ではなく、公共的な文化リソースに依存していること、(d)サックスにとって重要なのはカテゴリーの内容ではなく、それが使われる手続きであること、以上の四点を挙げて、シェグロフの批判に答えている。(2)

ワトソンのサックスの評価とは対照的に、ヘスターたちはシェグロフが警戒するような脱コンテクスト化されたＭＣＤ分析の方向性をサックスのうちに認めており、それをＭＣＤの「物象化」と呼んだ(Hester, S and Eglin ,P. eds., 1997, p.14ff)。サックスによる成員カテゴリー化「装置」の一般化は、認識人類学の想定する抽象的な「文化」と親和性を持つ。ところがそれと同時に彼らは、サックスの中に「物象化」と背反する方向も読みとる。それはＭＣＤを具体的なコンテクストにおいて考える姿勢である。彼らはこの傾向を積極的に評価し、それをエスノメソドロジーの研究方針である「方法の固有性要請」に結びつけることで、コンテクストにおけるＭＣＤの分析、つまり「実践としての文化 culture in action」の分析を組み立てようとする。つまり「成員カテゴリー化装置はメンバーの実践的行為や実践的推論のその場における達成物としてみなさなければならない」（Hester, S and Eglin, P.eds., 1997, ibid, p.27）のである。

ワトソンもへスターたちも、ＭＣＤと会話分析を別個の研究分野とはみなさず、むしろ両者の組み合わせによって、さらに緻密な分析が可能になると主張する。さらにまた、実際の会話を分析すれば、両者は緊密に結びついていることがわかるという。たとえば、いま教壇で発話している者を「教師」としてカテゴリー化する作業によって、その人物が発問し、生徒からの回答を評価するというシークェンスに沿った会話の組織化が理解できるようになり、しかもその資格証明ともなっていることがわかる。つまり会話のシークェンス的組織化とカテゴリー化作業とは、分かちがたく結びついているのである。ワトソンもまた、シークェンス分析を中心とする会話分析は、会話のトランスクリプトに発話者のカテゴリー化をほどこす時点で、不可避的にＭＣＤを分析のリソースとして使っていると主張する（Watson, R., 1997）。

これまでＭＣＤが会話分析やエスノメソドロジーの中で軽視されてきた歴史を考えるなら、ワトソンたちの主張もうなずける。しかしながら重要なことは、シルバーマンが言うように、また別の党派をエスノメソドロジーの中に作ることではなく、実践的・道徳的秩序が具体的なコンテクストにおいて、どのようにして協働で作り出されているのか、それを多元的に明らかにするためなら、「不調和」なものでも何でも認めていく姿勢だろう。MCDをめぐる論争はこのくらいにして、彼らがどのようなMCD分析を実践しているのか、具体的な会話をめぐって検討することにしよう。

「実践としての文化」としての成員カテゴリー化装置

成員カテゴリー化装置（MCD）とは、人々を記述するのに使用できる社会的タイプないしは分類のことである。たとえば「母親」であるとか「政治家」であるとかいったカテゴリーはすべてこれに入る。ヘスターたちの整理によれば、サックス以降、具体的な「〇〇銀行」とか、もっと抽象的な「法制度」といった集合体や、「信号機」とか「ボジョレー」などの非人間的対象もここに加えられるようになった。そしてサックスの定義にしたがえば、MCDは「次のような成員カテゴリー集合のことである。すなわちそれは、少なくとも一つのカテゴリーを含むものであり、少なくとも一人の成員を含む母集団に適用される。そしてこの時、なんらかの適用規則が用いられることにより、少なくとも一人の母集団成員と一つのカテゴリー装置の要素とが組み合わされることになる。したがって装置とは、集合に適用規則を加えたものである」（Sacks, H., 1972=1989、邦訳97頁）。

ヘスターたちの議論を追うことにしよう。MCDとは私たちの常識に訴えれば、ある成員とある成員が一緒に組み合わされるものとして聞こえるが、他の成員はそのようなものとしては聞こえないということだ。たとえば「家族」というMCDには「母親」と「娘」等々が組み合わされるが、「トランペット奏者」とか「マルクス主義フェミニスト」は「家族」というMCDには組み合わされない。その中でヘスターたちが重要視するのは、サックスが集合Rと呼んだ「標準化された関係対 standardized relational pair」である。これは「夫―妻」「友人―友人」といったカテゴリー対であり、XとYというカテゴリー成員の対関係が「標準化」されている。つまり任意の成員Zをとっても「XとYがそれぞれとの対関係におけるそれぞれの位置について一致した見解をもつ時、XとYの間で成立する権利・義務関係のなんたるかをも、Zは、XとYと同じように知っている」(Sacks, H., 1972=1989、邦訳107頁)。

つまり「標準化された関係対」は、カテゴリー成員の権利・義務を一般的に推測させる装置になる。したがって、これは「医者―患者」「先生―生徒」などの関係対にも拡大して考えられる。ところがヘスターたちは、サックスのMCDの考え方の根底にある除外という考え方に異議を唱える。たとえば「家族」というMCDは「トランペット奏者」を除外しているとたったいま説明した。ところがこれはMCDの適用規則が、実際に適用される前から決まっていることにはならないだろうか。彼らがサックスのMCDの「物象化」を批判するのはこの点である。MCDは自然な組み合わせを持つというよりは、むしろコンテクストが変われば(たとえば吹奏楽団を構成する一家の話なら)、「トランペット奏者」でもじゅうぶん「家族」のＭＣＤに入ることがあるように、ＭＣＤは構成要素として何も除外しないし、逆に何でもかまわないのである。同様に「標準化された関係対」も文化によってあらかじめプログラムされたものではまったくない。むしろコンテクストにおいて喚起され、相互反映的にその場の成員の権利や義務を推論させていくものである。

彼らはまた「カテゴリー付帯活動」というサックスの概念を、後に続く研究者たちの成果を踏まえて、「述部 predicates」というもう少し広い概念に展開させる。それはある成員カテゴリーが付与されれば、それに基づいて慣習的に想起される活動、権利、義務、知識、能力等々のことを意味する（Hester & Eglin, eds., 1997. p.5)。そして彼らの仕事で注目に値することは、このようにしてＭＣＤの概念をサックスのもともとの概念よりも広く展開していったとき、ＭＣＤの分析はメンバーの道徳的コミットメントと慣習的な論理文法の解明に大きく貢献することである。そしてＭＣＤが実際の会話だけでなく、書かれたテクストにも頻繁に現れることを考えれば、会話のシークェンスだけにＭＣＤの分析を限る必要はなくなる。これによって、新聞や小説など書かれたテクストまでＭＣＤの分析を広げることができる。その意味で新聞の見出しについて彼らが行ったエスノメソドロジー的なＭＣＤ分析をひとつだけ簡単に検討することにしよう。

「婚約破棄——神経質な若者がガス自殺を図る」

私たちは、この新聞の見出しを、ある若者の婚約がフィアンセによって破棄され、それによって彼は非常に不幸な気分になったので、自殺を図ったと読む。それはどのようなMCDによって可能になるのだろうか。ヘスターたちの分析で興味深いのは、この見出しについて(1)カテゴリー(2)述部(3)課題と三つの側面に分けて分析していることだ。まず(1)では「若者」を学生とか失業者とカテゴリー化するのではなく、「婚約した者(フィアンセ)」と「婚約された者(フィアンシー)」という「標準化された関係対」の片方の在任者(対偶)として読むことが必要になる。ヘスターたちによれば、それによってつぎに「婚約」と「自殺」をめぐる文法を使って、人物と行為と理由を特定化することができる。ここで彼らがMCDから慣習的に想起される「述部」のことを、クルターのようにウィトゲンシュタイン的な「文法」ということばを使っていることに注目したい。

具体的にここでの「標準化された関係対には、恋愛関係にある、結婚を予定している、婚約指輪をはめている、一緒に行動する、等々のことが慣習的に結びついている」し、さらに「結婚、献身、貞節、子ども、お祝いといった未来の状況を投企する」という。そしてこれらは「婚約」という概念の文法、つまり述部であるという。これと反対に、婚約破棄は苦痛、怒り等々を未来に予想させる。さらに「自殺」もまた、このカテゴリーに結びついた述部、つまり「慣習的な文法」をもっており、自殺するには慣習的な理由がある。ここではフィアンセに捨てられた婚約者は自殺する理由があることになる。しかも「神経質な」という形容が、自殺に向かわせる心理的傾向を相互反映的に説明することになる。そしてその結果がガス自殺である。そして最後の課題は、これを悲劇的な物語として読むことである。それは、結婚して祝福されたかもしれない、これからの将来があるはずの若者が自殺を図ったという読み方である（Hester, S. & Eglin ,P., 1997, pp.38-43)。

競合する道徳的に危険なカテゴリー化：「仕事」と「遊び」

ヘスターたちのMCD分析を実際の会話に適用してみよう。これから紹介する会話は、NHKラジオの「牛舎の窓から世界が見える」と題されたインタビューの一部である。ここでは牧畜を営む家族へのインタビューがなされている。

［トランスクリプト規則］
①文頭の番号は発話の順番（ターン）を指すのではなく、分析の際のレファランスである。
②まる括弧（・・）は、オーバーラップや小声などの理由でうまく聞き取れない箇所である。
③半角括弧内の数字 (0.3) は、おおよその秒数を示す。
④発話中のカンマ：は音の引き延ばしを示す。この数が多いほど（：：：）音が長く引き延ばされる。
⑤//は、これらの発話がそこからオーバーラップを開始することを示す。
⑥半角イコール（=）は、発話と発話とのあいだにほとんど間合いがないことを示す。
⑦半角ハイフン（-）は、音が突然切れることを示す。

⑧完全に聞き取れる吸気は（.hh）で示し、呼気はピリオドなしの（hh）で表示した。

（Iはインタビュアー）

01 I：（そっか）そういう話をうかがうと、その-まさしくご主人のかずゆきさんがなさってたお
仕事にあったら、あ（0.1）、これかってなんか（0.1）、ぽ：んとなんかこうわかるものって、
そういうのあっ-ありました。
02 妻：いや、そうは思いませんでした＝
03 I他と夫：＝ははは
04 妻：これ-この仕事だっていうんじゃなくって∥生き方がこう、おんなじ求めて
05 I：　　　　　　　　　　　　　ふ：ん
06 妻：るものがおんなじだっていうのはよくわかるんですね。∥だから、変な人だ
07 I：　　　　　　　　　　　　　　　　　　　うん
08 妻：なとは思ってたけど∥：　あ-、求めてるものは何かっていうのは∥こう、
09 I：　　　　　　うん　　　　　　　　　　　　　　　　　　　　うん
10 妻：探してるのは何かっていうのは∥わかるわけですよね：∥うん。
11 I：　　　　　　　　　　　うん　　　　　　　　うん
12 妻：うん、で自分もおんなじだから∥だ-どこらへんで何を感じて何をやってるかちゅうのは

13 I：　　　　　うん

14妻：よくわかるわけです。だから、こういっしょに∥生きて

15夫：　　　　　　　　　　　（だから・）農業をその仕事仕事っていう
けど、仕事と思ってないもね∥ぼ-今でも。

16妻：　　　　　う：：ん

17 I：（はあ、そうですか）

18妻：なんかひとつの∥ライフスタイルな、私たちのライフスタイルな（.hh）

19夫：　　　　う：ん

20妻：だけで：∥ふ：ん

21 I：　　はーん（hh）

（中略）

41 I：このすぐなんでも、お仕事は何ですかって、こういう（.hh）
∥聞き方したらちょっとちがうぞっていう感じです∥かね：。

42夫：う：ん　　　　　　　そそそ。う：ん＝

43 I：う：ん＝

44夫：だ：子どもは∥うちら見て遊んでると思ってるしね。
45Ｉ：　　　　　　　う：ん
　　　　　　　　（0.5）
46夫：　えっへへへ∥ははは
47Ｉ：　　　　　ははは
48夫：うちらにとっては一生懸命してるんだけども∥子どもにとってはお父さんが
49Ｉ：　　　　　　　　　　　　　　　　　はあ
50夫：毎日遊んでてって＝
51Ｉ：＝うん＝
52妻：＝じいちゃんもそう思って∥るね：。
53夫：　　　　　　　　あ：じいちゃんもそう思ってるか　ははは（笑い）
54妻：あいつらわけのわからんことを（やってるって）
55Ｉ：好きなことをやってる（っていう意味）なんですね：＝
56妻：＝今日もなんかお客さんきて∥わけのわからん（ことやって、はは）
57夫：　　　　　　　　　　ははは
58妻：働いとらんとって。∥ははは。ははは。
59夫：　　　　　　　ははは。ははは。

60Ｉ：私たちもそう思われてるかもしれません。

ここで分析したいことは二つある。ひとつは03の笑いの現象と46以降の笑いの連鎖をＭＣＤから分析することである。ここでは最初にワトソンの指摘するように、トランスクリプトの発話者を「インタビュアー」「夫」「妻」というふうにカテゴリー化してしまっている。そのため、こうしたＭＣＤがどのようにして会話のシークェンスから作り出されるのか分析する前に、これらのＭＣＤによって提供される知識に基づいて、読者はこのラジオインタビューの置かれたコンテクストについて一定の想起が可能になっていることも重要である。この会話を「制度的状況の会話」（好井 1999）として会話シークェンスから特徴づけると、01でインタビュアーがゲストの二人に対して質問をしてから、その後に続くゲストの会話が最後までインタビュアーの質問に対する答えになっている点で、ラジオインタビューという制度を構成していると言えるだろう。

それではここで03の笑いを考えよう。01のインタビュアーの問いを見ると、これまでゲストによってなされた話を「定式化」し、その定式化に基づいて「ご主人のかずゆきさん」という呼びかけをしている。ここからＭＣＤとして「妻と夫」という「標準化された関係対」が呼び起こされ、これまで話を語っていたのは「主人」と対になる「妻」であることが聞き手に推測される。そして「妻と夫」という標準化された関係対が確立されると、そこからさまざまな「述部 predicates」が慣習的に想起されることになる。ここで想起されている「夫と妻」をめぐる慣習的文法は何だろうか。

インタビュアーの問い「ご主人のかずゆきさんがなさってたお仕事にあったら（中略）ぽ：んとなんかこうわかるもの」があると表現されているように、ここでは二人がまだ「夫と妻」という関係になるまえのことを示唆しているように見える。すると、夫婦になるまえの男女は、互いに惹かれ合うことで結婚し、夫と妻になるという時間的に前後関係にある事態が想起されているのではないだろうか。ところが、この慣習的想起に対して02の答えが「いや、そうは思いませんでした」という意外なものであったため、間髪をおかずその場にいた人たちから（これは任意のZに対しても「標準化」されているため、夫がその場にいると仮定しなくても）笑いがおこっていると解釈できる。

ところで笑いとはどのような活動だろうか？　ジェファーソンによれば、笑いとは「不愉快なもの、いかがわしいもの、わいせつ性、obscenity」に直面したときになされる活動だという（Jefferson, G., 1979）。その意味では結婚する前に妻が夫に惹かれないというのは意外なだけではなく、その場にふさわしくない「不愉快なもの」と位置づけられる可能性もある。まとめると、「夫と妻」の標準化された関係対がMCDとして確立され、そこから慣習的な述部がこの会話のコンテクストにふさわしいかたちで想起されることによって、妻の答えが意外なものとして相互反映的に特徴づけられ、その結果03の笑いが起こっていると解釈できる。

つぎに「仕事と遊び」をめぐる標準化された関係対について分析しよう。ここで興味深い割り込みは14の妻に対する15の夫の割り込みである。これは明らかに潜在的完結点を無視した割り込みになっている。なぜこのような割り込みが起こったのだろうか。それはインタビュアーに対しては「夫」

と「妻」というカテゴリーではなく、ともにインタビューを受ける者として自己をカテゴリー化しているからではないだろうか？　つまり、インタビュアーの前では二人とも牛飼いに従事して「インタビューを受ける者」という同じカテゴリーに包摂されているのである。この観点から見るなら、二人は「インタビューを受ける者」として同一であり、どちらがインタビュアーに答えてもかまわないという意味で、取り換え可能である。

しかしながらここにはもう少し微妙な出来事が起こっている。それは夫の「仕事」に出会ったときにぽ：んとわかるものがあったかというインタビュアーの質問自体に、「そもそも仕事ではない」ということを夫が伝えたがっているということだ。ここには「インタビューを受ける者」を分裂させる契機がはらまれている。それは「妻」は「仕事」というインタビュアーのカテゴリー化をそのまま受け入れて答えているのに対して、「夫」はそれを「妻」の答えに割り込んでまで拒絶しようとしているからだ。それでは「夫」はどのようなカテゴリー化をしようとしているのだろうか。夫の15「農業をその仕事仕事っていうけど、仕事と思ってないもね」はインタビュアーのカテゴリー化の否定だが、それに続く新たなカテゴリー化は妻の18-20「なんかひとつのライフスタイルな、私たちのライフスタイルなだけで」という発話によってなされている。ふつう慣習的に想起される「仕事」と対になる標準化された関係対の対偶は「遊び」だと思われる。しかしながらここで呈示された対偶は「ライフスタイル」あるいは「生き方そのもの」である。ここで想起される慣習的文法は、「仕事」とは好きか嫌いかを問わず、生活のために強いられる労働としての仕事であり、それと対照的な対偶「ライフスタイル」は、仕事が非常に好きで、仕事というより自分の生き方と一体化してしまった営みである。こうして夫の否定に続く、「仕事」と対照的な「ライフスタイル」という妻のカテゴリー化によって、夫と妻は分裂することなしに「インタビューを受ける者」としてふたたび一体化したと言えるだろう。

しかしながら、「仕事とライフスタイル」という標準化された関係対は慣習的に広く受け入れられているかというとそうではない。それは46からの笑いの誘いに見られるように、子どもにも「じいちゃん」にも、すぐに「仕事と遊び」という標準化された関係対に変形されてしまうのである。たとえ自分たちがそれを「ライフスタイル」とカテゴリー化しても、単なる「遊び」として解釈されてしまう危険性にいつも直面している。48「夫」の「うちらにとっては一生懸命してるんだけども、子どもにとってはお父さんが毎日遊んでてって」の発話に見られるように、「仕事と遊び」という標準化された関係対から想起される文法は、遊びとは責任の伴わないもので、つらい仕事というよりはむしろ楽なものであるといった特徴だろう。それは55「好きなこと」に「一生懸命」打ち込んでいく「ライフスタイル」というカテゴリーを転覆させてしまう。さらにまた「子ども」に対して「大人」であるお父さんという標準化された関係対もここで働いている。それはこのコンテクストでは、「働くものとしての大人」に対して、労働から免除されている子どもという対だろう。以上のように、「ライフスタイル」が「遊び」に変形される危険性もまた「いかがわしいもの」であるため、46以降笑いの連鎖が起こっていると解釈できる。

これを会話のシークェンスからもう一度捉え直してみよう。まず最初に笑いだしているのは誰だろうか。それは46の夫である。これは牛飼いを「ライフスタイル」ではなく「遊び」に変形して、その危険性を笑う実践である。つまり自嘲的な笑いの誘いと解釈できる。しかしインタビュアーがすぐにこの誘いにのって笑ってしまうと、「遊び」というカテゴリーにまつわる道徳的危険性をここに持ち込んでしまうことになる。たとえば、彼らは仕事をしているのではなく、適当に遊んでいるというニュアンスも伝えてしまう。したがって、この会話の44において夫が「子どもはうちら見て遊んでると思ってる」という発言をするが、これに対するインタビュアーの評価はすぐに来ないで、沈黙する。この沈黙の意味は、聞き手であるインタビュアーがそれをどう評価していいか迷っていると解釈できる。なぜならすでに「仕事と遊び」の文法を用いて解釈したように、「大人が遊んでる」というのは必ずしも肯定的評価を生まないからだ。そこでつぎの46を見ると発言した本人から最初に笑いがくる。これがジェファーソンのいう「笑いの誘い」である。47を見ると、インタビュアーがこの誘いに乗っていることがわかる。また、53以降のシークェンスを見ると、笑いの誘いと受け入れが観察される。ここでは54「わけのわからんことやってる」という否定的評価が笑いと一緒に発話されることで、いったんは呈示された否定的評価をその場で同時にあいまいにするという洗練された技術を見ることができる。インタビュアーの発話が理解できるのはこの文脈である。55「好きなことをやってる」という発話は、夫の笑いと同時に生起しているため、その否定的ニュアンスを打ち消すための発話であると解釈できる。また同様に、60の発話もこの夫妻の自己卑下的な笑いに対する打ち消しの要素を持っているだろう。

ＭＣＤの分析と会話分析を超えて

ここから批判的エスノメソドロジーまでは遠くない。というのも、日常世界の規範的秩序が同時にポリティカルな場所でもあることに注目すれば、論理文法分析をフーコーの「権力作用」の概念と結びつけることで、日常性に働く微細な権力を解明することができるようになるからだ（山田 2000b）。そしてＭＣＤの分析を通して明らかになる「慣習的な論理文法」としての規範的知識は、批判的エスノメソドロジーや「権力作用」の分析に不可欠なものと言えよう。そして近年の批判的なフィールドワークの実践とＭＣＤ分析を結びつけていけば、さらに繊細で注意深い分析が可能になり、そこから豊穣な経験的研究領域が広がっていくだろう。

注

（1）Psathas, G. *The Methodological Perspective of Conversation Analysis,*（1995, Chapter 4.）北澤裕・小松栄一訳『会話分析の手法』（1998、マルジュ社）の第４章の議論を参照のこと。

（2）Watson, D.R. (n.d.), *Categorization and the later work of Harvey Sacks,* これは未公刊の論文であるが、Silverman, D., 1998, pp.129-30. に紹介されているので、それを引用した。

第四部　現象学とエスノメソドロジー

ガーフィンケルはシュッツから多くの影響を受けてエスノメソドロジーを構想した。ところが、シュッツ現象学の中心である意識の志向性分析それ自体がエスノメソドロジーには存在しない。それどころか、現象学的還元の操作に不可欠な意識作用の分析はエスノメソドロジーにとって無縁なものであるばかりか、逆に批判の対象にさえなっている。現象学に着想を受けたエスノメソドロジーが、このように大きな変容を遂げたのは、いったいなぜだろうか。そこにはどんな論理的展開があったのだろうか。第十一章では、現象学的社会学からの問いかけに答えるかたちで、ガーフィンケルがシュッツの多元的現実論を「改読」していった道筋を明らかにした。

それは、シュッツのレリヴァンス論を間主観的（社会的）な認知手続きとして読み替えていく方向である。すなわち、ある特定の限定された意味領域において、当該社会によって許容された類型化＝レリヴァンス・システムが働いており、観察者と行為者は期待の相補性によって、当該社会秩序を産出する。その際、当該状況つまりその限定された意味領域の中で活動する行為者は、単独であっても、あるいは複数であっても、当該領域を共通の類型化＝レリヴァンス・システムを通して理念化を行い、その結果、間主観的な世界を作り出している。つまり、観察者も行為者も状況にレリヴァントな類型化を協同で適切に行うことによって、対象からなる世界をひとつの共通な世界として扱うことができるような「理念化」を行っているのである。したがって、行為者は思念された意味にしたがって行為するというよりはむしろ、行為者も観察者もその場に適切な類型化を協働で達成することによって行為するのである。ここからエスノメソッドという考え方までは非常に近い。

続く第十二章では、アン・ロールズによるガーフィンケルの初期草稿の編集と発刊の仕事に頼りながら、特にガーフィンケルの最初期の「社会学的にみればSeeing Sociologically」の論文において展開された考え方を明らかにしよう。この論文では、シュッツの現象学の諸概念が使われている。ところがそのほとんどすべてがガーフィンケルの改読を受けている。その結果、第十一章の結論で見たように、行為者から思念された意味が取り除かれ、「行為が遂行される際の規則」に還元されてしまうのである。そしてそれは観察者だけに手に入る規則である。ガーフィンケルがきわめて初期の段階から、この間主観的な類型化＝レリヴァンス手続きを経験的に明らかにしようとしてきたことがわかる。そしてケネス・バークの「敬虔」概念を使いながら、この理念化手続きが相対的に自然に見えるだけであるという限定も忘れていない。現在の地点から振り返って考えるなら、この理念化手続きを解釈活動を一切排除した「理解」の協働的表示と捉えるのか、それとも、身体を持った分析者がフィールドに入り込むことによって、リフレクシヴに理解可能になる解釈と捉えるのかによって、大きな分岐点が生まれるだろう。歴史的にはガーフィンケルは前者の道を取ったのだが、それは本書第一部で批判したように、エスノメソドロジーを隘路へと追いやることになる。

第十一章　志向性のない現象学

シュッツにおける志向性分析の重要性

私は『日常性批判』[1]においてシュッツの科学論の大胆な読み替えを提示した。それはシュッツの「よそもの論」に出てくる「能動的理解」という概念をヒントにして、孤我モデルとしての科学的思考の世界の身体性の欠如と実践的な世界への非関与性を批判したものである。このような「改読」には限界があることも承知しているが、シュッツの科学論がハンソンやクーンたちの「解釈学的な科学論」と強い親和性を持つことを手がかりにして[2]、そこから現代の科学社会学や科学哲学、あるいは科学の社会研究（social studies of science）に対してさらに強い主張が導けないかということに関心があった。

このような私のシュッツ理解に対して、以下のような批判があった。つまり私の解釈は「意識の志向性分析というシュッツ科学論の中軸的な方法的意識を完全に等閑に附した、いわば〈改読〉とさえ呼びうるもの」(張江 2004、150頁)であるという。私は発表当時から、ある意味で強引な私のシュッツ解釈に対して、オーソドックスなシュッツ研究者はどのような反応をするのか、非常に興味をもっていただけに、この解釈はことさらに貴重なものとして受け取ると同時に、私自身の改読の限界と私が加えた理論的な変更についても、結果として、よく理解することができるようになった。その意味で張江洋直の指摘は的を射た適切なものであると言えよう。

それでは私自身のシュッツの改読の限界とはどのようなものだろうか。それは、現象学の根本的な主張である意識作用(cogitatio)の志向性について、まったく取り上げていないという点である。これは同じ論文で指摘されているように(張江 2004)、シュッツの社会的世界の意味構造の分析が、ウェーバーの理解社会学の深化をめざしながら、まさに志向性分析(と態度分析)を基盤にして遂行されていることからも明らかだ。張江の指摘する多元的現実論における志向性分析の重要性と、社会的世界を分析する際の「志向性の変容分析」という根本的な視座は、シュッツを理解しようとするなら、無視することさえ不可能なものである。そして、シュッツの現象学的社会学の企て全体が、意識の志向性分析(intentional analysis)として特徴づけられるとした張江のシュッツ解釈の適切さには疑義を挟む余地もない。(3)

この批判を科学についても敷衍するとしたら、科学的な態度に関する志向性分析と、実際の科学的活動に関する活動の分析とを分離しなければならないという結論がでてくる。少し長くなるが、張江の指摘通りにシュッツから引用しよう。すなわち、志向性分析においては科学的態度が問題にされるのであって、その際「社会科学者の態度は社会的世界に対するあくまでも私心のない観察者のとる態度」となる。このような意識の特有な緊張状態において社会科学者は「自分の観察している状況に巻き込まれていない。というのもそれは彼にとって実践的な関心をひくものではなく、むしろ単なる認知的な関心をひくものだからである。それは彼の活動の舞台ではなく、彼の考察の対象である。彼はその内部で活動することもないし、彼の行為の結果としてどんなことが生じるのか望んだり、恐れたりしながら、それに生き生きとした関心を持つこともない。むしろ彼は自然科学者が実験室での現象を観察するのと同じような超然とした平静さでもって、社会的世界を眺めるのである」[4]。ところがシュッツはこうした志向性分析と区別して、科学者がコミュニケーションの世界であるワーキングの世界で活動する状況の分析を同時に要請するのである[5]。

ただし、科学的な活動が社会的に基礎づけられているかぎり、それは社会的世界の内部で生起するそれ以外のすべての諸活動のなかにある一つの活動である。社会的世界の内部にある、科学と科学をめぐる諸問題を論じることと、科学者が自らの対象に向うさいに採用すべき独特の科学的態度（scientific attitude）とは、それぞれ別の事柄であり、私たちが以下で論究を試みるのは、後者に関してである。（Schutz, 1962a, p.37=1983、90頁）

そしてシュッツが活動の分析において科学者の役割を問題にしたのは、張江が指摘するように「見識ある市民」の論文であろう。すなわち、科学者や専門家の「社会的に是認された知識」が現代では威信と権威の源泉となっている。その結果、生活世界において何世代ものあいだ継承されてきた「生きられた経験」である「社会的に獲得された知識」は、この権威ある知識によって否定されたり、あるいはそれに取って代わられる危険性に直面しているのである。シュッツの提言は興味深い。「見識ある市民が、自らの私的な意見を市井の人の世論に勝るように」（Schutz, 1964, p.134）しなければならないという。アレントを連想させるように、声の一元性を権威によって達成しようとする専制に対して、意見を公に明らかにする政治的活動の必要性を主張しているようだ。

「知覚の衝突」による再解釈の可能性

以上のように、張江の批判がシュッツの議論に即した非常に的確なものであることがわかった。しかしながら、それではなぜ私は意識の志向性分析の道をとらないのだろうか。あるいは科学的態度の分析と、多元的現実のひとつである科学的世界の分析を、張江やシュッツ自身の分析によらずに、どのように解釈しようとしているのだろうか。私はそれをガーフィンケルの「知覚の衝突」という考え方をヒントにして再解釈したいと考える。まず、ガーフィンケルが問い直したのは、志向性の分析（態度の分析）とはどのようなレベルの分析なのかということである。

例えば、あるゲシュタルトが最初から何らかの意味を持って現れ、その意味性の現れがいったん確立してしまうと、別様に見ることが難しいということは、何を意味しているだろうか。これは「知覚の衝突」というガーフィンケルの考え方に結びつけると、日常的な知覚にも政治性が浸透しており、何らかの知覚がいったん確立してしまうと、それは覆しがたい権力を及ぼすようになるということではないだろうか。例えば、松本健義が乳児に離乳食を与える場面における権力性と呼んでいた例が示唆的である。彼は自分の子どもが乳児のときに、いつものようにスプーンで離乳食をすくって与えようとした。しかしどんなやり方で与えようとしても強い拒絶に会う。何度やってもだめなので、あきらめかけていると、そばにいた母親（乳児の祖母）に、自分で食べたいのかもしれないから、汚れてもいいように下に新聞を敷いて、スプーンを持たせてみたらと言われた。その通りにすると、乳児は自分でスプーンを持って食べ始めたのである。ここにはおとなと子どもの権力関係を読み取ることもできるが、いったん確立した知覚を覆すことがいかに困難であるかを読み取ることができるだろう（松本 2005）。

ガーフィンケルが一九七〇年代に「perceived normalcy（知覚された正常性）」を問題にしていたことは、いったん確立した知覚の抗いがたさ、つまり権力性について考察していたことを物語る。彼はここから生まれる社会的世界を「normal environment（正常な環境）」と呼んでいたが、これはガーフィンケルの最初の小説である「カラートラブル」にその原型となる問題意識を読み取ることができる（Garfinkel, 1940=1998）。この短編は、アフリカ系アメリカ人（黒人）差別が常習化していた一九四〇年代のアメリカ南部を舞台として、白人専用席に座った黒人たちを運転手の白人が違法行為として告発し、彼らを逮捕へと追いやるまでのやりとりを克明に描写したものである。当時、バスの後部座席のみが黒人に許されており、たとえ白人専用席に空席があったとしても、黒人はそこに座ってはならなかったという。あるときニューヨークから旅行してきた黒人のカップルが堂々と白人専用席に座ったのを、白人の運転手が見とがめる。現地の黒人なら当時の差別的な州法の規定通りに、黒人専用席に退いたはずだったが、都会からの旅行者たちは合衆国憲法を盾に抵抗を挑む。だが、彼らの抵抗むなしく逮捕される結末で終わる。

もちろんこの事件を人種差別として、当時のアメリカの社会構造から分析することも可能だろう。ところがガーフィンケルが選択したのは、知覚の水準における現象学的分析であった。つまり都会から来た黒人たちの行動が、南部の白人のいつもの「知覚された正常性」に照らしてみると逸脱として知覚される。他方、ニューヨークから来た黒人たちにとってみれば、それは正常な知覚であるどころか、不当なこととして認識され、彼らはこの認識に基づいて抵抗を挑んでいることがわかる。つまり、ある集団成員からみた「正常性」は他の集団成員からは「異常」で不当なものと知覚される。これが「知覚の衝突」である。先の松本の例にならえば、いったん確立した知覚が単なる知覚のままに留まっているのではなく、そう知覚することが、最終的にはむき出しの暴力を発動させることに結びついている。つまり単なる知覚にも政治性、あるいは権力性が浸透しているのである。

ここで現象学的な社会科学の基本とされた意識の志向性分析にもどろう。科学的態度と科学的活動は区別されなければならない。そして科学的態度は外的世界から距離をとって、それを観察する意識の特定の緊張状態だとされていた。シュッツに習熟している読者にとっては蛇足になることは承知で、彼の多元的現実論から少しだけ補足するなら、社会的世界はさまざまな「限定された意味領域（finite province of meaning）」から成っている。その各々の意味領域を構成するのは意識の緊張であり、ベルクソンのいう「持続」である。そして意識の緊張の度合いに応じて、多元的世界は至高の現実である「ワーキングの世界（world of working）」を基盤として、夢の世界、空想の世界、宗教の世界、科学的思索の世界など、さまざまな現実をスペクトラムとして持つ。一人の人間は意識の流れのなかでこれらすべての「限定された意味領域」を「飛び地」的に経験し、個々の意味領域に対して、当該の意味領域に固有の認知様式を付与する。したがって、ある現実において一貫性があり、両立可能な経験であっても、別の現実では一貫性がなく矛盾したものとなる。つまり、ある現実から他の現実への移行に際して主観的なショック（キルケゴールの言う「跳躍」）が生じるのである（Schutz, 1962b）。シュッツは認知様式の内容として、意識の特定の緊張、特定のエポケー、支配的な自発性の形式、自我経験の特定の形式、社会性の特定の形式、特定の時間パースペクティヴを挙げている。

ガーフィンケルの「知覚の衝突」から導き出されるのは、単純な知覚にも権力性が浸透しているということであった。そこで、志向性分析に対して、次のような問いを立てることができるだろう。つまり、もし外的世界を超然と眺める科学的態度が実践的な外的世界に関わらないものだとしたら、このような科学的態度という志向性（認知様式）から見えてくる世界はどのような「知覚された正常性」なのだろうか。ガーフィンケルが違背実験において科学的態度そのものを日常世界で実際に行動に移したように、私がここで問題にしたいのは、態度（志向性）と活動との関係である。結論を先取りするなら、ガーフィンケルのシュッツの改読とは、志向性の分析と活動の分析の二つを、ある意味では強引にひとつにまとめたことだと思われる。次の節でガーフィンケルの博士論文（The Perception of the Other）に基づいて、その議論の詳細を見ていこう。

ガーフィンケルの博士論文『他者の知覚（The Perception of the Other）』と知覚の政治

ガーフィンケルは博士論文において、博士論文の指導者がパーソンズであったこともひとつの理由かもしれないが、新カント派的な機能主義的認識論に対しても、現象学的な認識論に対しても、まず同等の権利を認めることから出発する。たとえば、ウェーバーから始まって機能主義に至る、社会構造とパーソナリティとを統合しようとするパーソンズと、同じくウェーバーから始まりながら、行為という出来事が生起する行為者の構成条件を明らかにしようとするシュッツとを相互補完的なアプローチであるとする。[7]

しかしながら、パーソンズとシュッツの理論的決断を比較した章の最後に興味深い信条吐露とも思えるくだりがでてくる。すなわち「今日のアメリカ社会学において、かりに指導的な理論的立場があったとしたら、それはこの分析的な問題にパーソンズが理論化したような解決に見出されるだろう。ところが、この理論化の天才性は認めるにしても、有意味的な行為とは何かが不明確であり、理解社会学の位置づけもあいまいなままなのだ。私の意見では、シュッツが行為の構造を定義する際の時間の重要性を指摘した新鮮な取り組みは、パーソンズに代わる有望で明確なアプローチであると考える」（Garfinkel, 1952, p.151）。

パーソンズにはなく、シュッツに存在する問題とは「対象の構造的組織化を記述することである。つまり、対象が意味の統一体として組織化されていく特徴を明らかにすることだ」（Garfinkel, 1952, p.105）。そしてこの関心がシュッツのレリヴァンス問題の重要性につながっていくとする。「シュッツにとっては、対象を分類する前に、このレリヴァンス構造の形式的特徴を現象学的に記述する必要があった」（Garfinkel, 1952, p.106）。そして「時間」が重要なのは「シュッツにとっては、意味の統一体として経験される対象は、時間的に特定化されたものの網の目としての統一体であるからだ。知覚されたものは、（パーソンズのような）知覚的出来事の図式ではなく、時間を通して結びつけられた知覚的出来事、つまり、時間を通して特徴を与えられた出来事なのである」（Garfinkel, 1952, p.107）。

こうして、ガーフィンケルはあらゆる理論のアポディクティック（必当然的）な文法を明らかにするスタンスをとりながらも、実際にはシュッツの社会理論の優位性を深く確信していたと思われる。博士論文のなかでの彼のシュッツの引用は多岐に及ぶばかりでなく、引用された分量も非常に多い。しかしながら、いま引用した箇所だけ見ても、「行為者の構成条件」「対象の構造的組織化」というシュッツには見られない表現が使われているだけでなく、レリヴァンス構造と知覚的出来事とを結びつけて考えているなど、いくつかのポイントに絞って検討していけば、ガーフィンケルに独自な解釈が浮かび上がってくる。その中でもまず最初に、張江が問題にした志向性についてガーフィンケルの解釈を検討してみよう。

パーソンズの行為の普遍的な構造の説明を『社会的行為の構造』(Parsons, 1937) などをもとに検討した後、ガーフィンケルはシュッツが行為の不変的な構造を説明するのにフッサールの現象学的概念を引いていると言う。つまり、経験は常に経験する者による経験であり、その経験は常に何かについての経験であって「別な言い方をすれば、何らかの対象を持たない経験は存在しないということだ」(Garfinkel, 1952, p.124) と、現象学の志向性の定義に忠実に従っているように見える。そして、もし例えば観察者が観察された対象者の腕の動きを、あいさつの身振りとして説明したとしたら、観察者はその行動を行為の枠組みのなかで捉えているという。ガーフィンケルによれば、この考え方はフッサールの「意識の志向性 intentionality of consciousness」に基づいているのである。

ここで「行為の枠組み」という表現に着目してみよう。ウェーバーの「思念された意味」を現象学的に基礎づけようとしたシュッツによれば、行為 (action) は習慣的で自動的な意図をもたない行動 (conduct) と区別される。そして、行為とは事前に考えられた計画に基づいた行動であり、それを外的世界において実現しようとする行為がワーキング (working) であった。[8] シュッツの定義のポイントは何らかの意図が存在するかどうかにあり、それは現象学の志向性の概念と親和的なものである。ところがガーフィンケルは「何らかの対象に志向した経験はすべて行為である」と言い切り「しかしこう言ったからといって、あらゆる行為が目的的であるとか、行為は未来の事態を達成することに原理的に志向していると考えるべきだということにはならない」(Garfinkel, 1952, p.124)と、わざわざシュッツの定義を否定しているのである。そしてさらにシュッツからの逸脱を感じるのはこれに続く文章で「シュッツのこの定義は観察者の不可避的な現前(presence)をもたらす」というのである。というのも「観察者は観察された他者の行動の記号(behavioral signs)を観察のカテゴリーに翻訳する仕事に直面している以上、有意味な行動(behavior)とは観察された他者によって生成され、観察者が他者の表現として扱う行動のシグナルから構成されるからだ」(Garfinkel, 1952, p.125)。

ここで暫定的にガーフィンケルの行為の定義を要約してみよう。行為とは意識の志向性とはまったく関係がないどころか、行為者自身ではなく、観察者によって解釈され生成される有意味な行動ということになる。それでは観察者はどのようにして行為を有意味なものとして構成していくのだろうか。ガーフィンケルは、観察者にとって有意味な行動を「限定された意味領域」に結びつけて考える。つまりパーソンズの立てた「行為の不変構造(invariant structure of action)」をもじって「人はどうして確定した意味を行為に付与できるのだろうか」とガーフィンケルは問う。そしてその答えは、以下のように説明される。すなわち、シュッツは自然的態度の現象学的な記述を通して、注意の変容した様式としての「限定された意味領域」へと到達し、一般的な態度の構造的価値を明らかにしたという。そこでは、特定のタイプの行為を産出する特定の態度（志向性）が注目されている。こうして「シュッツは限定された意味領域としての、諸対象からなる秩序について考察する。そして行為者の注意の様式の観点から記述できる一般的でアプリオリな構造を説明しようとする。すなわち、対象からなる秩序のそれぞれ、限定された意味領域のそれぞれは、特有の注意の様式を持っており、その注意の様式は当該秩序にとって構成的である」（Garfinkel, 1952, p.125）。

ここではパーソンズの追求した「行為の不変構造」が「限定された意味領域」と読み替えられており、限定された意味領域とは諸対象の秩序である以上、特定の注意の変容様式が特定の限定された意味領域の秩序を構成する、つまり特定のタイプの行為を産出すると解釈されている。そして、各々の意味領域に特有の注意の様式、つまり特有の志向性が秩序を構成しているのである。もちろんここにはベルクソンの「持続」の概念に強く影響された、シュッツの多元的現実論における志向性分析からの大きな逸脱が認められる。しかもそれだけでなく、原理的には主観的なプロセスである注意の変容様式が、外的な秩序を構成するものと捉えられているのである。こうした大きな転換はどのようにして生まれたのだろうか。それは後ほど詳しく論じるが、シュッツの志向性分析をレリヴァンス論として読み替えて行った結果生まれたものと解釈できる。つまり、博士論文の中ではまだ十分に展開されているとは言い難いが、後の「信頼」論文（Garfinkel, 1963）において、構成的規則として定式化される考え方である。(9) つまり、ある特定の限定された意味領域においては、当該社会によって許容された類型化＝レリヴァンス・システムが働いており、観察者と行為者は期待の相補性によって、当該社会秩序を産出するという議論である。(10) その際、当該状況つまり当該の限定された意味領域のなかで活動する行為者は、単独であっても、あるいは複数であっても、当該領域を類型化＝レリヴァンス・システムを通して理念化を行い、その結果、間主観的な世界を作り出していると言うことができる。

ガーフィンケルはこの理念化を独我論を克服するための操作として捉えている。すなわち、視界の個別性（perspectival appearance）が可能性として持っている独我論（solipsism）は、実際の具体的な対象からなるコミュニティを理念化することによって克服されるという。なぜなら、行為者（たち）が実際の状況において理念化を遂行することによって（例えばこの場合には、立場を相互に入れ替えると共通の対象が知覚できるはずだという理念化を遂行することによって）、世界が個々の行為者の個別の視界によって別のものに見えるという問題が、行為者たち自身によって実践的に克服されているからである。そうだとしたら、これらの理念化はひとつの経験的な条件として、対象からなる世界を観察者がひとつの共通な世界として扱うために利用できるのである（Garfinkel, 1952, p.130）。

ここで重要な点は、理念化の操作が論理的にアプリオリなものとして要請されるのではなく、むしろ当該状況に応じて、そのつどなされる経験的な問題だと考えられている点である。したがって、個別の限定された意味領域において、類型化＝レリヴァンス・システムを通して、どのような理念化が協同で遂行されるかは、経験的に明らかにするほかはないのである。このように考えていくと、意識の志向性分析と類型化＝レリヴァンス論を強引に結びつけていくガーフィンケルの改読が、エスノメソッドという人々の方法の経験的な研究、つまりエスノメソドロジーを準備していったことも予測できる。

以上のようなガーフィンケルの考え方をまとめると、社会秩序とは限定された意味領域であり、特定の注意の様式とは類型化＝レリヴァンス・システムに従った社会的な理念化の操作であるということになる。そして行為者だけでは主観的な意味を自己の行為に付与することは不可能であり、行為者と観察者とが協同で、諸対象からなる世界、つまり限定された意味領域を構成していくということになる。ここで単独の自我の意識作用を中心としたエゴロジカルな志向性の分析が、いつのまにか、当該社会状況に働く類型化＝レリヴァンス規則の分析へと変化してしまっている。これを例証するようにガーフィンケルは「シュッツにとって行為者という用語は解釈のための分析図式を指しており、それは観察可能なものを組織化する規則群にすぎない。行為者は人を意味するわけではない」（Garfinkel, 1952, p.129）とする。それは博士論文の最初の問題提起の場所にも見出される。つまりシュッツは「機能主義と違って、具体的な自我を行為の事実を統合する原理と考えるのではなく、つまり、心を実際に存在するものと考えるのではなく、それを観察者の単なる解釈図式として考えるのである」（Garfinkel, 1952, p.1）と述べている。

そもそもエゴロジカルな志向分析に違和的なガーフィンケルの改読は、パーソンズの社会理論とシュッツの社会理論を対応理論と一致理論として解釈する時点から始まっているようだ。パーソンズの依拠する対応理論によれば、外的世界は私たちの個別的な認識から独立しており、認識図式が、その図式に従って外的世界の一部を切り取る。その場合、特定の認識図式が外的世界を正確に写しているかどうかは、その認識図式を用いる観察者が実際に使う認識の基準とは無関係である。なぜなら、外的世界と認識図式の一致は科学的方法によって自動的に保証されるからだ。ところが、現象学の依拠する一致理論に従えば、対象を「特定化する図式」がまさに対象それ自体であり、対象を認識する図式と対象それ自体との区別は存在しない。知覚が対象を構成するわけである。よって、認識図式と外的世界との一致を達成するのは、多元的現実に固有な注意の変容様式であり、ガーフィンケルの改読を通した、社会的に受容され正当化された類型化＝レリヴァンス・システムであることになる。つまり、一致理論によれば、観察者も対象者も両方とも、当該の限定された意味領域に属し、当該の現実の組織者である。そして、限定された意味領域とは意識の流れに還元できる特定の緊張状態ではなく、客観的な現実そのものである。この点は以下の引用にも見て取れる。

　パーソンズの対応理論においては、客観的世界とは何で、客観的知識とは何かという問題を問うことができるが、一致理論の前提のもとでは、どれくらいさまざまな種類の客観的世界があり、どれくらいさまざまな種類の客観的知識があるのかと問うことができるだけだ。ここで語られているのは、世界の複数性のことである。つまりそれは「多元的現実」である。この考え方によれば、この世界にはたくさんの客観的世界が存在する。すなわち、世界を構成する態度にさまざまなバリエーションがあることに対応して、多くの客観的世界が存在するのである。事実、この考え方に立てば、唯一の諸世界とは諸々の客観的世界のことである。客観的ではない世界に対するオルタナティヴは、意味のない世界となる。つまりそれは「感覚刺激の実在性」として経験されるものである。つまり、一致理論において「主観的」ということの意味は、経験者が、ある対象を現実化できないということ、つまり、ある意味を志向することができないということだ。主観的に経験された世界とは、意味を伴わないで経験された世界である。それはウィリアム・ジェームズのいう「あいまいで、ぼんやりとした混乱」として経験される。つまりひと言で言えば、一致理論は行為者と観察者の両方とも、彼らが居る状況の組織者として、彼らをその状況の内部に位置づけ、そこに置いたままにするのである。(Garfinkel, 1952, pp.97-8)[11]

こうして行為者の主観的な意味付与を出発点としたエゴロジカルな志向性分析は、ガーフィンケルの改読を経て、その正反対の極へとたどり着く。ガーフィンケルは言う。限定された意味領域は「頭蓋骨の下」とか「仲間の目の中を覗く」ことによって探してはならないと。なぜならそれは秘密の場所に隠されているわけではないからだ。むしろ限定された意味領域で何が起こるかを明らかにする仕事は、博士論文の後半の実験室を通した研究が示しているように、調査を通して発見される経験的な研究である。しかも最後に付け加えるなら、これは単に経験的な発見にとどまらない。というのも、彼はフッサールの仕事を解釈しながら、それが類型化＝レリヴァンス・システムの問題であるばかりではなく「部族的忠誠」の問題でもあると主張する。

社会科学が単にイデオロギーにすぎないのではないかという問いは、社会科学の合理的根拠を明らかにすることで解決される。これは、フッサールが諸概念の現象学的起源を説明した方法によって遂行できる。彼の純粋論理学の研究を通して、純粋論理学以外の法則の下で働いている理解はどれも理解とは全く言うことができないとフッサールは結論づけた。この結論に従えば、もし提示された論拠を把握することができれば、社会学の観察者の相対性の問題は、この論拠の規則を多様で微細な部族的忠誠（tribal allegiance）の諸形式でもって置き換えてやることによって解決される。つまり、この問題が理論的観点からではなく経験の観点からあつかわれるべきである。(Garfinkel, 1952, pp.24-5)

「部族的忠誠」とは山田（2000b）において詳しく論じたように、ベーコンのイドラ論からガーフィンケルが着想を得た独特の概念である。特定の限定された意味領域に固有の注意の様式であるエポケーは、「観察された出来事」と「意図された出来事」を一致させるサンクションであるという（Garfinkel, 1952, Ch.5）。これは各々の限定された意味領域に働く類型化＝レリヴァンス・システムとも言い換えられる。それは内集団の成員によって、解釈図式と志向図式の機能を同時に果たすことで、道徳的な秩序を構成するものである。これこそ、自然で自明視されているということだけで昔から受け入れられている「部族の偶像」であり、内集団の成員はそれに対して「部族的忠誠」を示すのである。ガーフィンケルにとって、類型化とは、内集団の成員であれば誰でも知っている「常識」を背景として、ある対象の外観と、その対象について社会的に意図された意味とを一致させていく社会的判断規則なのである。「実際の出来事」は社会的に承認された類型化システムを通して「意図された出来事」に変換される。こうして、内集団の成員は「いつもの」道徳的秩序を社会の内部から目撃している限り、それを正常な環境として知覚し続け、それへの疑いは部族的忠誠を通して排除されるのである。

したがって、さまざまな多元的現実にはたらく固有のエポケーは、弧我の意識の操作ではなく、期待されていることと実際の出来事との不一致を解決するために社会的に正当化された方法であることになる。そして、当該社会に「誠実なメンバー（bona-fide member）」である資格は、うまく両者を一致させることで証明される。もし「実際の出来事」と「意図された出来事」とをうまく一致させることができなければ、自己の成員資格を社会的に疑われる危険性に直面するのである。したがって、ある社会で自明視されたレリヴァンス・システムとは、当該社会の成員の信頼と服従とを無条件に要求する「部族の偶像」であることになる。ここから知覚がそのまま現実であり、特有の部族的忠誠を要求する政治的なものであることが導かれるだろう。

結びにかえて

シュッツの志向性分析と類型化＝レリヴァンス論を同一のものとして捉えたガーフィンケルは、ゴーマン（Gorman, 1977）の指摘したシュッツの問題点を、意識の構成作用であるノエシスを徹底的に廃棄することによって克服したと言えるだろう。それは、すでに引用したように、具体的な自我や心を実際に存在するものと考えるのではなく、それを「観察者の単なる解釈図式」として考える決断である。

だが「観察者」という用語を使ったとたんに、この解決はパーソンズの機能主義との親近性を疑われることになるだろう。ところが、ガーフィンケルが「限定された意味領域」において働いている意識の特有の緊張を、観察可能なものを組織化する規則群に置き換えたように、ここでの「観察者」という表現も人間を指すものではないことは明らかだろう。むしろ、当該の限定された意味領域において、観察者も行為者も状況にレリヴァントな類型化を協同で適切に行うことによって、対象からなる世界をひとつの共通な世界として扱うことができるような「理念化」を行っているのである。そしてこの「理念化」がどのように実際になされているかを、経験的に明らかにすることがエスノメソドロジーの課題になる。そして、すべての知覚に政治性が浸透しているように、エスノメソドロジー的探求から明らかにされるのは「多様で微細な部族的忠誠の諸形式」（Garfinkel, 1952）なのである。[12]しかしながら、心を持った私を消去したことの代償はエスノメソドロジーの将来にとってどのような意味をもっていたのだろうか。この点は、次章によってさらに明らかにしよう。

付記：本稿は、二〇〇五年七月二三日の社会科学基礎論研究会主催の第６回シンポジウム「準拠点としてのシュッツ」において報告したものを改稿したものである。私の報告に対する司会の浜日出夫氏（慶應義塾大学）と中村文哉氏（山口県立大学）の適切なコメントと、報告者の一人である張江洋直氏（稚内北星学園大学）の重要な指摘に感謝するものである。また本稿はこの研究会の発行する『年報　社会科学基礎論研究』第５号に掲載予定のものを、同研究会に掲載を許可していただいたものである。記して感謝する。

注

（１）山田（2000）を参照。

（２）例えば村上（1979）などを参照。

（３）もちろん同様の指摘は数多くのシュッツ研究者からなされている。一例として、現象学的なアプローチは社会現象を見るときに「人間の意識の志向性の構造をもっとも重要なものと考えるのである」とNatanson（Natanson, 1958, p.160）は主張する。

（４）訳はシュッツの本文（Schutz, 1962, p.36）を自由に訳した。

（５）リンチ（Lynch, 1997）のシュッツ解釈に反論するという文脈において、リンチが志向性分析と活動の分析を誤って混同している点を最初に指摘したのは浜日出夫（浜 1999）である。

（６）この小説について行き届いた解説を加えている論文として浜日出夫（浜 1998）を参照。

（7）ガーフィンケルはつぎのように言う。「私は読者にどちらの立場を取れと強制しないし、この二つの見方はお互いにとって重要なのである」（Garfinkel, 1952, p.2）。
（8）「習慣的、伝統的で自動的な、意図をもたないものを行動 conduct と呼び、前もって考案された行動、つまり、事前に考えられた計画に基づいた行動を行為 action と呼ぶ。（中略）ワーキングとは、ある計画に基づき、身体運動によって計画された事態をもたらそうとする意図によって特徴づけられる、外的世界における行為である」。行為と行動の英文原語を並列して示すために、筆者が訳した。（Schutz, A., 1962b, 'On Multiple Realities' pp.211-2）
（9）「信頼」論文においては、例えば「三目並べ」のような限定された意味領域が実験的に取り上げられ、その領域における行為者の期待の相補性を通して構成的規則が産出されると説明されている。構成的規則とは限定された意味領域の秩序を構成する規則である。この点についてさらに詳しく論じたものとして、山田（1982）を参照せよ。
（10）このようなガーフィンケルの改読に関連して、ゴーマン（Gorman, 1977）の議論がヒントになるだろう。すなわち、ゴーマンは意識の志向性分析と類型化＝レリヴァンス論というシュッツの二つの議論を矛盾を孕んだものとして見ており、シュッツの現象学的社会学全体を悩ませている大問題であると指摘する。ゴーマンは、シュッツが現象学の主張にしたがって、行為者の主観的な意味付与過程を最も重要視したが、それを科学的な因果論的説明と折り合わせようとしたときに、矛盾に直面することになったとする。つまり、社会学を科学的な説明にするためには、因果論的説明が適用できる個人的理念型の生起が予測できるだけでなく、この理念型が繰り返し生起する必要があるとシュッツは考えたという。つまり、偶発的で一回性の類型ではなく、むしろ繰り返し可能な一般化された類型を求めたのである。ところがその結果、シュッツの重視した自由な意味付与過程は、一般化された類型に還元されることになる。こうして得られる結論は「観察可能なあらゆる社会的行為は自由な行為であり、あらゆる自由な行為は社会的に組み立てられた合理的な行為パターンと首尾一貫している」(ibid., 1977, Ch.3) という矛盾したものになる。

その結果、本来社会科学が扱いたかった領域である意識的な意思決定の領域ではなく、自動化され習慣化された日常活動がシュッツの中心的な研究領域になってしまったというのである。シュッツ自身自明視された日常世界を皮肉をもって眺めてるように見えるが、それは日常世界において堕落した人間を嘆くハイデッガーの視点と共通したものに見えるという。つまり、自由であると考える日常生活者は、実際は社会的に是認された類型化の範囲内でしか行動できない以上、行動の自由を奪われ、それに甘んじているのである。このようなゴーマンの指摘は確かに興味深いが、それを日常世界の権力性と考えずに、むしろ個人的に克服すべき問題と捉えているところに大きな欠点があると思われる。

(11) 引用箇所は、博士論文の第5章「パーソンズとシュッツの決定の比較」(1) 対象についての理論からである。ここで感覚刺激だけの世界には意味がないというガーフィンケルの主張が解釈学的科学論と軌を一にすることは明白である。データそれ自体では何の意味も産出しないのは、それを有意味なものとして受け取るための解釈図式が存在しないからである。つまり村上陽一郎の表現でいえば、前提となる知的文脈が用意されていないからだ。これは、知覚それ自体が理論負荷 (theory-laden)であると指摘したハンソンを待つまでもなく、解釈学的科学論の土台となる議論である。村上(村上 1979) の有名な表現でいえば、物体が物体として認識されるためには、その物体についての過去の知識や未来の想定だけでなく、その通常の使用法に至る社会的に是認された広範な知的文脈 (ネットワーク)が前提とされ、準備されていなければならない。そしてここで言われている知的ネットワークとはシュッツの類型化＝レリヴァンス・システムとして解釈できる。

(12) ところが、こうした微細な「権力作用」の分析を行う際に、誰がどのような立場からそれを分析できるのかといった認識論的な問題に直面する。それはガーフィンケルの主張するように経験的な研究として確立できるのかどうかという問題である。こうした問題群についての理論的整理については山田（2000b）を参照せよ。

第十二章　観察者の手続き規則としての理解

ガーフィンケルのエスノメソドロジーの構想

　ガーフィンケルがエスノメソドロジーをどのようにして構想したのかは、長い間仮説的な問いしか立てることができなかった。なぜなら、ガーフィンケル自身が経験的研究を重視し、こうした理論的な問題に対しては頑なに沈黙を守ってきたからである。ところが近年、A・W・ロールズの一連の著作を通して、ガーフィンケルの生活誌が明らかになってくると同時に、彼の未発表の草稿などが、彼女の編集を通して出版されるようになってきた。(1) このことはガーフィンケル自身の思想形成の解明に貢献するだけでなく、現在のエスノメソドロジーの多様な研究方向に対しても示唆するところが大きい。この章では、ロールズの編集になる初期のガーフィンケルの論文「社会学的に見れば（Seeing Sociologically）」（Garfinkel, H., 2006）を中心に、彼がどのようにしてエスノメソドロジーを発見していったのか推論することにしよう。

最初に彼女がまとめたガーフィンケルの生活誌について紹介しよう。彼は一九一七年にハドソン川をはさみニューヨーク市と反対岸にあるニュージャージー州ニューワーク市のユダヤ人コミュニティに生まれた。彼の実家は家具商であったが、折からの大恐慌で、彼の夢である大学進学は非現実的なものと考えられていた。そこで、親の家具商を継ぐべく、ニューワーク大学の経営学と会計学の授業の聴講を家族から許されたという。ところがたまたま幸運にも、当時授業を担当していたのは、近隣のコロンビア大学などから非常勤で来ていた優秀な大学院生であり、ガーフィンケルは彼らから多くを学んだという。こうしてニューワーク大学を卒業して、大学院の修士課程はノースカロライナ大学へと進学した。ここでは社会学が社会問題を解決するための道具として考えられており、すぐに奨学金を与えられた彼は、心おきなく研究に没頭することができた。この修士課程の時代に、彼はズナニエツキの『社会的行為』(Znaniecki, Florian, 1936) という著作に出会い、さらには、ライト・ミルズの動機の語彙論、そしてケネス・バークの文芸批評に出会う。ズナニエツキへの関心が、よく言及されるポーランド農民ではなく『社会的行為』であったのは、それが当時の「行為者の見地」に関する最も重要な著作であったと彼が考えていたからだという。さらに彼は、出版されたばかりのパーソンズの『社会的行為の構造』(Parsons, Talcott, 1937) も熱中して読んだ。

ノースカロライナ大学では、級友のジェームズ・フレミングから、さらに現象学の講義も受けるように勧められ、E・フッサール、A・シュッツ、そしてA・ギュルヴィッチの著作に触れるようになる。この三人の中でもギュルヴィッチの著作から現象野（phenomenal field）のゲシュタルト的一貫性の概念を学ぶことになり、これはエスノメソドロジーの最初の発想にもつながっていく。人種内と人種間の殺人事件の比較研究をテーマに修士論文を書き上げた後、彼は空軍に入隊し、仮想空間において対戦車地上戦をシュミレートする仕事に就いた。そこでは伍長にまで昇進したという。こうして、終戦後にハーバード大学の博士課程に進学し、パーソンズの指導を受けることになる。彼とパーソンズとの関係は「行為者の見地」をめぐって最初は理論的な論争もあったようだが、後にガーフィンケルが経験的で実験的な研究に転換したため、この論争は長くは続かなかったという。その後彼は、プリンストン大学で二年間教えた後、オハイオ大学へ研究員として赴任し、そこから有名な「陪審員研究」を行うウィチタへと移動し、その後、一九五四年にはUCLAの社会学の教員に雇われた。UCLAでは、最初からエスノメソドロジーという名称を使って講義を開始したという。また、そこでの最初の大学院生であるシクーレルとビットナーとともに、後に英語に翻訳されるギュルヴィッチの『意識の場（Fileld of Consciousness）』（Gurwitsch .Aron, 1964）という著作を、フランス語に堪能な大学院生を雇ってフランス語から英語に翻訳させたという。さらに当時コロラド大学にいたヨーロッパ系現象学者であるエドワード・ローズとも長年にわたって交友を続け、彼との長大な議論も残っている。それ以降の彼の足跡はもう紹介するまでもないだろう。それでは次に、彼自身がシュッツから何を継承したのか、考えていきたい。

ガーフィンケルのシュッツの改読

ガーフィンケルは一般的に、いわゆる理論的な継承性を意図的に逸脱しようとしたようだ。というのも、ロールズによれば、彼はパーソンズの著作はもちろん、彼に影響を与えたと思われる他の重要な著作についても、意図的に「改読(misread)」しようとしたからだ(Garfinkel, 2002, p.112. fn.36. p.146. fn.2)。この「改読」というのは、その元の英単語を字義通りにとってはいけない。それはいわば原典を脱構築することによって得られる解釈のことである。確かに彼はシュッツから多くの概念を継承しているが、現象学の根本とも言える「意識の志向性」については、意図的に「改読」している。現象学になじみのない読者のために、シュッツのことばを使って意識の志向性(intentionality)について説明すると、以下のようになる(Schutz, 1966=1980、邦訳8頁)。

(前略)われわれの思惟は、なにものか「についての意識」であるという基本的性格をもっている。つまり、反省において現象としてあらわれるものは志向的対象であり、私はそれについての思考、知覚、恐怖などをもつのである。したがって、あらゆる経験は、それが意識であるという事実によって特徴づけられるのみならず、志向的対象、すなわち、その経験がそれについての意識であるところの対象によっても同時に規定されている。

ここで留意しておきたいのは、意識の志向性における志向的対象とは個人によって意図され思念された対象であるという点だ。ウェーバーの「思念された意味」を現象学的に基礎づけようとしたシュッツによれば、ウェーバーの立てた行為(action)と行動(conduct)の区別は重要である。つまり、行動は習慣的で自動的なものであり、端的に意図を持たない。これに対して、行為は意図つまり、事前に考えられた計画を持っている。シュッツの「行為」についてさらに詳しく説明すると、それは「行為者によって前もって頭の中で考えられた――つまり、前もって行われた投企に基づく――現在生起しつつある過程としての人間行動」(Schutz, 1964=1991、288－290頁)である。そして「われわれは、以前になされた類型的に同種の行為についての経験にもとづいて、未来の行為を未来完了時制において投企」(ibid.)する。

ここでガーフィンケルの博士論文から、シュッツの行為概念に対応する部分を取り出してみよう。それは「何らかの対象に志向した経験はすべて行為である。しかしこう言ったからといって、あらゆる行為が目的的であるとか、行為は未来の事態を達成することに原理的に志向していると考えるべきだということにはならない」(Garfinkel, H., 1952)と述べている部分である。私たちはここに一つの「改読」を発見する。つまり、シュッツが行為に付与した意図の重要性をわざわざ否定しているように見える。というのも、ガーフィンケルは意識の志向性を受け入れてはいるものの、志向性の概念に行為者の意図や目的、それに加えて、シュッツの指摘した未来完了時制における行為の投企を部分的に否定しているからである。そしてガーフィンケルは「シュッツのこの定義は観察者の不可避的な現前（presence）をもたらす」と補足する。なぜなら「観察者は観察された他者の行動の記号（behavioral signs）を観察のカテゴリーに翻訳する仕事に直面している以上、有意味な行動（behavior）とは観察された他者によって生成され、観察者が他者の表現として扱う行動のシグナルから構成されるからだ」（Garfinkel, 1952, p.125）という。

この博士論文からの抜粋は、行為概念にウェーバーの「思念された意味」はもちろん、シュッツの言う意図（未来完了時制における行為の投企）を必ずしも認めないという点で、彼らと反対の立場であるかのように読める。しかもこう解釈してしまうと、一方で行為者が行為に込めた意図を否定するだけでなく、引用部分から読み取れるように、それに代えて今度は、観察者を行動の翻訳や解釈を行うことができるものと位置づけているようにみえる。実際多くの論者が、この論点はガーフィンケルがパーソンズから継承した、観察者優先の客観主義の残滓であると指摘してきた（山田2000b）。つまり、シュッツがウェーバーの行為概念と現象学の根本概念である志向性を結びつけようとしたのに対して、ガーフィンケルはこの試みを捨てて、行為者ではなく外部の観察者の解釈を優先しているように見えるのである。博士論文より以前に書かれた「社会学的に見れば」という論文に基づきながら、この問いに答えていこう。

ガーフィンケルの一九四八年論文「社会学的に見れば」から

1　シュッツの多元的現実論

ガーフィンケルが行為を研究する時の基本的な前提は、シュッツの多元的現実論である。よく知られているように、シュッツはウィリアム・ジェームズから着想を得て、この理論を提唱した（Schutz, A., 1962b）。すなわち、私たちは自己の意識の緊張の度合いに応じて、それに対応したさまざまな多元的現実を経験するという主張である。この多元的現実の各々は、ある「限定された意味領域」と名づけられ、意識の緊張の度合いに応じて、自己の身体をもって世界に働きかける「ワーキング（働きかけ）の世界」を基盤として、夢の世界、空想の世界、宗教の世界、科学的思索の世界など、さまざまな多元的現実をスペクトラムとして持つ。そしてシュッツは「ワーキングの世界」こそ、すべての現実の基盤となる「至高の現実」であるとした。一人の人間は意識の流れの中でこれらの「限定された意味領域」を「飛び地」的に経験し、個々の「限定された意味領域」に対して、当該の意味領域に固有の「認知様式」を付与する。したがって、ある現実において一貫性があり、両立可能な経験であっても、別の現実では一貫性がなく矛盾したものとなる。つまり、複数の現実を共約したり翻訳したりする共通原理は存在せず、ある現実から他の現実への移行に際して主観的なショック（キルケゴールの言う「跳躍」）が生じるのである。シュッツは認知様式の内容として、意識の特定の緊張、特定のエポケー、支配的な自発性の形式、自我経験の特定の形式、社会性の特定の形式、特定の時間パースペクティヴを挙げている。

ここで私たち社会科学者も含めた科学者の行う活動についてみれば、科学的理論構成の世界とは、至高の現実である日常的活動の世界とはまったく異なっている。それは日常世界とは違う類型化＝レリヴァンス・システムに支配された別の「限定された意味領域」である。その結果、私たちは科学的理論構成の世界で行われている活動をダイレクトに日常世界に持ち込むことはできないということになる。それでは、科学者はいったいどうやって現実の日常世界を研究できるのだろうか。

シュッツによれば、理論構成を行う自我は、孤立した内的持続の流れの中にある自我の一断片でしかない。それは、自己の身体をもって世界に働きかけることはない。つまり弧我は身体をもって働きかけるワーキングの世界に到達しておらず、その結果「生き生きとした現在」を他者と共有しえないために、他者を全体として経験することができない。理論構成を行う自我は端的に社会環境をもたない。したがって、社会科学は日常世界それ自体を直接研究することはできないが、その代わりに日常世界の類似物を人工的に、つまり仮説的に作り出すことによって、日常世界を間接的に研究するのである。シュッツによれば、それがウェーバーの言う理念型であり、行為者のモデルである「操り人形（パペット）」などの概念道具である。

科学者はもちろん、この概念道具を合理的で論理的な科学的手続きに従って組み立てなければならないが、それが研究者のまったくの恣意によるものであれば、現実との接点をいっさい失ってしまうことになる。そこで導入されるのが「適合性の公準」である。科学者は自己の理論に妥当性を与えるために「その（操り人形の）仮想的活動行為や目的的行為が、それ自体の内部で一貫性をもつだけでなく、観察者が理論的領域へ跳躍する以前に、自然的態度で獲得した日常生活世界のすべての前−経験と両立するように」（シュッツ、CPⅢ）構築しなければならないのである。

2　手続き規則としての行為者概念

ガーフィンケルの一九四八年の論文は、そこで使われている用語法だけを取ってみれば、以上のようなシュッツの多元的現実論の立場に立ち、しかも科学理論構成における「操り人形」の役割も踏襲しているかのように見える。ところが、さらに詳しく検討してみれば、彼の使う行為者概念とは、シュッツの行為者概念と連続性があるどころか、むしろ両者には架橋しがたい大きな断絶があることがわかる。まず行為者を行為の「エージェント」と呼ぶ。ここでエージェントとは一般的な用語法である「行為主体」を意味するものではなく、研究対象である行為者を研究者自身と区別するための、単なる標識であると断っている。つまりここにはシュッツの言う主観的意味も主体という含意もまったくない。そして、この概念の二番目の意味として次のように述べる。

観察者が注意をシフトして、行為が開始され、そして最後まで遂行される際の規則に焦点を合わせたとたんに、この行為の「エージェント」を通り越して過ぎ去っていく経験を一時停止させて表現するために、とりあえず何らかの概念群が必要になる。この概念群とは、（A）シンボル世界の住人（animal symbolicum）（B）役割すなわち認知様式（C）意識の客観化機能としてのノエマ－ノエシス構造である。（p.107）

ここでガーフィンケルが行為者について「行為が遂行される際の規則」に注意をシフトすると表現している点に注目したい。しかもこの規則を探求するためには、行為という経験を表現するための概念群が必要だと主張されている。ガーフィンケルは、行為者とは現実の血肉を伴った人間でもないし、自我やアイデンティティでもないと言う。つまり、人格を持った行為者という概念自体が、ここでは否定されている。それではこの行為者とは何を指す概念なのだろうか。ガーフィンケルによれば、それは科学者が想定した仮説演繹法の規則に従う「操り人形」である。つまり、彼はシュッツの現象学的な行為論自体に、多元的現実論から導かれた科学的概念構成の原理を適用しようとするのである。その結果、ここで概念化された行為者とは、ウェーバーの「思念された意味」すなわち意図を伴った行為の遂行者から大きく逸脱する。それは行為主体でもないし、シュッツがウェーバーを継承して現象学的に深化させた行為者概念とも異なる。つまり行為者とは、次の節において詳しく説明するように、上の（A）から（C）の三つの概念群によって表現される経験そのものであり、それは経験的に発見できるものなのである。

行為者が意図を伴った行為主体ではないとしたら、行為はどのように定義されるのだろうか。ガーフィンケルによれば、行為とは[2]「心理的な活動（psychical activity, p.102）」を意味するのではない。

むしろそれは「ある人の「自発的な生」の表示、つまり、ジェスチャー、語り、運動、姿勢、顔の歪みなどなどが、観察者によって理念化される際の手続き規則を意味する」のであり「これらの表示が意味を付与されるのは、観察者が「他者」を解釈する作業に従事することによってである」(p.102)という。ここではさらに、行為者という概念が解釈規則あるいは理解規則と同等であり、現実の人間ではないということが明確にされている。しかも、理念化という手続き規則を使うのは、行為者ではなく観察者なのである。

シュッツの場合には、意味が発生するのは、行為者が自己の意識の流れを、時間を遡って後から振り返る配意作用によって、特定の意味をそこから反省的に切り出してくるからであった。そしてその際、反省する主体とは行為者自身である。ところがガーフィンケルにおいては、解釈作業を通して意味付与を行うのは観察者なのである。ここにもシュッツとの大きな違いがある。しかも「観察者は人ではなく、ある見方を指しており、反省的な認知様式である」(p.166)という。観察者という認知様式は一定の距離を置いて行為を反省することによって、それに意味付与できるのに対して、外的世界に身体を通して働きかけること(ワーキング)に没頭している参加者という認知様式は、自己の行為について反省することができない(ibid.)。ここでは、行為者も観察者も具体的な個人(意図を持った行為主体)ではなく、特定の認知様式、つまり限定された意味領域であるという点が重要である。

3 「操り人形」の経験する世界

ガーフィンケルが行為者という経験を捉えるために用意した概念道具について、まず（A）のシンボル世界の住人から見ていこう。シンボル世界の住人である「操り人形」にとって外的世界はどのように経験されるのだろうか。まず「見ること（seeing）」が可能であるという。しかし、この「操り人形」が何を「見る」のか、どのようにして「見る」のか、そしてどんな条件下で、どんな特定のやり方で「見る」のかは、それぞれ具体的に調べる必要があるという。「操り人形」は自分の世界の「読者」であり、解釈者であり「批評家」である（p.108）。つまり、「操り人形」は世界のさまざまな相貌を現実のものとして解釈するシンボル操作者（symbol treater）である。また、多くの行為者にとって、世界の「顔」は同じように現れるという。この説明は、シュッツが日常世界に特有の自然的態度のエポケーとして描いた特徴と類似している。

次に（B）認知様式または役割とは以下のように定義される。つまりそれがどのような（ア）エポケー（イ）社会性の特定の形式（ウ）生への注意の特定の様式（エ）自発性の特定の形式（オ）時間意識の特定の様式（カ）自己を経験する特定の方法を採用しているかを経験的に明らかにすることによって、当該の認知様式を特定化できるのである（p.110）。ガーフィンケルの挙げるこの六つの側面は、用語だけを取ってみれば、シュッツが「多元的現実論」で描いた認知様式の内容とほぼ対応する。ところが、ガーフィンケルが例として挙げるハーバード大学図書館警備員の認知様式を見ると、シュッツが定義した「内的持続を基盤とした意識の特有の緊張状態」としての認知様式とかけ離れていることがわかる。すなわちここで言う認知様式とは、当該状況において遂行される社会的な役割である（pp.112-6）。しかも、社会的な役割といっても、社会学でふつう考えられるような権利や義務のシステムとか、期待された行動を意味するわけではない。次に彼の挙げた例に沿って具体的に説明しよう（p.112.ff）。

ハーバード大学図書館の警備員の世界は、警備員という役割をまとった行為者によって認識される様々な事物から構成された多元的現実のひとつとして経験される。図書館警備員の任務は図書の無許可の持ち出しや窃盗の防止にある。警備員の机は図書館正面入り口に設置されており、入館者は全員その机の前を通り過ぎることになるが、その際に人々はそこで警備員のチェックを受ける。具体的なチェックとして、警備員は手に何も持っていない人が通り過ぎる場合には、機械的な注意しか払わないが、何か持っている人が通り過ぎる時には、その人をじっと注視し、しばしば呼び止めて机の上で持ち物検査を行い、持っている本を出させ、裏表紙を取って登録証が貼ってあるかどうかチェックするのである。

このことを認知様式の観点から言い換えれば、図書館そのものが諸行為の連携システムを成しており、窃盗を防止する責任を持った人員としての図書館警備員は、緊密に連携されたチェック（検査）システムを作動させる役割を担っている。机の前を通り過ぎる人々は、警備員のチェック（検査）という行為を通して、当該の人々が生きる他の多元的現実から切り取られて、図書館に関係ある役割を付与されるのである。つまり人々の流れは、「本を借りる者」「訪問者」「情報を求める人」

などのように、警備員という役割に関連する種々の役割として見られる。そしてチェックが終了すると、それらの役割から放免される、つまり、兵役を終えた人々が退役するように、それぞれ別な多元的現実へと「跳躍」させられる（pp.110-3.）。

ハーバード大学付属図書館の警備員という「操り人形」は、警備員という認知様式つまり役割の実践を通して警備員役割に関連する意味領域を限定し、警備員役割に関連する種々の役割とともに、ある特定の社会性の形式を構成する。したがって、まさにこの役割のレベルにおいて、複数の行為者の社会関係を支配する規範が見いだされるのである。ガーフィンケルによれば、ここが規範の「生まれる」場所であり、「アイデンティティ（役割）が存在しなければ規範は存在しないし、逆もまた真」（p.114）なのであるという。

4　意図された対象と敬虔

最後に、行為者という経験を説明する（C）ノエシスーノエマ構造について説明しよう。ノエシスーノエマ構造とは、意識の志向性をさらに詳しく説明する時の現象学の概念である。ガーフィンケルはフッサールを援用しながら、有意味な行為はすべて、主体に対して理念的な対象を提示する特徴を持っていると言う。その際、この対象が現実のものなのか、フィクションであるのか、または実際に存在するのか、それとも想像上のものであるかは関係ない。なぜなら、フッサールが証明したように、ある記号について記述する時でも、私たちは実際に起こっていることを記述しているのではなく、むしろ、それによってある理念（ideality）を指示しているからだという。その意味では記号は「存在」しないことになる。むしろ記号は理念化を通して「意図（meant）」されるという(p.132)。

行為者が知覚しているのは実際の対象ではなく、理念的対象であるというガーフィンケルの主張について、もう少し詳しく見ていこう。彼によれば、行為者は現在経験している対象が過去に経験したものと同じものだと認識したとき、それが繰り返し現れることに気づくという。しかし同一とみなせる対象が意識の流れの中で何度となく継起するとしたら、どうやってその同一性が維持されるのだろうか。ガーフィンケルはマンフォード・クーンを引用しながら、知覚が単なる感覚刺激の集積ではなく、意味の内的地平と外的地平を伴って理念化されて現象してくると説明する。つまり、たばこは単なる白い紙を巻いた細い延長物として現象するのではなく、それがたばこの箱から取り出した一本であることや、たとえ見えているのが一本のたばこの表側だったとしても、そのたばこの裏側や先端、それに吸い口まで一緒に類型化された形で知覚されるという。これが意味の内的地平である。

他方、意味の外的地平とは、そのたばこが他のものから独立した対象として現象するのではなく、外的環境と関係した対象として同時に知覚されるということである。たとえば、たばこと灰皿とは結びついて知覚される。これは村上陽一郎の「物体認知の文脈依存性」の説明と類似している。つまり、私たちがある物体を認知するとき、当該の物体のおさまる適切な文脈がなければ、そもそも当該の物体を認知することはできないということである。たとえば、机の上で書くしぐさをしている人が手に持っている物体は、筆記用具として認知される。この時、筆記用具は外的環境である机や書くしぐさに結びつけられて、初めてそれとして認知される（村上 1979）。しかしガーフィンケル独自の色づけがここでなされている。それは、ケネス・バークの「敬虔（pieties）」の概念である。[3]

ガーフィンケルによれば、「敬虔」とは世界とのなじみ深さを意味する。たとえば、新しくめずらしいことも、なじみ深さを背景としてそのように感じられる。よって「ある対象を知覚するということは、この（なじみ深さという）期待のシステムの中にそれを位置づけるという意味である」（p.123）。このように考えると、私たちの知覚とは、予期されたことが連続的に実現されることである。こうして「過ぎ去ったことと予期とは、意図された対象の時間的地平線を構成する。それがノエマである」（同頁）。なじみ深い対象が他の対象と結びつきながら、ひとつの世界を構成する時、それが「私が世界を描く時の基本的な相貌（lineament）を構成する。それは私のさまざまな「敬虔」の構成要素であり、「適切な関係」が成立しているという私の「感覚」であり、こうして結びついた構成要素が何であるかについての私の確信を構成している」（p.123）。

以上の議論を要約すれば、志向性の内容であるノエマ－ノエシスの構造とは、意識の流れの中で継起的に現れる対象を、なじみ深い世界の中に位置づけ理念化することを通して、当該対象と他の対象が結びついて世界を構成し、その結果、期待された「適切な関係」がこれまで通り成立していると確信させる作業なのである。つまり「志向性とは意識の客観化機能を意味する」(p.135)という驚くべき結論が導かれる。ガーフィンケルは言う。

わたしたちが客観性とは意識の志向性のひとつの特徴であると理解したとたん、わたしたちはもはやXの心を正しく読んでいるかどうかなどに悩まされる必要はない。あるいは、主観的データと客観的データという誤った二元論に悩まされることもない。私たちはそもそも主観的データを扱うことなどできないのである。主観的ということで意味されることは、行為者としての観察者が、他の行為者の全く意味のない行為について言明したり、関わったということを意味する。ある言明の客観的特徴は、その言明について他の行為者がどう思うかということにおいて見いだされるのである。(p.198)

この引用文はある意味で難解である。なぜなら、主観性や客観性が通常の意味で使われていないからだ。ガーフィンケルの考え方を再解釈するなら、ノエマ-ノエシス構造という志向性の働きとは、当該集団において自明視されている類型化(シュッツ)の手続きに当たるだろう。つまり内集団の成員であれば、誰にでも手に入る類型化(理念化)の手続きを通して、当該対象について間主観的に妥当する意味を獲得することができる。この間主観的という意味で、ガーフィンケルは「客観的」という表現を使っていると思われる。またここに、すべての記号が「意図された対象」であるという理由も含まれている。というのも、記号を解釈する規則とは、行為者という認知様式を通して理念化された手続きを意味する以上、当該集団内において間主観的に理解される記号は集団内部から「意図された」対象なのである。逆に言うと、意味をもって現象する記号の中で「意図されない」対象は存在せず、その際に対象を理念化する手続きは、公共的なものであるから、主観と客観という誤った二元論は廃棄されることになる。

最後に、主観的なものにはまったく意味がなく、理解不可能なものにとどまるという論点について説明しよう。もし内集団の認知様式が間主観的なものであるとしたら、理解という現象はすべて間主観的な手続きを通して達成されることになる。これがガーフィンケルが導き出した結論である。この観点からすれば、たった一人にだけわかる意味が存在するとしたら、それは他者には理解不可能であり、まったく意味がないということになるだろう。ウィトゲンシュタインは「私的言語」論において、ほぼ同じ趣旨のことを言っているように見える。

だが、こうした言語も想像できないだろうか。ひとは、その言語によって、自分の内的経験——自分の感情、気分、などといったもの——を、自分の私的な使用のために、書き留めたり声に出して言ったりするのである。そうすることは、われわれの通常の言語でもできるのではないか。だが、私が考えているのは、そういうことではない。この言語に属する語は、その話し手だけが知ることのできるもの、つまり、その話し手の直接的で私的な感覚を、指示すべきものなのである。よって、他人はこの言語を理解できない。(『哲学探究』第一部第二四三節、Wittgenstein,L., 1953)

つまり、自分だけに通用する私的な言語は、他者に通じないという意味で、無意味であり、他者には理解できない。ガーフィンケルは「主観的」ということばを、この「私的言語」の意味で使っていたのではないだろうか。

まとめ

ガーフィンケルがシュッツから継承したものは大きい。しかしながら、これまでの議論を踏まえるなら、ガーフィンケルとシュッツの距離も大きい。シュッツが意識の学としての現象学的立場に最後までとどまり続けたのに対して、ガーフィンケルはシュッツの多元的現実論の帰結である「操り人形」による仮説構成の原理を、ウェーバーとシュッツの行為論自体にも適用する決断をしたのである。その結果、行為者は実際の身体を持った人間ではなく、理念化の手続き規則に変換されることになった。

ところで、なぜ行為者はシュッツが想定したように、振り返って意識の流れに注意を向け、当該行為を有意味なものとして捉えることができないのだろうか? ガーフィンケルの答えはこうである。それはなぜなら、人間は身体を通した世界への働きかけ（ワーキング）の行為に没頭しているために、それを対象化することができないからである。それを可能にするものこそ、観察者という認知様式である。つまり「ある所与の限定された意味領域においてなされたすべての行為を解釈する仕事に、十分な言明を通して行為者を同定するのは観察者の仕事なのである」（ibid, p.192）。

それでは、ここで言う認知様式としての観察者という考え方は、パーソンズの客観主義の影響からくるものなのだろうか。驚いたことに、彼はパーソンズの行為の準拠枠組みを取り上げて、それが現象学的であるという。つまりガーフィンケルは、パーソンズが社会的行為について現象学的還元を施し、行為を構成する必当然的なカテゴリーを抽出することにある程度成功したと考えているようだ。これはある意味ではパーソンズの社会学の肯定的な評価だと思われる。すなわち、パーソンズが提案した行為の構造は、いくぶん修正すれば、目的的行為のケースに限定して適用可能であるというのである（ibid, p.137）。しかし最終的には、パーソンズの提示した行為の構造には、いまだに存在論的要素が強く残っており、シュッツの言う科学的理論構成の態度を理解していないと批判している（ibid, p.176）。

結論を言えば、行為者という理念化の手続き規則が観察者という認知様式を通して明らかになるという考え方は、パーソンズに由来するものではないということである。ガーフィンケルは実在する人間という存在論的前提からきっぱりと離脱することによって、行為者という理念化が具体的な状況において、どのような特定の仕方で遂行されているかを、経験的に研究する道を開いたのである。それは観察者の詳細で周到な観察によってしかもたらされない。

確かに一九四八年の「社会学的に見れば」論文において、行為者という認知様式は経験的に観察可能な手続き規則として考えられており、行為や表現の意味が当該状況に依存するというインデックス性の概念や相互反映性の考え方もまだ展開されていない。つまり手続き規則が当該状況の役割を構成するといった、「信頼」論文における状況構成的な規則の色彩が強い秩序観になっていると言えよう（Garfinkel 1963）。だが、現象学から由来する志向性概念を、行為者が世界内の対象をなじみ深い世界に位置づける理念化、つまり客観化の手続きであると「改読」するところに、後のエスノメソドロジーの萌芽を見出すことができるだろう。

つまり、内集団の成員であれば、誰でもたちどころに了解する意味とは、間主観的であるという意味で「客観的」なのであり、当該社会の内部にある「記号」が了解可能である限り、その「記号」はすべて「意図された対象」なのである。こうして、内集団の成員はなじみの世界の相貌に対して「敬虔」という感覚を覚えるのであり、世界がどういう特定の仕方でそのように見えるかは、徹頭徹尾、経験的に発見すべき課題なのである。

注
（1）彼女は正義論で著名なジョン・ロールズの娘である。彼女は一貫してガーフィンケルの主張をデュルケームの秩序論に結びつけようとしている。また、ガーフィンケルの一九九六年の論文'Ethnomethodology's Program' *Social Psychology Quarterly*,（Vol.59, No.1, pp.5-21.fn.19.）を見れば、ロールズがガーフィンケルにもかなりの影響を与えていると推測される。Anne Rawls, 2000, Harold Garfinkel, in Ritzer, G.ed, *The Blackwell Companion to Major Social Theorists*,（Blackwell Pub.）以下の三冊が彼女が編集したガーフィンケルの未発表草稿集である。いずれの本にも彼女自身の長大な解説が付されている。特にGarfinkel（2002）には、ガーフィンケル自身の自伝が謝辞の形式で収録されている（*Ethnomethodology's Program : Working Out Durkheim's Aphorism*, 2002, H, Rowman and Littlefield ; *Seeing Sociologically : The Routine Grounds of Social Action*, 2006, Paradigm Publishers. ; *Toward a Sociological Theory of Information*, 2008, Paradigm Publishers.）。

（2）この論文の初出「ガーフィンケルとエスノメソドロジーの発見」（串田・好井編 2010）では、action（行為）の定義を行為者（actor）と間違って訳出していた。私の翻訳草稿から論文草稿に転記する際のミスと思われる。この間違いは樫村志郎氏に指摘された。ここに記して、感謝したい。

（3）ガーフィンケルはケネス・バークの『文学形式の哲学』から、piety（敬虔）という概念を借用したと述べている。バークにおいて「敬虔」とは、ガーフィンケルの部族的忠誠という概念に近い（K.Burk, 1941, 'Beauty and the Sublime' in *Philosophy of the Literary Form*, University of California Press. pp.60-66. 森常治訳、一九七四年『文学形式の哲学』国文社、50－55頁）。バークは脅威が美の基礎にあるとする。つまり「われわれの及びもつかぬほど巨大なもの、力あるもの、遠くかけ離れているものこそ「崇高」なのだ」（邦訳51頁）という。私たちは美＝畏怖の魅惑から自己を解放するために、敬虔を利用してこれに直面する用意を整える。それは「われわれと同じ重荷をになう盟友のなかにわれわれを象徴的に組み入れる公的事項」（同）なのである。つまり、敬虔もまた慣れ親しんだ日常世界の脅威を盟友とともに堪え忍ぶための道具であり、ガーフィンケルの部族的忠誠の機能と重なる部分があると思われる。

あとがき

ガーフィンケルは何らかの科学的方法を使って秩序現象を解釈し、一定の形式的特徴に変換する分析を形式的分析（Formal Analysis）と呼んだ。これが自然科学も含めた従来の科学の営みである。フッサールが後期に指摘したように、科学的営みは生活世界に立脚しているにもかかわらず、世界のガリレオ化を通して、生活世界を隠蔽してしまう。ガーフィンケルは、このフッサールの遺志を継ぐものとしてエスノメソドロジーを位置づけ、インデックス性を持つ現象の固有性を、まさにその固有性のままに理解する要請を「方法の固有性要請（unique adequacy requirement）」と呼んだ（椎野 2007）。エスノメソドロジーは解釈する科学ではなく、秩序現象をそのままの形式において示す科学であるという。現象そのものへ向かおうとする彼のラディカルな姿勢に同意はする。しかしながら、この分析を遂行する時、分析者はどの位置（ポジション）にいて、どんな観察＝理解（「見て、言う」こと）を達成するのだろうか。ガーフィンケルにしたがえば、エスノメソドロジストは当該の秩序現象を産出する方法（メンバーのコンピタンス）をマスターすればその場ですぐに理解が達成される以上、一切の解釈プロセスは無用であるばかりか、生きられた秩序を隠蔽する邪魔者になる。しかしながら、もしガーフィンケルの「エスノメソドロジーのプログラム」に忠実に従ったとしたら、私たちに手に入る現象はかなり平板なものに限定されてくるのではないだろうか。

専門的訓練を必要とするようなワークはここでは除外して、例えば、横断歩道を歩くといった、日常生活者であれば誰でもコンピタンスを持っている秩序現象に限定するなら、そこで明らかにされる方法とは、誰にでも目撃可能（witnessable）で教示可能（instructable）な秩序現象ということになる。確かにそこで明らかにされた人々の相互調整活動は驚くほど秩序だっていておもしろい。人々はお互いにどこを歩くかを観察しながら表示し合い、たちどころにそれを相互に理解して、衝突を避けながら横断することができる。しかもこの「不滅の、ありふれた日常社会（immortal ordinary society）」はいつでもどこでも再現可能なのである。ガーフィンケルがこの具体的な秩序のレベルにこそ、デュルケームが発した問いへの正当な答えを見いだしたと主張するのも、うなずける。ところが皮肉なことに、このことは当該の文脈に「入り込む」「私」を、横断歩道を相互にぶつからないように歩くメンバーの方法に還元することで消去してしまう。そこで示されるメンバーの方法が自明なものである限りにおいて、それによって産出される具体的な秩序は、時間的・歴史的変化をそぎ落とした固定したものとして表象され、最終的には当該現象の固有性を剥奪してしまうのである。これに対して、分析者である「私」が、特定の場所に身体を持って入り込み、フィールドで出会う人々と一定の関係を形成していくと、フィールドの複雑性と多様性が、そこでもたらされるナラティヴのその場での解釈とその後の解釈を通して経験可能になると同時に、私が経験する限りでの現象の固有性を救い出すことになる。この対比こそ本書でトピックを変えながら追求していった中心テーマである。

そして本書であまり取り上げてこなかった応答責任（バフチン）の問題もここから生じることになる。このことは薬害ＨＩＶ感染被害問題の社会学的研究の経験を参照すると理解しやすくなるだろう。第一次報告書に対する批判を受けて、私たちは私たちの調査プロセスも含めて研究対象者に納得と合意を得られるものでなければならないと考えた。その結果、これまでインタビュー内容の吟味や検討に加わっていなかった医師や患者（ＮＰＯからの代表）も相互検討に入ってもらうと同時に、インタビューのトランスクリプトの細部に至るまで対象者のチェックを受けた。当然ながら、このチェックは見直しも含めて何度も行われ、かなりの時間を要する作業になった。近年、研究者の調査倫理が細かく規定されるようになったが、その実際は対象者との地道で時間を要する確認と同意から成るべきものだろう。フィールドワークが私たちも含めた対象者との関係性をもとに進んでいく以上、この作業は不可欠のものである。そしてこの作業と同時に、私たちはインタビュー内容の相互検討から生まれた解釈結果について、常に対象者である医師や患者が私たちの解釈に対してどのように反応するかを想定して考えざるをえなくなった。これは研究に対する制約ではなく、むしろ、フィールドワークが分析者である「私」と対象者とを巻き込んだ共同行為である以上、緊張をもって対象者の評価に道徳的に応答する義務と考えるべきではないだろうか。
以下に本書に収録した論文の初出を示す。なお、各論文は本書の流れに沿って前後の文章をリライトした。

第一章　フィールドワークの想像力をエスノメソドロジーに
書き下ろし
第二章　フィールドワークにおいて変容する自己
書き下ろし。後半は「フィールドワークのポリティックス」好井裕明・桜井厚編『フィールドワークの経験』、二〇〇〇年、せりか書房からリライトした。
第三章　社会調査の困難——対話的構築主義の立場から
「相互行為過程としての社会調査」『社会学評論』第53巻4号、二〇〇三年、日本社会学会。
第四章　対話プロセスとしてのインタビュー
「対話プロセスとしてのインタビュー」『講座社会言語科学6　方法』、二〇〇六年、ひつじ書房。
第五章　沈黙と語りのあいだ
「沈黙と語りのあいだ」山田富秋編『ライフストーリーの社会学』、二〇〇五年、北樹出版。
第六章　薬害ＨＩＶ感染被害問題調査のリフレクシヴな理解
「薬害ＨＩＶ感染被害問題調査のリフレクシヴな理解」田中耕一・荻野昌弘編『社会調査と権力』、

二〇〇七年、世界思想社。
第七章　薬害「ＨＩＶ」問題のマスター・ナラティヴとユニークな物語
「薬害「ＨＩＶ」問題のマスター・ナラティヴとユニークな物語」桜井厚・山田富秋・藤井泰編『過去を忘れない』、二〇〇八年、せりか書房。
第八章　ライフストーリーの「物語世界」と想起
「薬害ＨＩＶ感染被害問題をめぐる物語世界」『ＭＥＲＳニューズレター』24号、二〇一〇年
第九章　大人が子どもを理解するということ
「子どもの分析：大人が子どもを理解するということ」山崎敬一編『実践エスノメソドロジー入門』、二〇〇四年、有斐閣。
第十章　成員カテゴリー化装置（ＭＣＤ）分析から見えてくるもの
「成員カテゴリー化装置分析の新たな展開」船津衛編『アメリカ社会学の潮流』、二〇〇一年、恒星社厚生閣。
第十一章　志向性のない現象学
「シュッツの志向性分析とガーフィンケルのエスノメソドロジー」『年報　社会科学基礎論研究』第5号掲載予定　社会科学基礎論研究会。
第十二章　観察者の手続き規則としての理解
「ガーフィンケルとエスノメソドロジーの発見」串田秀也・好井裕明編『エスノメソドロジーを

学ぶ人のために』、二〇一〇年、世界思想社。

最後に私のこの十年間の知的営みを支えた薬害ＨＩＶ感染被害問題の社会学調査の対象者と調査メンバーのみなさんに感謝したい。また、私は本書でガーフィンケルの過度な「個性原理」の追求を批判してきたが、本書で組み立てた議論の多くは、エスノメソドロジーを専攻する若手の研究者たちの業績から学んだことである。ライフストーリーの社会学も含めて、若手研究者の層が堅実に形成されていることを喜ばしく思うと同時に、彼らの精力的な貢献に感謝したい。また、私の勤務する松山大学の学生や大学院生たちには、授業やゼミにおいて率直な意見や問いかけをいただき、研究を進めていく原動力になった。彼らにも感謝したい。本書が出版できたのは、せりか書房の船橋純一郎氏の何十年にもわたる理解と支援があったからである。謝辞には収まりきらない貢献に頭が下がる思いである。本書は松山大学出版助成を受けて出版された。記して感謝したい。

二〇一一年二月

山田　富秋

索引（事項と人名）

あ行

か行

さ行

た行

な行

は行

ま行

や行

ら行

参考文献（アルファベット順）

足立重和．2010『郡上八幡　伝統を生きる』新曜社

赤瀬範保．1991,『あたりまえに生きたい――あるエイズ感染者の半生』木馬書館

蘭由岐子．2004,『「病いの経験」を聞き取る――ハンセン病者のライフヒストリー』皓星社

蘭由岐子．2005,「医師は何をどう語ったか――M医師の語りを中心として」『輸入血液製剤によるHIV問題調査研究　第２次報告書』81-105頁

Arendt, H., 1958, *The Human Condition*, University of Chicago Press. 志水速雄訳，1973,『人間の条件』中央公論社

Aries, P., 1960, *L'enfant et la vie familiale sous l'Ancien Regime* , Edition Seuil, 杉山光信他訳，1981,『＜子供＞の誕生』みすず書房

Arminen, I. 2008, Scientific Ethnomethodology and "Radical" Ethnomethodology : From Incompatible Paradigms to Ethnomethodological Sociology, *Philosophy of the Social Sciences*, Vol.38. no.2. pp.167-191.

Baccus, M. 1986. "Sociological indication and the visibility criterion of real world social theorizing." in *Ethnomethodological Studies of Work* edited by H. Garfinkel. Routledge and Kegan Paul.

Benner, P. & J., Wrubel, 1989, *The Primacy of Caring*, Addison-Wesley Pub., 難波卓志訳，1999,『現象学的人間学と看護』医学書院

Burk, K., 1941, 'Beauty and the Sublime' in *Philosophy of the Literary Form*, University of California Press. 森常治訳，1974年，『文学形式の哲学』国文社

Butler, J., 1990, *Gender Trouble ; Feminism and the Subversion of Identeity*, Routledge. 竹村和子訳，1999,『ジェンダー・トラブル――フェミニズムとアイデンティティの攪乱』青土社

Clifford, J. & G. Marcus (eds.), 1986, *Writing Culture*, University of California Press. 春日直樹他訳，1996,『文化を書く』紀伊國屋書店

Corsaro, W., 1997, *The Sociology of Childhood*, Pine Forge Press.

Coulon, A., 1987, *L'Ethnomethodologie*. Presses Universitaires de France, 山田富秋・水川喜文訳，1996,『入門エスノメソドロジー』せりか書房

Coulter, J., 1979, *The Social Construction of Mind*, Mcmillan, 西阪仰『心の

社会的構成』新曜社、一九九八年
Crapanzano, V., 1980, *Tuhami : Portrait of a Moroccan*, University of Chicago Press. 大塚和夫・渡部重行訳 , 1991,『精霊と結婚した男』紀伊國屋書店
Donzelot, J. *La Police des Familles*, Editions de Minuit, 1977, 宇波彰訳 , 1991,『家族に介入する社会』新曜社
Dreyfus, H. L., & Rabinow, P., 1983, *Michel Foucault : Beyond Structuralism and Hermeneutics*, Prentice-Hall, 井上克人・高田珠樹・山田徹郎・鷲田清一・北尻祥晃・山形頼洋・山本幾生訳 , 1996,『ミッシェル・フーコー――構造主義と解釈学を超えて』筑摩書房
Emerson, R. M., Fretz, R. I. and Shaw, L. L., 1995, *Writing Ethnographic Fieldnotes*, University of Chicago Press., 佐藤郁哉・好井裕明・山田富秋訳 , 1998,『方法としてのフィールドノート――現地取材から物語作成まで』新曜社
ECHO 日本語版編集委員 , 1983,「エイズの真相を解き明かす」『エコー日本語版』カッター・ジャパン株式会社
Feldman, E. A. and Bayer, R. eds., 1999, *Blood Feuds : AIDs, Blood, and the Politics of Medical Disaster*, Oxford : Oxford University Press. 山田卓生・宮澤節生・杉山真一編・山下篤子訳 , 2003,『血液クライシス――血液供給と HIV 問題の国際比較』現代人文社
Frank, W.A., 1995, *The Wounded Storyteller : Body, Illness and Ethics*, Chicago : University of Chicago Press. 鈴木智之訳 , 2002,『傷ついた物語の語り手――身体・病い・倫理』ゆみる出版
Foucault, M., 1975, *Surveiller et Punir*, Gallimard, 田村俶訳 , 1977,『監獄の誕生』新潮社
Foucault, M., 1976, *La volonte de Savoir*, Editions Gallimard, 渡辺守章訳 , 1986,『知への意志　性の歴史 I』新潮社
Garfinkel, Hl, 1940, ‘Color Trouble’, *Opportunity*, 1940=1998, 秋吉美都訳「カラートラブル」山田富秋・好井裕明編『エスノメソドロジーの想像力』せりか書房 , 10-29.
Garfinkel, H., 1952, *The Perception of the Other : A Study in Social Order*, Ph. D. Dissertation. Harvard University.
Garfinkel, H., 1963, ‘A Conception of and Experiment whith “Trust” as a Condition of Concerted Stable Action’ in Harvey, O.J.(ed.), *Motivation*

and Social Interaction, Ronald Press, 187-238.
Garfinkel, H., 1967, *Studies in Ethnomethodology*, Prentice-Hall.
Garfinkel, H., 1967, 'Passing and the managed achievement of sex status in an "intersexed" person part I' in *Studies in Ethnomethodology*, Prentice-Hall. 山田富秋・好井裕明・山崎敬一訳 , 1987,『エスノメソドロジー』せりか書房 , 第 6 章
Garfinkel, H., 1991, "Respecification : evidence for locally produced, naturally accountable phenomena of order*, logic, reason, meaning, method, etc. in and as of the essential haecceity of immortal ordinary society, (I) -an announcement of studies" in Button, G. (ed.) *Ethnomethodology and Human Sciences*, Cambridgy U. P. pp. 10-19.
Garfinkel, H., 1996, Ethnomethodology's Program, *Social Psychology Quarterly*, Vol. 59, No. 1. pp. 5-21.
Garfinkel, 2002, *Ethnomethodology's Program : Working Out Durkheim's Aphorism*, Rowman & Littlefield
Garfinkel, 2006, *Seeing Sociologically : The Routine Grounds of Social Action*, Paradigm Publishers.
Garfinkel, 2008, *Toward a Sociological Theory of Information*, Paradigm Publishers.
Garfinkel & Sacks, 1970, On formal structures of practical actions, in J.C.McKinney and E.A.Tiryakian (eds.), *The Social Process of Scientific Investigation*, Reidel, pp.269-284.
Garfinkel, Lynch and Livingston, 1981, The work of a discovering science construed with materials from the optically discovered pulsar, *Philosophy of the Social Sciences*, 11, pp.131-58.
Garfinkel, H., and D.L.Wieder, 1992, "Two Incommensurable, Asymmetrically Alternate Technologies of Social Analysis" in Watson, G., and Seiler, R.M. (eds.) *Text in Context ; Contributions to Ethnomethodology*, Sage, pp.175-206.
Garfinkel, H & Liberman, K., 2007, Introduction : The Lebenswelt origins of the sciences, *Human Studies*, vol.30.pp.3-7.
Glaser, B.G., and Strauss, A.L, *The Discovery of Grounded Theory*, Chicago : Aldine, 1967, 後藤隆・大出春江・水野節夫訳 , 1996,『データ対話型理論の発見』新曜社

Goffman, E., 1961, *Asylums : Essays on the Social Situation of Mental Patients and Other Inmates*, Doubleday & Co.　石黒毅訳 , 1984,『アサイラム』誠信書房

Goffman, E., 1981,, *Forms of Talk*, University of Pennsylvania Press

Goodwin, M., 1990, *He-Said-She-Said : Talk as Social Organization among Black Children*, Indiana University Press

Goodwin, C., 1994, Professional Vision, *American Anthropologists* 96 : 606-633.

Gorman, R., 1977, *The Dual Vision*, Routledge & Kegan Paul.

Gurwitsch, Aron, 1964, *The Field of Consciousness*, Duquesne University Press

Hacking, I., 2002, *Historical Ontology*, Harvard University Press

Hacking, I., 2004, Between Michel Foucault and Erving Goffman : between discourse in the abstract and face-to-face interaction, *Economy and Society*, Vol.33. no. 3. pp.277-302.

浜日出夫 . 1998,「エスノメソドロジーの原風景」山田富秋・好井裕明編『エスノメソドロジーの想像力』せりか書房 , 30-43.

浜日出夫 . 1999,「シュッツ科学論とエスノメソドロジー」,『文化と社会』1 , マルジュ社 132-153.

浜日出夫 . 2010,「記憶と場所」『社会学評論』第 60 巻第 4 号 , 465-480 頁

花井十伍 . 2009,「序論」輸入血液製剤による HIV 感染問題調査研究委員会 ,『最終報告書』7-19 頁

張江洋直 . 2004,「シュッツ科学論の二重性へ」,『年報 社会科学基礎論研究』3, ハーベスト社 148-165.

Herman, J. L., 1992,　*Trauma and Recovery*, Basic Books, 中井久夫訳 , 1996,『心的外傷と回復』みすず書房

Hester, S & Eglin, P. eds., 1997, *Culture in Action : Studies in Membership Categorization Analysis*, University Press of America

広河隆一 . 1995,『薬害エイズ』岩波書店

保苅実 . 2004,『ラディカル・オーラル・ヒストリー――オーストラリア先住民アボリジニの歴史実践』御茶の水書房

Holstein,J. & Gubrium, J., 1995, *The Active Interview*, Sage Publications, 山田富秋・兼子一・倉石一郎・矢原隆行訳 , 2004,『アクティヴ・インタビュー 相互行為としての社会調査』せりか書房

Huchby, I. & J. Moran-Ellis, eds., 1998,, *Children and Social Competence : Arenas of Action*, London, Falmer Press.

Husserl, E., 1936, *Die Krisis der europaischen Wisssenshaften und die transzendentale Phanomenologie*, Springer, 細谷恒夫・木田元訳 , 1980『ヨーロッパ諸学の危機と超越論的現象学』中央公論社

IOM（Institute of Medicine, アメリカ国立医学研究所）, *HIV and the Blood Supply : an Analysis of Crisis Dicisionmaking*, Washington D.C. : National Academy Press. ＝一九九八、清水勝・新美育文監訳『HIV と血液供給－危機における意思決定の分析』日本評論社

石田吉明・小西熱子 . 1993,『そして僕らはエイズになった』晩暁社

石川良子 . 2007,『ひきこもりの＜ゴール＞』青弓社

Jayyusi, Lena., 1991, "Values and moral judgement : communicative praxis as moral order" in Button, Graham (ed.), *Ethnomethoodology and the Human Sciences*, Cambridge U.P.

Jefferson, G., 1979, 'A Technique for Inviting Laughter and its subsequent Acceptance, Declination,' in Psathas, G. (ed.), *Everyday Language*, Irvington

樫村志郎 . 2003,「家庭療法公認までの血友病治療と一九六六－八二年の医師・患者」『輸入血液製剤による HIV 感染問題調査研究　第一次報告書』

春日キスヨ . 2001,『介護問題の社会学』岩波書店

片桐雅隆 . 2003,『過去と記憶の社会学――自己論からの展開』世界思想社

川田悦子・保田行雄 . 1998,『薬害エイズはいま――新しいたたかいへ』かもがわ出版

岸衛「ある屠夫のライフストーリー――屠場での「聞き取り」調査を中心に」山田富秋編 , 2005

Kleinman, A, 1988, *The Illness Narratives*, Basic Books. 江口重幸・五木田紳・上野豪志訳 , 1996,『病いの語り』誠信書房

倉石一郎 . 2001,「ライフヒストリー・ナラティヴの分析戦略に関する試論」『解放社会学研究』15, 日本解放社会学会

倉石一郎 . 2002,「調査経験を通して生きられる＜差別の日常＞」好井裕明・山田富秋編『実践のフィールドワーク』せりか書房

倉石一郎 . 2007,『差別と日常の経験社会学――解説する“私”の研究誌』生活書院

串田秀也 . 2006,『相互行為秩序と会話分析――「話し手」と「共－成員性」

をめぐる参加の組織化』世界思想社
串田秀也・好井裕明編 . 2010,『エスノメソドロジーを学ぶ人のために』世界思想社
倉本智明 . 1999,「異形のパラドックス」石川准・長瀬修編『障害学への招待――社会、文化、ディスアビリティ』明石書店
倉島哲 . 2007,『身体技法と社会学的認識』世界思想社
草伏村生 . 1993,『冬の銀河――エイズと闘うある血友病患者の訴え　増補版』不知火書房
Lynch, M., 1993, *Scientific Practice and Ordinary Action : Ethnomethodology and Social Studies of Science*, Cambridge University Press.
Lynch, M., 1999. Silence in Context : Ethnomethodology and Social Theory, *Human Studies* 12, pp.211-233.
Lynch, M and Bogen, D., 1994, Harvey Sacks's Primitive Natural Science, *Theory, Culure & Society*, Vol.11., 65-104.
前田泰樹・水川喜文・岡田光弘編 . 2007,『エスノメソドロジー――人々の実践から学ぶ』新曜社
前田泰樹 . 2008,『心の文法――医療実践の社会学』新曜社
毎日新聞社会部 . 1996,『薬害エイズ　奪われた未来』毎日新聞社
松本健義 . 2005,「出来事世界の重層的生成過程における子どもの行為の"質"の記述可能性」日本子ども社会学会第 12 回大会報告要旨.
松島恵介 . 2005,「「記憶の不在」は「忘却」か？: 高次脳機能障害者共同作業所における想起コミュニケーション分析」『龍谷大学国際社会文化研究所紀要』第 7 号 , 283-303 頁
水川喜文 . 2010,「会話分析による談話単位の革新とその課題」『北星学院大学論集』第 47 号 , 53-65 頁
村上陽一郎 . 1979,『科学と日常性の文脈』海鳴社
Murphy, R. F. 1987, *The Body Silent*, New York : Henry Holt & Co. 辻信一訳, 1992,『ボディ・サイレント――病いと障害の人類学』新宿書房
牟田和恵 . 1996,『戦略としての家族』新曜社
Natanson, M., 1958, A Study in Philosophy and the Social Sciences, *Social Research*, vol.25
西阪仰 . 2001,『心と行為――エスノメソドロジーの視点』岩波書店
椎野信雄 . 2007,『エスノメソドロジーの可能性』春風社
長尾大 . 1989,「エイズカウンセリング国際会議に出席して」長尾大・稲垣稔・

河崎則之編『明日の包括医療とカウンセリングシステムの確立に向けて（Ｉ）』昭和六三年度厚生省科学研究「ＨＩＶ感染者の発症予防・治療に関する研究班」包括医療委員会報告書
西田恭治・福武勝幸 . 1996,「輸入血液製剤による HIV 感染に関する一考察」『日本医事新報』No.3775, 57-60 頁
西倉実季 . 2009,『顔にあざのある女性たち——「問題経験の語り」の社会学』生活書院
西阪仰 . 2008,『分散する身体——エスノメソドロジー的相互行為分析の展開』勁草書房
西阪仰・川島理恵・高木智世 . 2008,『テクノソサエティの現在（３） 女性医療の会話分析』文化書房博文社
野口裕二 . 2002,『物語としてのケア』医学書院
小倉康嗣 . 2006,『高齢化社会と日本人の生き方——岐路に立つ現代中年のライフストーリー』慶應義塾大学出版会
Parsons, T., 1937, *The Structure of Social Action*, Free Press. 稲上毅・厚東洋輔訳 , 1976,『社会的行為の構造』木鐸社
Plummer, K., 1995, *Telling Sexual Stories*, Routledge, 桜井厚・好井裕明・小林多寿子訳 , 1998,『セクシュアル・ストーリーの時代』新曜社
Pollner, M. 1991. "Left of Ethnomethodology : The Rise and Decline of Radical Reflexivity." *American Sociological Review* 56, pp.370-80.
Psathas, G., *Conversation Analysis : The Study of Talk-in-Interaction*,Qualitative Research Methods Series 35, 1995, Sage Publications 北澤裕・小松栄一訳 , 1998,『会話分析の手法』マルジュ社
Rawls, A., 2000, Harold Garfinkel, in Ritzer, G. ed., *The Blackwell Companion to Major Social Theorists* , Blackwell Pub.,
Sacks, H., 1972, An Initial Investigation of the Usability of Conversational Data for Doing Sociology, in David Sudnow (ed.), *Studies in Social Interaction*, Free Press. 北澤裕・西阪仰訳、1989,「会話データの利用法——会話分析事始め」『日常性の解剖学』マルジュ社
Sacks, H. Hotrodder 1979 A revolutioary category, in Psathas,G. (ed.), *Everyday Language*, Irvington Publisher,「ホットロッダー」山田富秋・好井裕明・山崎敬一編訳 , 1987 ,『エスノメソドロジー』せりか書房
斎藤純一編 . 2003,『親密圏のポリティックス』ナカニシヤ出版
酒井泰斗・浦野茂・前田泰樹・中村和生編 . 2009,『概念分析の社会学——社

会的経験と人間の科学』ナカニシヤ出版
桜井厚 . 2000,「語りたいことと聞きたいことのあいだで」好井裕明・桜井厚編『フィールドワークの経験』せりか書房
桜井厚 . 2002,『インタビューの社会学』せりか書房
桜井厚 . 2005a,『境界文化のライフストーリー』せりか書房
桜井厚・小林多寿子編 . 2005b,『ライフストーリー・インタビュー』せりか書房
桜井厚 . 2010,「「事実」から「対話」へ――オーラル・ヒストリーの現在」『思想』No.1036, 岩波書店 , 235-254 頁
櫻井よしこ . 1999,『薬害エイズ――終わらない悲劇』ダイヤモンド社
佐藤郁哉 . 2000,「暴走族から現代演劇へ」好井裕明・桜井厚編『フィールドワークの経験』せりか書房 , 46-63.
佐藤郁哉 . 2002,『フィールドワークの技法』新曜社
Shaw, C. R., 1930, *The Jack-Roller : A Delinquent Boy's Own Story*. University of Chicago Press. 玉井真理子・池田寛訳 , 1998,『ジャック・ローラー』東洋館出版社
Silverman, D. and Gubrium, J. eds. 1989, *Politics of Field Research*, Sage Publications.
Silverman, D., 1998, *Harvey Sacks : Social Science and Conversation Analysis*, Oxford University Press
Schegloff, E. A., 1992, Introduction, in Sacks, H., *Lectures on Conversation*. vol.1.
Schutz, A., 1962a, *Common-Sense and Scientific Interpretation of Human Action*, Collected Papers Ⅰ : The Problem of Social Reality. 渡部光・那須壽・西原和久訳 , 1983,『シュッツ著作集第 1 巻　社会的現実の問題［Ⅰ］』マルジュ社
Schutz, A., 1962b, "On Multiple Realities", *C.P.I.* The Hague, 渡部光・那須壽・西原和久訳 , 1985,『シュッツ著作集第 2 巻　社会的現実の問題［Ⅱ］』マルジュ社
Schutz, A., 1964　*Collected Papers Ⅱ : Studies in Social Theory*. Martinus Nijhoff　渡部光・那須壽・西原和久訳 , 1991,『シュッツ著作集第 3 巻　社会理論の研究』マルジュ社
Schutz, A., 1966, *Collected Papers III : Studies in Phenomenological Philosophy*. Nijoff, pp.2-7. 森川真規雄・浜日出夫訳 , 1980,『現象学的社会学』紀

伊國屋書店
Sprondel, W. A., 1977, *Briefwechsel zur Theorie sozialen Handelns.* Suhrkamp 佐藤嘉一訳 , 1980,『社会理論の構成：社会的行為の理論をめぐって：A・シュッツ =T・パーソンズ往復書簡』木鐸社
杉野昭博 . 1997,「ノーマライゼーションの初期概念とその変容」青木保他編『岩波講座　文化人類字　8　異文化の共存』岩波書店
種田博之 . 2005,「非加熱製剤の投与継続へと方向づけた医師の「経験・体験の世界」」『輸入血液製剤によるＨＩＶ感染被害問題の社会学的研究——医師への聞き取り調査を中心に　第二次報告書』
種田博之 . 2007,「血友病治療感の社会的構成」『輸入血液製剤によるＨＩＶ感染被害問題の社会学的研究——医師への聞き取り調査を中心に　第三次報告書』
種田博之 . 2009a, 第 1 分冊「第 1 部　医師はどのように捉えていたのか——医学論文が記述した HIV ／ AIDS」『最終報告書』23-134 頁
種田博之 . 2009b, 第 1 分冊「第 3 部　治療すること、患者との関係について」「第 2 章　加熱製剤が認可されるまでの間の HIV/AIDS に対する危機感」『最終報告書』389-447 頁
Thompson, P., 2000, *The Voice of the Past,* 酒井順子訳 , 2002,『記憶から歴史へ——オーラル・ヒストリーの世界』青木書店
鶴田幸恵・小宮友根 . 2007,「人びとの人生を記述する——「相互行為としてのインタビュー」について」『ソシオロジ』第 52 巻 1 号 , 21-36 頁
鶴田幸恵 . 2009,『性同一性障害のエスノグラフィ——性現象の社会学』ハーベスト社
浦野茂 . 2007,「記憶の科学：イアン・ハッキングの「歴史的存在論」を手がかりに」『哲學』第 117 号 , 246-266 頁
Watson, R., 1997, Some General Reflections on 'Categorization' and 'Sequence' in Hester & Eglin eds. *Culture in Action,* 1997
Wieder, D. L., 1974, *Language and Social Reality,* The Hague, Netherlands : Mouton. 山田富秋・好井裕明・山崎敬一訳 , 1987,「受刑者コード——逸脱行動を説明すること」, 山田富秋・好井裕明・山崎敬一編訳『エスノメソドロジー』せりか書房
White, M. & D. Epston, 1990, *Narrative Means to Therapeutic Ends,* Dulwich Centre, Australia. 小森康永訳 , 1992,『物語としての家族』金剛出版
Wittgenstein, L., 1953, *Philosophische Untersuchungen,* Basil-Blackwell. = 藤

本隆志訳 , 1976,『ウィトゲンシュタイン全集８　哲学探究』大修館書店
薬害 HIV 感染被害者（遺族）生活実態調査委員会 , 2003,『薬害 HIV 感染被害者遺族調査の総合報告書――三年にわたる当事者参加型リサーチ』薬害 HIV 感染被害者（遺族）生活実態調査委員会
山田富秋 . 1982,「言語活動と文化的相対性」『社会学研究』42・43 合併号 , 387-340.
山田富秋 . 1986,「一ツ瀬病院のエスノグラフィー」『解放社会学研究１号』明石書店
山田富秋・好井裕明 . 1991,『排除と差別のエスノメソドロジー』新曜社
山田富秋・好井裕明編 . 1998,『エスノメソドロジーの想像力』せりか書房
山田富秋 . 1995,「会話分析の方法」岩波講座『現代社会学　第三巻　他者・関係・コミュニケーション』岩波書店
山田富秋 . 1999,「セラピーにおけるアカウンタビリティ」小森康永・野口裕二・野村直樹編『ナラティヴ・セラピーの世界』日本評論社
山田富秋 . 2000a,「フィールドワークのポリティックス」好井裕明・桜井厚編『フィールドワークの経験』せりか書房
山田富秋 . 2000b,『日常性批判――シュッツ・ガーフィンケル・フーコー』せりか書房
山田富秋 . 2000c,「サックスの『社会化論』」亀山佳明・麻生武・矢野智司編『野生の教育をめざして』新曜社
山田富秋 . 2001,「成員カテゴリー化装置分析の新たな展開」船津衛編『アメリカ社会学の潮流』恒星社厚生閣
山田富秋 . 2002a,「エスノメソドロジーとフィールド調査」『フォーラム現代社会学』関西社会学会
山田富秋 . 2002b,「相互行為と権力作用」伊藤勇・徳川直人編『相互行為の社会心理学』北樹出版
山田富秋 . 2002c,「精神障害者カテゴリーをめぐる「語り」のダイナミズム」好井裕明・山田富秋編『実践のフィールドワーク』せりか書房
山田富秋編 . 2004,『老いと障害の質的社会学』世界思想社
山田富秋 . 2005,「沈黙と語りのあいだ」山田富秋編『ライフストーリーの社会学』北樹出版
山田富秋 . 2006,「対話プロセスとしてのインタビュー」『講座社会言語学　第６巻　「方法」』, ひつじ書房 , 18-31 頁
山田富秋 . 2009, 第１分冊「第３部　治療すること、患者との関係について」

「第１章　難病から管理可能な慢性疾患への転換期と薬害 HIV 感染被害事件の発生について」『最終報告書』332-388 頁
山田富秋 . 2010,「中四国エイズセンターにおける HIV チーム医療の社会学的考察――ナラティヴ・アプローチから」『松山大学論集』21(4), 265-291 頁
山崎喜比古・瀬戸信一郎編 . 2000,『HIV 感染被害者の生存・生活・人生――当事者参加型リサーチから』有進堂高文社
輸入血液製剤による HIV 感染問題調査研究委員会 . 2009, 最終報告書『医師と患者のライフストーリー』第１～３分冊
横田恵子 . 2007,「血液凝固因子製剤による HIV 感染がもたらした血友病治療コミュニティの変容」『第三次報告書』
横田恵子 . 2009,「薬害ＨＩＶ感染問題の調査・分析が 21 世紀の医療現場に示しうる論点」『最終報告書』
横塚晃一 . 2007,『母よ殺すな』生活書院
吉田邦男 . 1980,「凝固 A――血友病とその周辺」新版日本血液学全書刊行委員会編『新版日本血液学全書 12　出血性素因・臨床』丸善
好井裕明 . 1999,「制度的状況の会話分析」好井裕明・山田富秋・西阪仰編『会話分析への招待』、世界思想社
好井裕明・山田富秋・西阪仰 . 1999,『会話分析への招待』世界思想社
要田洋江 . 1999,『障害者差別の社会学――ジェンダー・家族・国家』岩波書店
要田洋江 . 2003,「「血友病治療」確立期に見る医療モデルと健常者中心主義――薬害エイズ事件が問いかけるもの」輸入血液製剤による HIV 感染問題調査研究委員会『輸入血液製剤による HIV 感染問題調査研究　第一次報告書』
全国ヘモフィリア友の会 . 1985,『全友』　二〇号
Zimmerman and Pollner, 1970, "The Everyday World as a Phenomenon." in *Understanding Everyday Life* edited by J. Douglas. Aldine, pp.80-104.
Znaniecki, Florian., 1936, *Social Action*, Farrar & Rinehart.

著者紹介

山田富秋（やまだ　とみあき）

1955年北海道生まれ。博士（文学）。現在、松山大学人文学部社会学科教員。

専攻は、社会学、エスノメソドロジー、ライフストーリーの社会学。

著書に『排除と差別のエスノメソドロジー』（共著、新曜社）、『日常性批判──シュッツ・ガーフィンケル・フーコー』（せりか書房）、編著に『ライフストーリーの社会学』（北樹出版）、『過去を忘れない』（共編著、せりか書房）、『老いと障害の質的社会学』（世界思想社）。訳書にR.エマーソン他『方法としてのフィールドノート』（共訳、新曜社）、ホルスタイン&グブリアム『アクティヴ・インタビュー』（共訳、せりか書房）、クロン『入門エスノメソドロジー』（共訳、せりか書房）ガーフィンケル他『エスノメソドロジー』（共訳、せりか書房）がある。


フィールドワークのアポリア──エスノメソドロジーとライフストーリー

2011年3月31日　第1刷発行

著　者　山田富秋
発行者　船橋純一郎
発行所　株式会社 せりか書房
　　　　東京都千代田区猿楽町1-3-11 大津ビル1F
　　　　電話 03-3291-4676　振替 00150-6-143601　http://www.serica.co.jp
印　刷　信毎書籍印刷株式会社
装　幀　木下弥

ISBN978-4-7967-0303-1